El teatro perdido de los 50
Conversaciones con Francisco Morín

Rosa Ileana Boudet

A la memoria de Rine Leal,
y de Walfredo Piñera,
los precursores,
y los prometeicos.

Ilustración de la portada de Andrés García Benítez

Sumario

Agradecimientos

A Francisco Morín debo muchas horas de conversación. Le agradezco confiarme sus manuscritos, anotaciones, cartas, su colección de *Prometeo* y otros documentos personales y muchos recortes, entre ellos, la sección de Mario Parajón en *Diario las Américas* y sobre todo, considerarme "prometeica". Miguel Sánchez y Enrique Río Prado me facilitaron ejemplares digitalizados; Teresa María Rojas contestó a mis preguntas a cualquier hora del día y de la noche; Carlos Espinosa Domínguez me brindó críticas y programas, Alba Borrego e Iván Cañas, fotografías de la actriz y productora Magali Boix y Enrique Pineda Barnet, sus recuerdos. Conversé con Silvio Falcón, actor del teatro Las Máscaras y con Antonia Rey, su primera actriz. A Juan Cueto-Roig agradezco materiales muy valiosos. Gracias a Diana Caso García leí el manuscrito de memorias de Miriam Acevedo. Aparte de la bibliografía citada, han sido indispensables los libros de Esther Suárez, Maité Hernández Lorenzo y Omar Valiño sobre Vicente Revuelta, el Archivo Digital Cubano, que dirige Lillian Manzor, la colección del *Diario de la Marina* en Digital Library of the Caribbean, la colección Ephemera, los programas de Patronato del Teatro y Atelier y las cartas de Virgilio Piñera en Cuban Heritage Collection. Yasnay Cuesta dio un impulso al localizar las críticas de Matilde Muñoz en *El Siglo*, las publicadas en *Mañana* y la revista *Nuestro Tiempo*. Cira Romero, Yasef Ananda y Lili Rentería, críticas y fotografías.

Desde luego necesitaría revisar más prensa de la época y recuperar las obras dramáticas. He hablado con muchos que podrían tener materiales, por lo general reacios o evasivos a entregarlos. No es una investigación terminada. Espero que al publicarse como un *work in progress,* otros colaboren, añadan y rectifiquen errores y omisiones.

La puesta en escena vive mientras se representa. Cuando se apaga el último bombillo o se cierra el telón, dejó de existir. Mañana será otra. Permanece el texto (que asegura la transmisión de la palabra) el recuerdo de actores y directores, las fotografías, notas de prensa, los programas, la crítica y más recientemente las filmaciones. Y en el imaginario del espectador, la percepción que, con el paso del tiempo, es memoria. Este libro intenta recomponer los fragmentos, vestigios y trazos del teatro en Cuba a partir de 1940 hasta 1959, encajonado entre la aparición de la modernidad y la conmoción de una revolución que barrió con las huellas de la influencia burguesa y en el caso del teatro, con sus formas y prácticas, para instalar las que se avenían a su programa cultural. Carlos Felipe y Virgilio Piñera surgieron para la escena entre los años 1947 y 1948, aunque son premiados desde finales de los treinta, y con ellos un grupo de autores que descubrió el país pero que no conoció su madurez o florecimiento en la década posterior sino su marginación. La crisis política vivida en años de mayor violencia apostó por un teatro frívolo con predominio del entretenimiento, alojado en los pequeños teatros de bolsillo, empresas privadas o esfuerzos individuales que funcionaron entre 1954 y 1958. Autores de una sola noche, estrenaron en funciones solitarias para un público de amigos, interesados y curiosos o no lo hicieron nunca.

Cuando triunfa la Revolución de enero de 1959 nada cambió de la noche a la mañana, pero en el curso de los primeros años de los sesenta, ocurrieron transformaciones capitales, incubadas en las aspiraciones y las frustraciones de los artistas. Casi todas las primeras demandas obedecen a peticiones anteriores, acceder a los teatros, pagar los derechos de autor, profesionalizar el sector así como el debatido tema de la creación de una compañía nacional. El Teatro Nacional se inaugura sin terminar con el público sentado en sillas de tijera. Pero mientras perviven los edificios de la época colonial, las salitas se nacionalizan muy temprano, cuando sus dueños salen del país, las últimas, con la Ofensiva Revolucionaria de 1967. Convertidas en salones de actos de empresas y organismos del estado, se deterioran o se arruinan. Salvo el Hubert de Blanck –que pasó a manos de Teatro Estudio– y El Sótano, del grupo Rita Montaner, no sobrevivieron.

De las pequeñas salas se ocuparon los grandes teatros. Y el público acudió gracias a la política de gratuidad y estímulo que hizo a Piñera declarar: "La Revolución tocó a todas las puertas y entre ellas a la del teatro. Esa puerta, que se mantuvo entornada por más de cuarenta años, se abrió de golpe y automáticamente se puso en movimiento toda una complicada maquinaria. De las exiguas salitas-teatro se pasó a ocupar grandes teatros; de la puesta en escena de una sola noche se fue a una profusión de puestas."[1]

El entusiasmo fue parecido al que entre 1943 y 1948 se apoderó de la gente de teatro con la creación de grupos, asociaciones y revistas. Sólo que cuando llegan los años cincuenta, muy pocos continúan y gana terreno la idea del teatro como una tierra baldía. La llegada de la televisión dispersa fuerzas y debilita la escena. A partir del 52, con el golpe de estado de Batista, brusco fin a la etapa constitucional, la vida cubana asume cauces impredecibles. Se entroniza la violencia que había ganado las calles durante gobiernos anteriores en forma del gansterismo y matonería, tema de *Hay un muerto en la calle*, de Abelardo Estorino, escrita en 1954. Con el ataque al cuartel Moncada y el juicio que le sigue a los asaltantes, empieza la oposición directa y frontal al gobierno que encontrará eco en las ciudades, y se vuelve descarnada con el desembarco del yate Granma y el comienzo de las acciones del Ejército Rebelde en la Sierra Maestra. La dramaturgia lo revela de forma oblicua, en la terquedad de Jesús por rechazar su papel de Mesías –cuando se popularizan las predicciones de un profesor Barú o de Clavelito con su vaso de agua encima del radio– pero sobre todo, en un realismo sicológico enraizado en la crisis social, clave trágica de *Lila, la mariposa* con sus "parcas" interraciales, la dolorosa existencia de tantos marginales en el teatro de Borges, Felipe y los personajes episódicos de Ferrer. Casi ninguno de esos estrenos se advierte, la sociedad y los intelectuales los miran con indiferencia. Entre ellos *Jesús*, de Piñera; *El travieso Jimmy*, de Felipe, *Sobre las mismas rocas*, de Montes Huidobro, *Presagio*, de Ramiro Guerra, *La hija de Nacho* y *Lila, la mariposa*, de Rolando Ferrer y *Martí 9*, de María Álvarez Ríos. Si Fermín Borges resulta innovador en 1956 por su visión desolada y desgarrada de la vida de la mayoría de la población –sus ancianos en *Pan viejo* sueñan con la lotería para enterrar a su hijo en el cementerio– la ilusión se disipa pronto. Ramón Ferreira y Enrique Montoro Agüero estrenan con público mientras Piñera, Montes Huidobro, Parrado y Arrufat lo hacen en espacios mínimos para los "amigos del autor". La popularidad se obtiene con comedias fáciles, vodeviles o teatro comercial hecho en Cuba. Algunos tuvieron un comentario crítico, otros fueron totalmente ignorados. Muchos nunca

[1] Piñera, Virgilio. "No estábamos arando en el mar." *Tablas* 2 (abril-junio 1983): 36-46.

publicaron sus obras y otros nunca las llegaron a estrenar. La descalificación empieza con la propia clase intelectual que desatendía la escena, miraba desde lejos sus avatares como algo «amorfo y de difícil identidad».[2] Interrogado en 1955 por el teatro, Jorge Mañach responde: "Mucho teatro extranjero y una actividad productora cubana incipiente pero sin todavía la debida densidad".[3] Ya están escritas obras fundamentales de Felipe, Piñera y Díaz Parrado. En el camino y debido a la hostilidad del medio, muchos se convirtieron en libretistas o productores de televisión y engavetaron sus obras.

Lo llamo el "teatro perdido" de los cincuenta porque es irrecuperable. Los esfuerzos por publicar obras y textos con años de retraso son aventuras académicas, pero nadie se interesa por montar *Lo que no se dice* de Cuqui Ponce de León e Isabel de Amado-Blanco ni *Pan viejo*, de Fermín Borges.

Una de las imágenes más interesadas y demoledoras ha sido la de Virgilio Piñera en "No estábamos arando en el mar" que como su prólogo de 1960, influye en cómo se ha visto esta época en los estudios teatrales. Los dramaturgos llevaban una vida vegetativa, languidecían, eran "islotes en un mar de frustraciones."[4] Cuando finalicé *Teatro cubano: relectura cómplice*, después de analizar los textos sobrevivientes aparecidos en una revista o en escasas ediciones, debía completarlo con el panorama de la puesta en escena. Yo misma, que tuve cerca a Vicente Revuelta, compartí con Álvarez Ríos una jornada en Moa, dialogué con Jorge Antonio González y conocí a Carlos Felipe y a Piñera, jamás soñé con preguntarles sobre la etapa anterior. Empiezo por la revista *Prometeo* que aclara datos, hechos y tiene una sección de crítica teatral. Si su fuego de artificio es la indiscutida puesta de *Electra Garrigó*, cohesiona el movimiento autoral de finales de los años cuarenta, tan marginado e incomprendido dos décadas después. De haber continuado, el panorama del teatro perdido de los cincuenta no sería tan desolador. Luego encontré a Francisco Morín Bidán –director teatral y fundador de la revista y el grupo Prometeo– un protagonista excepcional. Mis conversaciones y su libro se cruzan con los testimonios de Vicente Revuelta en La Habana y la revisión parcial de la prensa, aunque la crítica

---

[2] Lezama Lima, José. "Teatro cubano o la difícil identidad". *La Habana*. *JLL interpreta su ciudad*. Madrid: Verbum, 1991. (14 de enero de 1950). 163-164.

[3] León, A. Rodríguez de. "Al habla con Jorge Mañach. La mejor prosa de América". *ABC*. 9 de octubre de 1955, p. 67.

[4] Piñera, Virgilio. Ob.cit.

impresionista y volátil es incapaz de reflejar el fenómeno en todos sus matices. [5]

Francisco Morín

En la sala de Morín en Galiano alcancé a ver la puesta de *La soprano calva,* de Ionesco realizada por Julio Matas. Se subía por una escalera empinada hasta un espacio minúsculo, el "templo de Morín", alumbrado por bombillas de un amarillo intenso que se veían desde la calle de las vidrieras y las tiendas. ¿La recuerdas? me pregunta. Era preciosa, dice. Morín habla como si viera unas hermosas fotografías de Crucet ahora perdidas. También conocí Las Máscaras y vi actuar, entre otros, a Antonia Rey, Lilian Llerena, René Sánchez, Helmo Hernández y Raquel Revuelta.

Este libro es un *work in progress* porque aspiro a incluir más vivencias, hechos y comentarios ya que algún día estos "años" se estudiarán como hoy el teatro isabelino o el del Siglo de Oro, como quien baja a una excavación. Y descubriremos sus huellas y rupturas en gastadas fotografías y papeles. De su repaso se desprende la concepción del teatro como ejercicio coral, obra colectiva de muchas individualidades y edificio de muchas puertas. Y los prometeicos, encabezados por Francisco Morín, colocaron algo más que los cimientos.

[5] Morín, Francisco. *Por amor al arte: memorias de un teatrista cubano 1940-1970.* Pról. Concha Alzola. Miami: Ediciones Universal, 1998. Suárez Durán, Esther. *El juego de mi vida. Vicente Revuelta en escena.* La Habana: Centro de Investigación y Desarrollo de la Cultura Juan Marinello, 2001 y Hernández Lorenzo, Maité y Omar Valiño. *Vicente Revuelta: monólogo.* Cienfuegos: Reina del Mar Editores, 2000.

Viñeta de Servando Cabrera Moreno

Hace seis años revisé en la Biblioteca Nacional de La Habana la colección de la revista *Prometeo*. Mientras la hojeaba, sus páginas de papel gaceta se deshacían literalmente entre las manos y no sabía si seguir leyendo o echarme a llorar. Al regreso de ese viaje a Cuba, le escribí a Francisco Morín. New York Public Library exigía su autorización para obtener fotocopias de los veintidós micro-filmes en sus fondos. Con suma gentileza, Morín firmó una autorización que redacté para ahorrarle tiempo y molestias pero la gestión no fructificó, la Biblioteca puso reparos de toda naturaleza. Gracias a esos obstáculos, empezaron mis "conversaciones" con el legendario director teatral.

Morín me llamó por teléfono para agradecer el envío de mi libro *En tercera persona: crónicas teatrales cubanas* (1969-2002), Ediciones de Gestos, el único publicado en los Estados Unidos entonces y no sé cómo empezamos a conversar vía Skype, casi siempre por las noches, las once o las doce en Nueva York, un horario conveniente para él, que duerme poco, pero ve la televisión, sobre todo, la TV española, los programas latinos y entonces iba mucho al cine. En sus papeles hay programas de los ciclos neoyorkinos de Ozu, Marta Mészáros y Shin San-Ok. De mi interés inicial surgió un pequeño libro, *Los años de la revista Prometeo*, no reeditado, ya que Morín lo encontró desorganizado y yo a mi vez, incompleto, árido y difícil de leer. Al menos sirvió para demostrarle que lo mío iba en serio. Me preguntó. ¿Y a quién tú crees que le interese esto?

–Parece que por ahora sólo a mí.

Se hizo silencio del otro lado y pensé había estropeado una relación que amenazaba con ser muy frágil, pero Morín respeta como nadie las empresas por cuenta propia y los actos gratuitos, pero sobre todo, el empeño y, aunque no he logrado reconstruir el período teatral que todavía no sabemos cómo nombrar y quizás no lo consiga nunca (la puesta en escena se resiste a ser atrapada), lo intento después de siete años. Nunca grabé lo que hablamos, así que, salvo los documentos y las críticas, en su mayoría tomadas de *Prometeo* y el *Diario de la Marina*, no es *verbatim*. Ahora tengo la colección de la revista, regalo de Morín, que la compró por doscientos dólares a New York Public Library pero no lo recordaba. Son fotocopias antiguas, no se ven los grabados, hay que leerlas con lupa y está incompleta, ya que de acuerdo a la pesquisa del investigador Miguel Sánchez y la mía en la Biblioteca Fernando Ortiz de La Habana, en la primera época se publicaron veinticuatro ediciones (en ninguna biblioteca ha aparecido el número 25) y cuatro en la segunda, dos números 26, el 27 y el 28, entre octubre de 1947 y marzo de 1952. Morín me asegura que al salir de Cuba dejó varias, igual que Marisabel Sáenz donó la suya antes de salir a México donde está enterrada.

Conocía el "hosco," el temido, irascible Morín, aparte de que hallé una carta del profesor Oscar Fernández de la Vega, que lo conoció en Nueva York, y lo llama "huidizo" y "migratorio". Imaginaba al Morín joven por la fotografía de Crucet de su libro *Por amor al arte. Memorias de un teatrista cubano. 1940-1970*, que según Concha Alzola, autora del prólogo, su amiga *prometeica*, aparecía en algunos programas. Pero el director salió de Cuba en 1971 rumbo a Inglaterra sin su archivo ni sus papeles, ni siquiera un libro que pensaba leer en el viaje y le quitaron en la aduana. Así que sólo he visto los de *Carina* y *Medea en el espejo,* atesorados en el Archivo Digital Cubano de la Universidad de Miami y en ellos no está el rostro agresivo y enérgico de *angry young man* "en rebelión consciente contra el mal gusto, el oportunismo y la cicatería espiritual" descrito por Concha. Más familiar, el Morín mayor, porque con alguna frecuencia aparece en periódicos y revistas con motivo de alguna entrevista o celebración. Sepultado entre libros y revistas en su apartamento de la Avenida 8, en Nueva York, intenté establecer un puente para saber más del teatro de los cincuenta ya que ambos decidimos que el libro, las anotaciones o el intento no serían sólo sobre su trabajo, sino en lo posible, sobre el movimiento teatral de esos años. En el camino, recibí tres cargamentos con materiales varios, el manuscrito de sus memorias y sus notas, hechas en alguna hemeroteca por la necesidad de precisar fechas y datos.

¿Cómo debe llamarse el período que abre ADADEL (1940) y cierra la llegada de la Revolución? ¿O la nacionalización de Prometeo y Arlequín (1967)? De acuerdo a Rine Leal "hubo intención teatral, pero no teatro."

> aunque hoy nos parezca increíble, estos grupos trabajan una sola noche al mes y ante un puñado de espectadores [...] Pero su esfuerzo y abnegación no fueron estériles. En primer lugar, a pesar de su elitismo social y su escasa resonancia popular, consiguen modificar la opinión de los propios teatristas, y ganar sectores minoritarios, emanados principalmente de la intelectualidad o la pequeño burguesía [...] Se forma así una pléyade de artistas que, a pesar de sus limitaciones, ponen el teatro cubano a la altura de su época.

En "De Prometeo a Teatro Estudio" se refiere a la función diaria después de 1954, menciona a Adolfo de Luis, Rubén Vigón y Paco Alfonso, pero escribe que cuando llega la Revolución, Prometeo ha "cumplido su fase histórica". [6] Su obra más influyente, *En primera persona...,* es la más sincera, aunque falta buscar en *Pueblo* cuáles críticas desestimó para "Rencor al pasado". [7] Después su análisis hace borrón y cuenta nueva, como una liquidación, que a lo largo del tiempo sufre muchas matizaciones, en forcejeo honesto por someter a juicio el teatro

[6] Leal, Rine. *Breve historia del teatro cubano.* La Habana: Editorial Letras Cubanas. 1980.
[7] Leal, Rine. *En primera persona (1954-1966).* La Habana: Instituto del Libro, 1967.

de su iniciación. Su rencor se vuelve amargo como su «vino agrio», aunque siempre destaca la "actitud heroica de resistencia frente al medio inhóspito, encaminada a hacer teatro en medio de dificultades insalvables". [8] En 1989 le dijo a Cancio Isla que fue escrito con "vivencias" más que con "inteligencia" ya que como era un desconocido, hizo de *enfant* terrible y hasta de terrorista cultural, cuyos dardos preferidos iban contra Luis A. Baralt y el Patronato, dos pilares de la cultura establecida. [9] Una edición preciosa de 1967 con la recordada portada de Raúl Martínez, es la fuente casi única para saber del teatro anterior a 1959, la impresión insustituible, en singular. Sin embargo, aquí no citaré tanto como quisiera de su libro, ya que en la medida de lo posible, he querido escuchar a otros.

Tampoco he considerado pertinente la aceptada división entre el teatro de arte (1936-1950) y la época de las salitas (1954-1958) por la irrupción de las salas de bolsillo de entre ochenta y trescientas butacas, el arribo de la función diaria y el teatro comercial, ya que si es cierto que su tendencia afianzó el repertorio de entretenimiento, al mismo tiempo, se estrenaron autores del absurdo, modelos del teatro europeo y universal, experimentos y obras de vanguardia para las minorías cultas.

Deseaba ser autocrítica ya que al comenzar *Tablas* (1982) que dirigí hasta 1987, debí haber agradecido el aporte de la revista *Prometeo* como la única dedicada al teatro de permanencia y significado en los años de *Orígenes*. En cambio, en su primer editorial, cité un artículo de *Artes*, órgano del Teatro Popular, que aunque valiosa, publicó tres números y tuvo menos repercusión. [10] ¿Por qué? Mientras Paco Alfonso se ocupó de buscar la

---

[8] Leal, Rine. "1902-1958: La república". *Escenarios de dos mundos*. Carlos Espinosa y Moisés Pérez Coterillo, editores. Madrid: *Centro de Documentación Teatral*, 1988: 17-26.

[9] Cancio Isla, Wilfredo. "Privilegios de la memoria". Entrevista a Rine Leal. *Revolución y Cultura* 7 (julio 1989): 4-11.

[10] *Tablas* 1(1982) "Editorial": "*Tablas* aspira a lograr siempre el asombro de un buen primer acto, que los espectadores esperan y reciben con placer. Quisiera mantener latente ese espíritu cimarrón, bellísimo nombre que se le ocurrió a alguien muy cercano, para afirmar en sus páginas la libertad y la belleza del teatro porque defendemos la libertad y la belleza de la vida. La revista quisiera suscribir en su primera edición estas palabras de Juan Marinello, tomadas de *Artes* Año I. no. 1 (mayo) 1944: 18, 19. En las tablas escénicas ha de mirarse al hombre con tal medida que nada quede fuera de su ámbito, cosa sólo posible en

legitimación, los directores de *Prometeo*, (Mario Parajón co-dirige en la II época), salieron de Cuba y poco se supo de su quehacer anterior. Entonces la desconocía, no había leído la revista de Morín. Mi ignorancia era la de casi toda mi promoción, la que se inicia en los sesenta y estuvo marcada por la idea de que nada era válido de lo anterior. Y aunque muchas de sus figuras permanecieron en la isla, algunos todavía viven y como Gina Cabrera tienen su página en facebook, se desencantaron, carecieron del coraje para imponerse, se sumaron a la vorágine del presente que nos consumió a todos o quizás, lo más importante, aprovecharon los medios a disposición del teatro, "la puerta que se abrió" de acuerdo a la metáfora piñeriana, y realizaron su obra mayor. Tres de los más importantes directores, Vicente Revuelta, Roberto Blanco y Berta Martínez, comenzaron con Morín y sería demasiado extenso citar a todos los actores. Pero el periodo tendió a mirarse por sus limitaciones y no por sus resultados, por sus carencias y no por sus logros. Se ponderaba la heroicidad y abnegación de quienes trabajaron sin cobrar un centavo en los ratos libres que les dejaban sus otras ocupaciones, pero se afirmaba que no hubo teatro sino intención y más adelante que no existió "movimiento teatral" o como expresó Valdés Rodríguez "no se había logrado un teatro nacional".

Muchas de las voces significativas de la etapa –Mario Rodríguez Alemán, Graziella Pogolotti, Rine Leal, José Manuel Valdés Rodríguez, Mirta Aguirre o Francisco Ichaso– los críticos mayores que fueron nuestros modelos, no volvieron sobre el tema. A algunos dejó de interesarles, murieron o se fueron del país, que para la cultura, fue otra manera de morir. Salvo estudios aislados y puntuales, la escena del periodo 1940-1959 no se ha revisado, analizado y criticado con profundidad. A ello se añade la dispersión de archivos, la inexistencia de un museo y la inefectividad de los centros que debieron ocuparse de la custodia y atesoramiento de los fondos privados de actores, directores y técnicos. Decayó el interés de los estudiantes del Instituto Superior de Artes por el tema, muy visible en los 80, y pocos nos hemos beneficiado de la lectura

---

el teatro porque sólo allí hay presencia real, olor de gentes, aventura de la voz física, idioma del gesto y, sobre todo, espacio, libertad para meter llanto y risa no como en la historia por trasmano y argumento, ni como en lo lírico por la inquietud soterrada y singularísima sino por la boca gozadora o el pecho anheloso.

de sus tesis y trabajos de diploma. [11] Natividad González Freire hizo un gran servicio, leyó y analizó obras teatrales que después se perdieron o ya lo estaban, además de aportar valiosos datos y opiniones sobre dramaturgos, textos e instituciones. Jorge Antonio González no publicó sus obras teatrales, pero anotó noche a noche el imprescindible inventario de los estrenos. Muguercia se aventuró en su complejidad. [12] Son indispensables. Pero no recomponen el perfil de una época tan vital y contradictoria y en general, no se ocupan de la puesta en escena. Ha prevalecido la descalificación, el juicio a rajatabla, el argumento de lo no consolidado, lo frustrado, lo trunco. No he sido una excepción en las exageraciones y los simplismos. Cuando conozco a Morín, el recuerdo es un latigazo. Estoy más que consciente de que, conjuntamente a su infatigable labor como director, ideó y sufragó, aparte de un concurso y el centro cubano del ITI, una revista teatral con su modesto sueldo de empleado en los ferrocarriles y en el exilio, escribió unas memorias, en las que habla bastante poco de sí mismo y mucho de los actores, grupos, elencos y montajes desde 1940 hasta 1970 cuando el cierre de su pequeña sala lo decide a salir del país.

Su libro se suma a otros igualmente valiosos con detalles vívidos, anécdotas, agravios, murmuraciones o farandulerías y es un recorrido por la escena cubana desde ADADEL a los grises setenta cuando apestado por desear emigrar, sigue fiel al teatro. Si no he hurgado hasta el fondo, insistido o sido más inquisitiva, ha sido por no fatigarlo. Morín no es un teórico sino un hacedor y al conocerlo, mi curiosidad se convirtió en afecto y si él prefirió hablar de una película o preguntarme por amigos comunes o puestas que yo sí vi, seguí el curso de sus deseos. Por la recurrencia en su papelería a cronologías, fechas y datos, recordar fue su manía obsesiva. No es un libro sobre Morín aunque es el personaje principal. Es un intento de reconstrucción, incompleto y fragmentario, a

---

[11] Entre ellos Vivian de la Portilla sobre Adolfo de Luis; Rigoberto Espinosa, "Esbozo histórico del Patronato"; Osvaldo Cano, Teatro Universitario; Lilian Vázquez, Teatro Popular.

[12] 1967. González, Jorge Antonio. *Cronología del teatro dramático habanero. 1936-1960*. La Habana: Centro de Investigación y Desarrollo de la Cultura Cubana Juan Marinello y Centro Nacional de Investigaciones de las Artes Escénicas, 2003. González Freire, Natividad. *Teatro cubano contemporáneo (1927-1961)*. La Habana: Ministerio de Relaciones Exteriores, 1961; Muguercia, Magaly. *El teatro cubano en vísperas de la Revolución*. La Habana: Letras Cubanas, 1988.

partir de las fuentes disponibles, del que llamo "teatro perdido de los cincuenta", olvidado como herencia burguesa, criticado hasta el cansancio, a veces de forma peyorativa. Fue el que encontramos en 1959 y del que casi no se habló más.

1. Morín antes de Morín

Los recuerdos más vívidos de Morín empiezan en 1940 cuando llega a ADADEL en la calle O y 19. "Todo comenzó el 25 de junio de 1940" escribe en *Por amor al arte,* memorias escritas a lo largo de los años ochenta o quizás durante toda su vida, ya que siempre llevó un registro del acontecer cultural y me consta por las fechas de los estrenos anotadas en sus libretas. Es la academia teatral anexa a la Escuela Libre de La Habana, conocida como ADADEL, proyecto pedagógico de estudios libres realizado por intelectuales cubanos y exiliados republicanos españoles con la colaboración de otros muchos. José Rubia Barcia lo dirige con el apoyo de Raúl Roa. Pronto adquiere personalidad propia debido a la impronta del joven director gallego, que alterna sus clases con montajes así como publica en La Verónica (imprenta de Manuel Altolaguirre), su pieza *Tres en uno,* bajo el seudónimo de Bartolomé de Roxas, prologada también por Roa, quien escribe: "Sensibilidad depurada, espíritu cristalino, mente electa" y compara el texto con la Declaración Universal de los Derechos Humanos. [13] El claustro lo

---

[13] *Tres en uno, lo escribió en cinco cuadros y tres jornadas Juan Bartolomé de Roxas* [pseud.] Nota liminar de Raúl Roa y epílogo de Rubia Barcia. La Habana: La Verónica, 1940. Nunca esperé encontrar tantos recursos imaginativos en este auto llamado con ironía "a la antigua". Las acotaciones describen un escenario surrealista con "ángeles de alas flexibles y relucientes que teclean distraídos en las *underwoods* del hemiciclo celestial". A veces es aquelarre barroco, otras, teatro de tesis y las más, revista, como el camerino de Broadway del segundo cuadro. El primer cuadro transcurre durante una reunión plenaria en la Gloria, en la que los santos varones Juan, Mateo y Lucas discuten con el Señor acerca de los males que aquejan a la Tierra, entre ellos el anarquismo y el socialismo. El Señor desahuciado e inútil, pues ya no ejerce influencia, presenta su dimisión. Renuentes a aceptarla, mediante votación, deciden que Jesús baje a la tierra, pero no como el hijo de Dios, que se considera traicionado, sino como el padre, quien se despoja de barbas y postizos a la vista del público y se humaniza por primera vez. El Señor supone queda allí un vestigio de fe y algo podrá hacer en su viaje terrenal para el que invita a María Magdala y a José. Allí los administradores de la fe son protestantes, católicos y del nazismo: tres personajes, Don Frambueso, Mr. Oliver y Herr Kralap, observan al Señor encima de un "zigzag de tejados dominando la escena". Para ellos los recién

integran además, un refugiado austriaco que huyó del nazismo, Ludwig Schajowicz, el español exiliado Luis Amado-Blanco, la norteamericana Lorna de Sosa y los intelectuales cubanos Luis Alejandro Baralt, José Manuel Valdés Rodríguez y Alejo Carpentier. Disímiles escuelas se reúnen: el seminario de Reinhardt (Schajowicz), la huella de Antonio Gallego Burín, creador de La Carreta en Granada, similar a la Barraca lorquiana (Rubia Barcia), el teatro universitario norteamericano (de Sosa), sin contar con la labor precursora de Baralt en La Cueva, Carpentier en el teatro de vanguardia y Valdés Rodríguez en la promoción cinematográfica. La academia se desplaza a una casa en San Lázaro 961 altos, propiedad de María Luisa Gómez Mena, colaboradora material y espiritual. Entre sus primeros alumnos, Marisabel Sáenz, Teté Casuso, Martha Elba Fombellida, Alejandro Lugo, Modesto Centeno, Manuel y Carmen Estanillo, Julio Martínez Aparicio, Reinaldo de Zúñiga, Antonio Hernández, Beatriz de Castro, José Villabarros, Manolo Pérez (Julio Valnoir), Ángel Aguirre, Muñeca Sánchez (Carmen Montejo), a quienes

---

llegados son tres locos, que no saben lo que hacen, pero al Señor le queda algo de poder, los hace dormir y logran escapar a gatas por el tejado. Su llegada causa alarma general. Los periódicos hablan de Dios. Está en los titulares y en las conversaciones de café. Escritores, poetas, periodistas y políticos se declaran sobre aviso. El poeta no le reconoce "categoría poética", otros creen que habla boberías, es un jaleo y un escándalo. El clero se asusta con sus declaraciones y pide su cabeza. Los políticos desconfían, lo consideran peligroso. En el último cuadro, en el manicomio, "en la pasión sempiterna de las razones perdidas", dos loqueros se refieren a los personajes (los locos reales que se creen Napoleón o Bismarck) mientras otro (Wilson) –que repite el programa del pacifista norteamericano– denuncia que Dios está encerrado. El director del manicomio lo considera inofensivo, porque los peligrosos están fuera y en libertad, ejerciendo "una saludable profilaxis estatal aludiendo a terroríficos peligros derivados del arco iris, la luna y el libre pensamiento." Al fin el señor toma la palabra, en un anticlímax, ya no es necesario, su credo se ha esfumado y "la gran tarea de la humanidad futura será el hallazgo de nuevos misterios para encontrar la verdad nueva". El hombre no será de una tierra sino de todas las tierras. Después de perdonar a su pareja pecadora, el Señor se vuelve materia y en un trueno largo, desaparece de la escena. Hay muchísima novedad en esta pieza vanguardista, escrita en 1937 y publicada en el exilio habanero de José Rubia Barcia.

se unen Violeta Casal, Adolfo de Luis, Rosa Felipe, Josefina Piñón, René Charaza, María y Regina Suárez, Lolín Pillado, Waldo Pérez, Ángel Toraño, Hortensia Guzmán, Rosita Fornés, Juanita Caldevila, Alberto Ruiz y Conrado Asher. Con toda seguridad la lista es incompleta. Muchos se convertirán en directores y actores reconocidos, otros dejarán la profesión o como Carmen Montejo –entonces Muñeca Sánchez– realizarán una significativa carrera en México. Algunos tenían inquietudes intelectuales. Teté Casuso era una poeta publicada y autora de la obra dramática *Realengo 18*; Fombellida, periodista de *Avance;* Marisabel Sáenz, colaboradora de *Social* donde aparecieron sus poemas y artículos sobre cultura física mientras Violeta Casal, nacida en Matanzas, se graduó de Pedagogía en la Universidad.

El joven Morín estudia Filosofía y Letras y en sus ratos libres adapta obras para Radio Ideas Pazos, entre ellas, la novela *Rebeca*, de Daphne du Maurier, por la que le pagaron 1.50 por libreto. Para casi todos el movimiento del teatro moderno –o la primera modernidad– partió del impulso recibido del inteligente Rubia Barcia, quien dirige entre otras, *El convidado de piedra*, de Tirso de Molina y *Festín durante la peste*, de Pushkin, cuya puesta en el Auditórium contó con decorados de Mariano, Portocarrero y González Puig. [14] El 5 de febrero en el salón de actos del Women's Club, en Avenida de los Presidentes y calle 19, los alumnos se dan a conocer al público con un programa que incluye *Antes del desayuno*, de O'Neill, dirigida por Schajowicz; *La cueva de Salamanca*, de Cervantes, por Rubia Barcia; *Becky Sharp*, de Thackeray, por de Sosa y *A la sombra de la cañada*, de Synge, dirigida por Baralt. *Becky...*, en un acto, era un capítulo de la novela *Feria de vanidades*, de William M. Tackeray, que Rouben Mamoulian lleva al cine en 1935 y en ella actuaron Teté Casuso y Manolo Pérez.

Después de tres meses de ensayos, una segunda función presenta *Sumergidos*, de Laverne y Shaw, dirigida por de Sosa –en la que Morín trabaja como actor–; *Escaleras*, de Gómez de la Serna, por Rubia Barcia y *El aniversario*, de

---

[14] Recortes de prensa sobre las puesta de *Antes del desayuno, La cueva de Salamanca* y otros en Rubia Barcia, José. *Palabras al viento. Selección testimonial sobre la vida y obra fuera de España de un transterrado ibero galaico*. Edicions do Castro. A Coruña, 1977.

Chejov, por Schajowicz, que de manera paralela inicia su actividad en el Teatro Universitario con su representación al aire libre de *Antígona* de Sófocles. Un año después de su llegada a Cuba, el 20 de mayo de 1941 se inician las noches majestuosas en la Escalinata que continúan Antonio Vázquez Gallo, Rafael Ugarte y Luis A. Baralt.

Jorge Guerrero y Violeta Casal en *Medea*

Ángel Lázaro celebra "Muerte y renacimiento del teatro", texto de Schajowicz en el programa de *Las coéforas* y *La Ifigenia en Táurida* porque en él se reclama la autonomía del director de escena. "Daba gusto —escribe— ver cómo la obra resistía el aire libre y no sólo la resistía sino que lo pedía, aún representada por aficionados, y la música, admirablemente intercalada y escogida por Alejo Carpentier, completaba, envolvía el éxtasis del poema sin quebrar el ritmo del texto". [15]

Teatro Universitario se oficializa al año siguiente. Entre sus montajes, *Antígona* y *Las coéforas* (4 de diciembre de 1941), *Los caprichos de Mariana*, de

---

[15] Lázaro, Ángel. "Teatro Universitario". *Carteles*, 1941. s/f

Musset (20 de enero de 1943), *Tartufo* (15 de abril, 1943), *Edipo rey* (10 de junio de 1943), *Hécuba* (1 de octubre de 1943); *Numancia*, de Cervantes, (3 y 5 de febrero de 1944), *El mercader de Venecia*, de Shakespeare (4 de abril de 1946), *Mirandolina*, de Goldoni (26 de mayo de 1946), *María Estuardo*, de Schiller (agosto, 1946) *Pedro de Urdemalas*, de Cervantes (mayo 9 y 10 de 1948), *Medea,* de Eurípides (agosto 9 y 10 de 1948).

Luisita Caballero "lanzó al viento el primer lamento de Antígona" y comenzaron las inolvidables noches. Alejo Carpentier en *El acoso,* narra un incidente ocurrido durante la representación de *Las coéforas,* un tiroteo en el momento que Orestes va a asesinar a Clitemnestra, mientras un perseguido se esconde de una pandilla entre los asientos del estadio de la Universidad. En la novela la tragedia está "interpretada por estudiantes vestidos de Mensajeros, de Guardas y de Héroes" y unos altavoces braman en "alterado diapasón de Atridas" *vivos están los muertos acostados bajo tierra, las víctimas de ayer toman en represalias la sangre de sus asesinos.* [16] No se escucha a Esquilo sino los versos de *Electra*, de Sófocles, modelo de la obra que por esas fechas Virgilio Piñera empieza a escribir.

Los clásicos griegos no fueron los más estrenados, tres en la etapa del director austriaco que abandona Cuba en 1946, parte hacia Puerto Rico donde consolida su labor académica y en el ámbito de la filosofía. Luis A. Baralt lo sucede y orienta el repertorio hacia el teatro clásico español. Aprovecha la belleza arquitectónica del recinto para el movimiento de los actores y el coro, emplea altoparlantes para el despliegue de las voces que resuenan en la colina universitaria y utiliza la música de forma novedosa. [17] Mirta Aguirre criticó en *Hoy* algunos de sus montajes.

En 1942 Rubia Barcia representa en la Plaza de la Catedral, usada como escenario desde los treinta, el auto de Lope de Vega *El nacimiento de Cristo*, con una novedosa e interdisciplinaria concepción. También *La fiesta de los villancicos*. Y un asiduo espectador, Ramón Antonio Crusellas, actor de radio

[16] Citado por Izquierdo, Yolanda. *Acoso y ocaso de una ciudad: La Habana de Alejo Carpentier y Guillermo Cabrera Infante.* Puerto Rico: Isla Negra Editores, 2002: 131-132.
[17] Cf. Miranda Cancela, Elina. "Tragedia griega y teatro universitario". *Calzar el coturno americano. Mito, tragedia griega y teatro cubano.* La Habana. Ediciones Alarcos, 2006. 31-52.

y miembro de Pro-Arte Musical, crea con el profesor Luis de Soto, una asociación de promoción: el Patronato del Teatro. Comienza con *Liliom*, de Ferenc Molnar, dirigida por Schajowicz y se dirige a un público culto y afluente con funciones en el América, el Auditórium y el Principal de la Comedia. La primera será en el América cuando todavía se iba de frac. Baldomero Grau Triana era su presidente, recuerda Parajón.

> ...en aquella Habana de los años treinta y cuarenta: cierto sector de la burguesía y la clase media descubrió la cultura, leyó la *María Antonieta* de Seis, se entretuvo con las biografías de Emil Ludwig, asistió al estreno de una película de la que se habló muchísimo, *María Elena flor de fuego*; se conmovió con Fred Astaire y Ginger Rogers; conoció el *Romancero gitano* de Federico García Lorca y asistió a docenas de conferencias. Matrimonios jóvenes empezaron a decorar sus casas queriendo ser originales y encontrar el gusto propio. Había buenas firmas en los periódicos, se recitaban los versos de Nicolás Guillén, de Florit, de Ballagas y algunas veces de Tallet. Y en medio de tal ambiente se fundó el Patronato del Teatro rompiendo con la tradición de la comedia vernácula española y el folletín de factura parecida. [18]

Liliom, **dirigida por Schajowicz**

---

[18] Parajón, Mario. "Los santos patronos". *Diario las Américas.* s/f.

Con algo de imaginación, en el estatismo de las figuras y el decorado decó de Fico Villalba para *Liliom*, se intuye la poética de Schajowicz. En 1944 Patronato, de acuerdo con el recuento de *Artes*, ha realizado muy valiosos montajes, entre ellos *Calle del ángel*, de Patrick Hamilton, dirigida por Luis de Amado-Blanco. [19] Muy pronto destaca el binomio Cuqui Ponce de León-Isabel de Amado-Blanco con sus comedias de salón de intenciones feministas y sobresale Reinaldo de Zúñiga como director. Lorna de Sosa dirige *Fiebre de primavera*, de Noel Coward (1942), *El amor de un extraño*, de Frank Vosper, (1943), *Deseo bajo los olmos*, de Eugene O'Neill y *Teatro*, de Somerset Maugham (1945).

Paco Alfonso crea Teatro Popular (1943) como un frente teatral de apoyo a las organizaciones obreras con obras de agitación y piezas sociales. *Con los pies en el suelo* de José Luis de la Torre y *Guerrillas del pueblo* de Oscar Valdés lo inaugura el 14 de enero, en el Salón de Torcedores y el 24 de febrero, bajo el lema "Siembra para comer", el poema campesino, *Sembrar*, de Ángel Lázaro, al que siguen *Poema con niños*, de Nicolás Guillén, *Estampa martiana*, de Félix Lizaso y Rafael Marquina y *La*

---

[19] Ludwig Schajowicz dirigió *Liliom*, de Molnar y *Volpone*, de Ben Johnson; Francisco Martínez Allende, *La comedia de la felicidad*, de Evreinov, *A las doce de la noche*, de Francisco Ichaso y Francoise Baguer y *La máscara y el rostro* de L. Chiarelli. Lorna de Sosa, *Fiebre de primavera*, de Noel Coward, *Arsénico para los viejos*, de Joseph Kesselring, *El amor de un extraño*, de Frank Vosper y *Deseo bajo los olmos*, de Eugene O'Neill. Antonio Palacios y Rodrigo Prats, *Doña Francisquita*, de Federico Romero y Guillermo Fernández Shaw, música de Amadeo Vives. A. M. Vermel, *Sor Beatriz*, de Maeterlinck, *Salomé* y *El ruiseñor y la rosa*, de Oscar Wilde y *Knock o el triunfo de la medicina*, de Jules Romain. Luis A. Baralt dirigió *La gaviota*, de Antón Chejov, *Barrabás*, de Rafael Suárez Solís, *El qué dirán*, de Isabel Fernández de Amado-Blanco y Cuqui Ponce de León de Upmamm y *La moza del cántaro*, de Lope de Vega; Nicolás Rodríguez, *Amo a una actriz*, de L. Fedor, *Un día de octubre*, de Georg Kayser y *La venganza de Don Mendo*, de Pedro Muñoz Seca. Rubia Barcia dirigió *A los diecisiete*, de Jacques Deval; Luis Amado Blanco, *Calle del ángel*, de Patrick Hamilton; Reinaldo de Zúñiga, *Rosas todo el año*, de Julio Dantás y *La zapatera prodigiosa*, de Federico García Lorca. Escenógrafos. Federico Villalba, Andrés García, María Luisa Ríos, Antonio Aguilar, César Balbuena, Mariano y Portocarrero, A. M. Vermel, Lillian Mederos de Baralt, Luis Márquez, Oscar Hernández, Luisa Caballero y Manolo Roig. Recuento hasta 1944, en Varona E. A. "Un aniversario" *Artes* 2 (julio) 1944: 8.

recurva, de José Antonio Ramos, representadas en el Principal de la Comedia por falta de espacio en el local obrero. *Sabanimar* de Paco, sobre los desalojos en un pueblo de pescadores, es una fuerte denuncia que Nicolás Dorr llama "Fuenteovejuna latinoamericana". Otros estrenos, *Llamémosle X*, de Álvaro Custodio, *Guerrillas del pueblo*, de Oscar Valdés y *Vida subterránea*, de Benicio Rodríguez Vélez. *Mariana Pineda*, puesta de José López Ruiz, reunió en su reparto junto a Paco y Magda Iturrioz, figuras de la radio como Agustín Campos, Mario Barral, Nidia Sarol y Carlos Paulín.

Su revista *Artes* publica tres ediciones. En la primera, Juan Marinello diserta sobre "posibilidades de un teatro nacional" mientras en el editorial le recuerdan al gobierno del general Batista la "situación de abandono en que se encuentra el teatro" y la necesidad de "hacer cumplir el Decreto ley 609 por el cual los empresarios debían ceder los teatros dos días al mes a las compañías dramáticas." La promesa era "burlada por los empresarios" y "los artistas y el movimiento en general del teatro [...] carece de locales donde manifestarse. Sólo a costa de grandes sacrificios las distintas organizaciones pueden pagar alquileres tan leoninos." Paco congrega a numerosas figuras intelectuales para su proyecto y en 1944 estrena *El relevo*, de Félix Pita Rodríguez y *Sancho Panza en la ínsula Barataria*, de Alejandro Casona, así como trabaja para instituir los teatros portátiles.

Theatralia, creada después de la visita de Louis Jouvet en 1943, presenta su "fallido" vodevil *Tovarich,* de Jacques Deval, con María Tubau, Agustín Campos y Otto Sirgo y en Pro-Arte Salvador Salazar intenta resucitar las piezas de Sánchez Galarraga. [20] La primera se disuelve pronto y su director Roberto G. Mendoza distribuye los decorados entre las agrupaciones.

En 1943 ADADEL termina. Rubia Barcia parte a Los Ángeles contratado para asistir los doblajes al español de películas norteamericanas. Comienza su labor docente y su aventura con Luis Buñuel. Francisco Martínez Allende, otro exiliado español, lo sustituye y ensaya *La máscara y el rostro,* de Chiarelli, que auspicia Patronato, donde trabajan Julio Martínez Aparicio, Modesto Centeno, Reinaldo Zúñiga, Manuel Estanillo y Morín, quienes

---

[20] Blanco, Antonio. " Tovarich". *Artes* (1) mayo 1944, p. 18.

devendrán algunos de nuestros primeros directores. Muchos lamentan lo poco y mal que aprovechamos a los mejores teatristas del exilio español, que como Rubia Barcia, se marchan en busca de mejores oportunidades. Pero sus alumnos se resisten a abandonar las tablas y en la casa de los Centeno en la calle Aguiar, debaten cómo continuar. Después de una exitosa función de *La zapatera prodigiosa*, dirigida por Reinaldo de Zúñiga, interpretada por Marisabel Sáenz, que muy pronto destaca entre sus compañeras, deciden recomenzar.

Marisabel Sáenz

El 30 de junio de 1945 en la Escuela Valdés Rodríguez y en beneficio de Patronato, resuelven crear una asociación. [21] El 14 de febrero se funda ADAD (Asociación de Arte Dramático, 1945-1951) presidida por Modesto Centeno, con un ejecutivo integrado por Julio Martínez Aparicio, Francisco Morín y Reinaldo de Zúñiga; como vocal, Lolita Centeno, secretaria y

---

[21] Rosendo Rosell en su columna del *Diario las Américas*. 2 de febrero de 1995. p. 4 cita este elenco: El Zapatero, José de San Antón; Georgina Loy, el Niño; José Piña Ferro, el alcalde; Blanca Díaz, y Susana Luque (Marisol Alba),vecinas. Eulogio Peraza completa el programa con "El cuervo" de Edgar Allan Poe, montado por Morín. Decoraciones de Andrés.

tesorera, Marisabel Sáenz. [22] En el Lyceum representan tres obras en un acto: *Música de hojas caídas*, de Rosso di San Secondo, *Hechizo*, de Modesto Centeno y *Un hombre del tipo de Napoleón*, de Sacha Guitry. Manuel Estanillo, Centeno y Julio Martínez Aparicio las dirigen. La dramaturgia cubana está entre sus principales objetivos y la obra de Centeno se representa junto a *Espectros*, de Ibsen, dirigida por Martínez Aparicio, *La voz humana*, de Cocteau y *Anatol*, de Schnitzler, por Centeno. Morín hace sus primeros montajes en el Liceo de Ceiba del Agua. *La llama sagrada*, de Somerset Maugham es de 1943. Después *Ir por lana* (27 de octubre de 1945), de Pierre Wolff y *El cuervo de* Edgar Allan Poe con el recitador Eulogio Peraza en el Lyceum. No hay constancia documental de ninguno de ellos, al parecer los periódicos no los reseñaron. En el camino, monta a Raquel Revuelta, una muchacha preciosa que empezó en la Corte Suprema del Arte, trabajó en la compañía de Eugenia de Zúffoli, aprendió el "método" de Enriqueta Sierra y recita en la Emisora Mil Diez, *Cosas de Platero*. En 1945 dirige *Las preciosas ridículas* de Moliere y al año siguiente, el 6 de septiembre, en la Escuela Valdés Rodríguez, *Hacia las estrellas* de Leonid Andreiev. Menos conocida que las obras rusas escenificadas por Paco Alfonso con Teatro Popular, se estrena con los auspicios del Instituto Cultural Soviético. Rubén Vigón realiza las decoraciones. Mirta Aguirre le dedica una nota al autor. [23] El montaje destaca por su amplio reparto y porque participan los Revuelta, el padre de Vicente y Raquel, un hombre bellísimo con una voz estupenda y sus hijos. [24] Vicente, asistente del director, ha recordado al Morín talentoso y culto pero neurótico y con la tendencia a trabajar "con cualquiera". "Era muy mal actor y los demás se pasaban choteándolo por eso". Hacía improvisaciones. Vicente se aprende los papeles de todos los

[22] Gacio Suárez, Roberto. "Repertorio histórico del teatro ADAD (1945-1950)". *Indagación* 3. diciembre, 2000. En www.geocities.com/cniae/indagacion3.htm.
[23] Aguirre Mirta. "Palabras sobre Leonidas Andreiev". *Hoy*. 8 de septiembre de 1946. p.10.
[24] María Ofelia Díaz, Adolfo de Luis, Julio Martínez Aparicio, Santiago García Ortega, Modesto Soret, Regina Suárez, Alberto Machado, Ángel Espasande, Jesús Terán, Raquel Revuelta, Vicente Revuelta padre (Vargas), Josefina Agüero y otros. El reparto en Mirta Aguirre. "Notas y comentarios". *Hoy*. 28 de agosto de 1946. p. 6.

actores que faltaban muy a menudo por trabajar en la radio. "Fue un verdadero entrenamiento."[25]

Hacia las estrellas. **Montaje de Morín**

En la anotación a la única fotografía de *Hacia las estrellas*, que según Morín debe verse a la luz solar y ha sobrevivido de milagro, escribió Vargas al dorso. Es Vicente padre, oriundo de un pueblo de ese nombre en Santander. No es un cualquiera, sino un aficionado al canto y la literatura, de extrema sensibilidad. Morín –que firma Francois Morin hasta que Teté Casuso le aconsejó que se lo cambiara– siguió buscando personas fuera del teatro para sus personajes cuando invitó a una desconocida para hacer la prostituta de *Jesús*, de Piñera.

El Patronato sigue con su función mensual para asociados que pagan una cuota. Monta, entre otros, autores hispanoamericanos como Xavier de Villaurrutia, cuya *Hiedra* fue considerada por Mirta Aguirre, trasnochada y

---

[25] Salvo que se indique, los testimonios de Vicente Revuelta están tomados de Suárez Durán, Esther. *El juego de mi vida. Vicente Revuelta en escena.* La Habana: Centro de Investigación y Desarrollo de la Cultura Juan Marinello, 2001. p. 30, 38 y Hernández Lorenzo, Maité y Omar Valiño. *Vicente Revuelta: monólogo.* Cienfuegos: Reina del Mar Editores, 2000, p.10.

débil, y su autor, un dramaturgo mediocre. Igual de dura se mostró con Marisabel Sáenz, quien a pesar de "su inteligencia, afanes estudiosos, vigor escénico y moderna línea dramática" calificó de peor que floja, porque "le surgió, no sabemos de dónde, un hálito de teatro viejo, guerreresco, fabreguesco, que Marisabel jamás había padecido". [26] Pero lo más interesante de su nota es que Patronato llama a eximir de impuestos a las compañías extranjeras con motivo de la visita de Sagi-Vela. También criticó *Mr. Beverley*, de Berr y Verneuil, detectivesca comedia dirigida por Julio Martínez Aparicio con Ana Saínz, Gina Cabrera y Pedro Pablo Astorga. [27] Elogió *Viajero sin equipaje*, de Jean Anouilh, donde Zúñiga hizo un "trabajo muy pulcro por su correcta ambientación, ritmo adecuado y trabajo de conjunto". Los miembros de Patronato pagan veinte centavos más: la cuota se eleva de cuarenta a sesenta. [28]

Antes de ADADEL, Morín me habló de una niñez muy solitaria, un padre del que no recuerda un beso, una sórdida escena con un tío, mientras él, aislado, juega a los bolos, a quienes mueve como personajes a través de escenarios imaginarios. Años más tarde, cuando Rubén Vigón le mostró en la biblioteca de la Universidad de Yale una exposición de bocetos con anotaciones del movimiento, los "mapitas" le recordaron sus juegos infantiles. "Eso lo hacía yo desde niño, imaginaba la forma del escenario, el tablado, y mis personajes se llamaban A, B y C."

Al terminar la carrera de Filosofía y Letras con una tesis sobre Oscar Wilde, parte a los Estados Unidos para culminar sus estudios, ver teatro, entonces muy barato, y matricular en la Academia de Piscator, con el armenio Reiken Ben Ari, discípulo de Stanislavski y Vagtangov en el teatro Habima de Moscú. Adolfo de Luis, Cuqui Ponce de León y Andrés Castro estudian en la School of Social Research como Rubén Vigón en la Universidad de Yale. Ben Gazzara y Walter Mathau han recordado cómo era la dirección de los actores en la escuela de Piscator. Años más tarde, de Luis reconocerá era

---

[26] Aguirre, Mirta. "La hiedra". *Hoy*, 3 de septiembre de 1946.
[27] Aguirre, Mirta. "Mr. Beverly". *Hoy*. 3 de octubre de 1946.
[28] Aguirre, Mirta. " *El viajero sin equipaje*". Hoy. 8 de octubre de 1946.

muy "ortodoxos" con el Método antes de trabajar en su "nacionalización", recuerda a Ben Ari y al norteamericano Muriel Boudin. [29]

Con ADADEL no empieza todo sino con Luis A. Baralt. Desde 1929 reúne a amigos y conocidos en sus fiestas de fin de año, sus *reveillons.* En 1930 dirige y traduce *Los bastidores del alma*, de Nicolás Evreinoff, con escenografía del austriaco Harry Tauber y tres años después dirige *Enter Madame* en el Civic Theatre de Miami. En 1935, *Fuenteovejuna* en la Plaza de la Catedral. Si La Cueva fue una temporada de ocho meses y con ella arriba la modernidad, los conceptos y las bases se crean en 1930 al seleccionar un texto de vanguardia con un "capricho goyesco interpretado con la fantasía mecánica de Chirico" por escenografía.

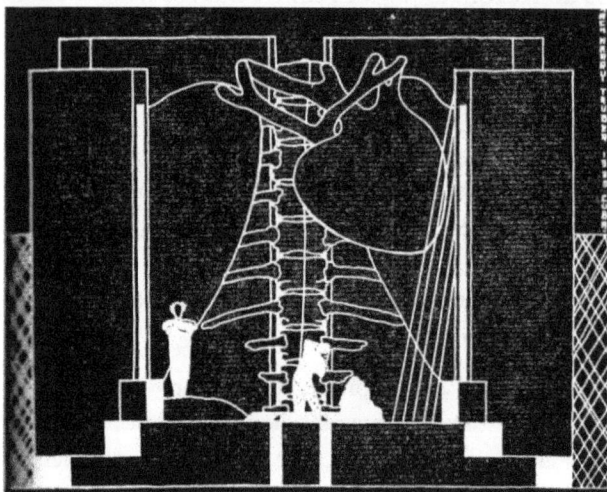

Los Bastidores del Alma   Escenario de Harry Tauber

Decorado de Harry Tauber

A. Quevedo era un *outsider* pero reseñó el estreno de *Los bastidores...*, ese acto entre amigos de filiación constructivista e imaginativo vestuario. Los personajes, vestidos por Tauber como arlequines criollos, vivían dentro de las vísceras. Para actualizar la escena, se limpió el polvo de las guardarropías.

---

[29] Cf. Ross, Lillian y Helen Ross. *The Player. A Profile of an Art.* Simon and Schuster, 1962. Luis, Adolfo de. "Apuntes sobre la imagen escénica cubana". Forum 1985. "Las artes escénicas y su papel en la cultura cubana contemporánea": 11-17.

¿Estamos en presencia de un retablillo de aficionados o el laboratorio de un demiurgo? Por los espectadores corre un ligero estremecimiento. Una magnífica entraña humana está abierta a nuestra mirada pero no yace inerte como pieza de anatomía: su corazón late, respiran sus pulmones, vibran sus nervios y palpitan todas sus vísceras. Instintivamente nos miramos unos a otros. Tenemos necesidad de tocarnos las manos, de cambiar un gesto, de cerciorarnos de que no estamos bajo la acción de un narcótico o un heroico.[30]

Baralt formó parte de una minoría selecta que en arte y en política intentó transformar el país con su choteo y su rebambaramba. De los libretos vanguardistas de Alejo Carpentier al huracán Federico García Lorca en 1930 y seis años después, la temporada de Margarita Xirgu.

Así vio Garrick (seudónimo) el arribo de La Cueva:

La Cueva Teatro de la Habana, tiene el deber de rogar el apoyo del espectador criollo medio; y tiene la obligación de exigir el aporte de los intelectuales del patio; porque detrás de su iniciativa, yace un montón de escombros y de humo inútil, que se llamó teatro cubano, y que tuvo su oportunidad, y su justificación, cuando la colonia artística de Cuba se disponía a entrar dentro de la mayoría de edad. El negrito, el gallego y la mulata, ya no podían cruzar por la escena, sino como espectáculo autóctono; su reaparición imaginaría un coro de sujetos sin alma, sin materia humana. La Cueva pues, a falta de otro elogio más específico, tiene en su haber el gesto temerario de incorporar a nuestro teatro, lo que acaso dentro de un siglo no sea más que "nuevo material para los estantes clásicos". La iniciativa merece los más calurosos elogios. Los que la tuvieron, el reconocimiento emocional e íntimo de una gran colonia artística, ansiosa de hombres, dioses y cosas nuevas.[31]

---

[30] Quevedo, A. "Los bastidores del alma: un drama visceral". *Revista de Avance* 42 (1930): 30-31.
[31] Revista *Social.* 20 julio 1936. p.7. Cf. Boudet, Rosa Ileana. *Escritos de teatro: Crónica, crítica y gacetilla.* Ediciones de la Flecha, 2012.

Baralt integró Pro- Arte, novedosa en sus comienzos, pero ahora vencida. Un editorial de *Prometeo* de 1947 le achaca que "sólo ha traído a la compañía de María Guerrero con un repertorio de pésima calidad". Si "allá por el año 1931 tuvo figuras como Ramón Valenzuela, Eduardo Casado, Miguel Llao, Luisa Caballero y los hermanos Florit [...] ahora desmaya en la negación más completa de lo que es teatro de arte. La concha del apuntador, abolida hace años en los escenarios prestigiosos del mundo, aún conserva su posición dictatorial en las representaciones de la institución." [32] Como Pro Arte, La Cueva era pasado.

Teté Casuso, la novia delirante de Pablo de la Torriente Brau, alumna de la academia, perteneció al elenco de *La luna y el pantano,* estrenada el 6 de noviembre de 1936, escrita y dirigida por Luis A. Baralt. [33] Eduardo Casado también pero se inició en Pro-Arte Musical con Guillermo de la Mancha, hizo estudios universitarios en el Colegio de Belén y de ballet con Yavorsky e integró las compañías de Ernesto Vilches, María Tereza Montoya y del teatro Virginia Fábregas con las que representó en Argentina y México, donde se destacó en *El alcalde de Zalamea* y en 1947 en *La vida es sueño*, de Calderón de la Barca, dirigido por Cipriano Rivas Cherif.

Enriqueta Sierra, miembro de la Compañía de Luisa Martínez Casado y popular en 1910 en el Politeama Chico y en la temporada del Principal de la Comedia en 1914, se refugia en la radio después del machadato y es figura central de La Hora Múltiple de CMX Radio Lavín y La Novela Radiofónica. De acuerdo a Oscar Luis López, es la primera cubana que adaptó para el medio una obra teatral y quien enseñó a todas las actrices a *decir* en la radio. [34] Raquel Revuelta la consideró su segunda maestra, el primero fue su padre, por su enseñanza ética, pues decía que un actor debía reunir más "virtudes que virtuosismo". "Para ella —escribe— el trabajo del actor no terminaba en la escena. Mientras más lo admirara el público, más debía

[32] "Pro arte y el teatro", 1948, 7.
[33] Los restantes del elenco (Pituca de Foronda, Humberto Ortega, Miguel Llao, Hortensia Gutiérrez, Eulogio Peraza, Ernesto Arnal, Rafael Ugarte, Ramón Valenzuela y Marta Gutiérrez) reaparecerán en las agrupaciones a partir de los cuarenta.
[34] López, Oscar Luis. *La radio en Cuba.* La Habana: Letras Cubanas, 2002. p. 452.

exigirse a sí mismo en la vida". [35] Enriqueta no sólo aconsejó a Raquel, sino a Miriam Acevedo, triunfadora en La Corte Suprema del Arte, programa radial de las estrellas nacientes, y a Gina Cabrera, integrante de la compañía infantil que dirigía Sierra en CMBY. Minín Bujones hizo teatro de niña, dos películas y tuvo varios éxitos radiales antes de pisar el escenario de Farseros.

La radio es escuela de actores, actrices y dramaturgos. Para Mario Parajón al desaparecer Radio O'Shea, terminó la ingenuidad. En su conjunto artístico, con Pilar Bermúdez, Pedro Segarra y Anselmo Jordán, empezó alguien que devino muy popular, Carlos Badías, por el personaje de Alberto Limonta en *El derecho de nacer*, el suceso radiofónico de Félix B. Caignet. "No era necesario salir de la casa –recuerda Parajón– ni gastar dinero, ni vestirse otra vez luego de la ducha reparadora en pantuflas, con el tabaco encendido, dormitando en la butaca, le caían al oído los tres actos de la comedia del día, y era como si existir fuese un perpetuo hallarse ante un espectáculo que duele y que divierte y que en último extremo nos hace felices".[36]

Alberto Machado, en el reparto de *El candelero*, *Ligados* y el Pedagogo de *Electra Garrigó*, empezó con la compañía del actor español Nicolás Rodríguez. Nena Acevedo debuta en el seminario anexo al Teatro Universitario, dirigido por Luis A. Baralt, como Mario Parajón en su *Hamlet*. Ángel Espasande, en el Centro Gallego, dirigido por Juan Riera hasta que arribó al Teatro Popular de Paco Alfonso. Alfonso, alto, fornido e imponente, debutó como cantante de zarzuela, protagonizó la cinta *Alma guajira* (1929), dirigida por Ors, basada en la obra de Marcelo Salinas y formó parte activa de Teatro de Selección (1938).

ADADEL no fue única entre tantas experiencias fundadoras, pero quizás fue la primera que intentó establecer la puesta en escena moderna, entendida no como el oficio artesanal de reunir los componentes de un espectáculo, sino de expresar una lectura o una voz personal. Desde luego fue única para Morín que en 1947 está concentrado en una revista de

[35] Revuelta, Raquel. "Una lección de ética". *Escenarios de dos mundos*. Carlos Espinosa y Moisés Pérez Coterillo, editores. Madrid: *Centro de Documentación Teatral*, 1988. 15-16.
[36] Parajón, Mario. "En memoria de los personajes de la Radio O'Shea". Recorte del *Diario las Américas*. [sf]

"teatralerías", como la llama Mañach, cuyo primer número sale a la luz en octubre. *Prometeo*, en recuerdo a Rubia Barcia que quiso crear una de ese nombre. Su editorial se titula "Iniciación" y contiene un artículo suyo sobre "El Príncipe jardinero y fingido Cloridano", de Santiago Pita, anticipo de su fascinación por los autores cubanos.

2. A partir de ADAD

A partir de ADAD surgen, en un tiempo muy breve, la Academia Municipal de Arte Dramático (1947), la revista y el grupo Prometeo (1947-48) y otras iniciativas de más breve duración como Farseros (1947). En sus primeros años de vida y con muy modestos recursos, ADAD logra imponerse, agrupar una membresía de cuatrocientos abonados, anclarse en la pequeña sala de la Escuela Valdés Rodríguez, en las calles Tercera y 6 en el Vedado para su función mensual y continuar la labor creativa de ADADEL.

Farseros (1947) quiso dotar a la capital de un teatro comercial «hecho con decoro» al presentar en la Plaza de la Catedral (8 de octubre de 1947) varios entremeses de Cervantes, dirigidos por Martínez Aparicio, quien también firmó *La loba*, (*The Little Foxes*) de Lilian Hellman, *El niño Eyolf* de Ibsen *y Una farsa en el castillo*, de Ferenc Molnar. Modesto Centeno, *La importancia de llamarse Ernesto*, de Oscar Wilde, con Gina Cabrera y José de San Antón; Luis Amado Blanco, *La dama del alba*, de Alejandro Casona; Isabel de Amado-Blanco, *La infanzona*, de Jacinto Benavente mientras Ramón Antonio Crusellas dirige *La voz de la tórtola*, de John Van Druten. [37] Pero la iniciativa de San Antón, hacer temporadas a la manera de las compañías extranjeras, no fructifica porque La Habana carecía, según Morín, de un público culto. Pero sí lo había para las de Asunción Canal, Pepita Serrador, Magda Haller, Luis Fernández Ardavín y María Tereza Montoya, que visitaron la isla en 1947.

Y nadie olvidó a Jouvet. Sus actuaciones de 1943 son un punto de referencia hasta hoy. Piñera en "La gran puta" empeña un saco viejo para trepar a la cazuela del Auditórium para ver *El avaro*. No sé si asistió o es una licencia poética, pero para casi todos fue una huella imborrable a

---

[37] Casal, Manuel. Crítica. "La dama del alba" "Mundo de cristal", "Una farsa en el castillo", "La loba", "La infanzona" "Viaje infinito " *Prometeo* Año I (3) diciembre de 1947: 13-15.

pesar de que actuó en francés. Morín recuerda en especial, *Escuela de mujeres*, de Moliere. Como constancia, las notas al programa de Guy Pérez Cisneros a *La anunciación a María,* de Paul Claudel, uno de los textos más bellos y perdurables de *Prometeo,* ilustrado con viñetas de René Portocarrero. [38] Sus hojas de papel gaceta amarillo, se han vuelto más brillantes con el tiempo. Cuando muere en 1951, Carpentier lo recuerda en una de sus crónicas. [39]

La dama duende, de Calderón, en la colina universitaria [dirección de Antonio Vázquez Gallo, 12 de agosto de 1947] atrae a Modesto Centeno. "Nadie que diga interesarse por el teatro debe ignorar el valor incalculable del teatro clásico", que conoce no a través de "citas históricas" o la lectura —escribe— sino porque las ha visto sobre el escenario. *Noche de reyes, El mercader de Venecia* de Shakespeare en la escalinata del edificio Poey, el Moliere de *El médico a palos* o *Escuela de mujeres* "en la temporada inolvidable de Jouvet. [...]

Al teatro clásico tenemos que verlo con la misma admiración y respeto que cuando nos acercamos a Beethoven o a Miguel Ángel, con el mismo

Minín Bujones

recogimiento que sentimos ante el milagro del río que durante siglos no detiene su curso o frente al misterio de la luz de una estrella. [...] No debemos privarnos de su mensaje porque están esperando cientos de obras de igual calidad a las representadas que no

[38] Pérez Cisneros, Guy. "La anunciación a María" de Paul Claudel. *Prometeo* 9 (septiembre 1948) 2-4, 28.
[39] Carpentier, Alejo. *Letra y solfa. Teatro.* La Habana: Letras Cubanas, 1994: 66.

pueden ni deben resignarse a ser 'teatro para leer' que no lee nadie." [40] Sin embargo, uno de sus más recordados montajes, no es un clásico todavía. *Glass Menagerie*, de Tennessee Williams, traducida por Marisabel Sáenz como *Mundo de cristal,* se presenta en Farseros. Centeno viajó a Nueva York, trajo el libreto, las fotografías de los decorados y copió la concepción. El norteamericano se representa por primera vez. Es el 5 de julio de 1947. Escuela Valdés Rodríguez. Nadie pareció advertir su significado. Una sola noche. Manuel Casal escribe que es una "delicada comedia, de muy nobles valores sicológicos y concebida al ritmo actual que le ha suprimido todo sentimentalismo ñoño a que se prestaba gustoso el argumento". Centeno, pese a pesimistas pronósticos, escogió a una actriz de radio, Minín Bujones, para Laura Wingfield, quien sorprendió junto a Marisabel Sáenz, (la madre), Sergio Doré (Tom) y Ángel Espasande (Jim). Comienza el trayecto de Williams, junto con García Lorca, los dramaturgos más representados. Influencia decisiva en el teatro de la memoria que Carlos Felipe escribe por esos años. [41]

ADAD presenta *Al despertar de nuestra muerte,* de Ibsen, dirigida por Centeno, protagonizada por Raquel Revuelta y Gaspar de Santelices; *Cándida,* de Bernard Shaw, dirigida por Zúñiga y *Una mujer para dos (Design for Living)* de Noel Coward por María Julia Casanova. Con estudiantes de la conocida como AMAD (Academia Municipal de Arte Dramático) que dirige Julio Martínez Aparicio, Centeno lleva a escena *La hermosa gente,* de William Saroyan, donde trabajan entre otros Alberto Machado y Vicente Revuelta.

[40] Centeno, Modesto."Presencia de los clásicos en nuestro teatro". Viñeta de Andrés. *Prometeo* 1 (octubre 1947) p. 3.
[41] Casal, Manuel. "Crítica". "La loba", "La infanzona""Viaje infinito","Una farsa en el castillo", "La dama del alba", "Mundo de cristal" *Prometeo* Año I (3) diciembre de 1947: 13-15.

Alumnos de la Academia

Sus alumnos se gradúan en septiembre de 1947 con la puesta de Rubén Vigón de *Nuestro pueblo,* de Thornton Wilder, los días 6 y 20 de septiembre. El retrato de familia muestra a los tantos que escuchamos en la radio, aplaudimos en la televisión y el cine pero empezaron en la escena. [42] Carlos Felipe, en *Prometeo,* afirma que "el formidable mensaje poético de Wilder llegó al público plena, vigorosamente" a través de un artista que llama "macizo": Rubén Vigón, quien logró matizaciones exquisitas al romper "todo convencionalismo teatral ya que se asoma, atrevida, al espacio infinito de la irrealidad sin exhibicionismos ni sorpresas".

Admira las excelencias del montaje, la traducción de Teté Casuso, la dirección y el talento de los jóvenes, entre los que sobresalen, Vicente Revuelta como el narrador y Fela Jar y Delio Fuentes, la pareja de novios.

---

[42] Un pie de foto de *Por amor al arte. Memorias de un teatrista cubano,* los identifica: Armando Cremata, Juan Millares, Alberto Vila, Osvaldo Pradere, Rodolfo Díaz, Jorge Alexandr, Rafael de Aragón, Esperanza Magaz, Leonor Borrero, Rosa Dalmaso, Herberto Dumé, Adolfo de Luis, Rolando González, Ada Núñez, Alberto Insua, Delio Ernesto Fuentes, René Sánchez, Carlos Castro, Margot Fundora, Dulce Velasco, Olga Uz, Armando Soler, Fela Jar, Gigí de la Vega, Francisco Morín, Olga Rodríguez Colón y Vicente Revuelta.

El teatro norteamericano es una de las influencias –no reconocida– de su dramaturgia y lo impresiona "la obra más desvertebrada y confusa, técnicamente hablando, del teatro norteamericano".[43]

El Patronato, según ha acuñado Rine Leal, la más "burguesa" de las agrupaciones, aparte del estreno mensual, publica un boletín, remunera de forma modesta a los artistas e invita a otros directores, entre ellos, Luis A. Baralt, Isabel de Amado Blanco, Cuqui Ponce de León, Reinaldo de Zúñiga, Modesto Centeno y Manuel Estanillo, aunque casi todos, aunque sea una vez, trabajaron en Patronato. Según Morín querían ser «aceptados».

Escenografía de Luis Márquez

Ponce de León dirige para ellos, *Lluvia*, de Somerset Maugham (30 de septiembre de 1947) en versión de Colton y Randolph, con una impresionante escenografía de Luis Márquez y una labor muy destacada de Rosa Felipe. De acuerdo a la única imagen que he encontrado, están en boga las escenografías corpóreas como ésta, sobre la que caía lluvia de verdad. Para Manuel Casal, el Patronato "mantiene 'agónicamente', en sentido unamunesco, teatro de calidad [...] aunque estéticamente *Lluvia* no trae estremecimientos para públicos inteligentes".[44] Según el pintor y

---

[43] Felipe, Carlos. "Nuestro pueblo". *Prometeo* 1 (octubre 1947, p. 9.
[44] Casal, Manuel. Crítica. "Lluvia". "La voz de la tórtola", "El chino". *Prometeo* Año I (2) octubre de 1947: 12-14.

diseñador Andrés García Benítez, Márquez provenía de una familia española de escenógrafos y logró "el más sonado triunfo [...] dentro del realismo [...] un sensitivo viaje, de inconcebible realidad, al que nos ha arrastrado, prendidos de su imaginación, un escenógrafo sorprendente". [45] El decorado reprodujo el *bungalow* de una isla del Pacífico y consiguió, escribe Morín, a través de sus cristales, el efecto de una lluvia pertinaz, que debido a un fallo técnico, amenazó con inundar el Auditórium aparte del ruido ensordecedor sobre un techo de cinc. Similares los de Oscar Hernández para *Fiebre de primavera*, de Noel Coward o *Viaje infinito*, de Sutton Vane, que dirige Crusellas para ADAD. Vicente Revuelta recuerda que a la gente le encantaba esos detalles naturalistas, los practicables, las puertas «con picaportes de verdad» y hasta efectos de nieve y tempestad como en *Al despertar de nuestra muerte*.

Ponce de León es pionera de la puesta del teatro norteamericano ya que después de 1936 comenzó a viajar a Nueva York donde asistía por lo menos a treinta representaciones. La incesante lectura y un breve curso en la Academia de Piscator fueron su aprendizaje teatral. [46] Dirige *Vive como quieras*, versión de *You Can't Take it with You*, de Moss Hart y Georges S. Kaufman con ADAD, "con un devoto recuerdo hacia el film de Frank Capra" y "entonó la obra a base del ritmo que indudablemente pide."[47] Su montaje de *El loco del año*, de Rafael Suárez Solís, recibe el premio Talía, la mejor de la temporada 1946-1947.

El catalán Francisco Parés irrumpe con dos puestas de Jean Paul Sartre en ADAD. *A puertas cerradas* y *La ramera respetuosa*. Una agraviada Mariblanca Sabas Alomá, en su sección Atalaya del periódico *Avance,* dijo que ofendían la moral por presentar "escenas de perversión sexual" y "burdel" así como "repetir la palabra de Cambronne". Recomendó a sus integrantes encauzarse "por obras auténticas, constructivas y superadoras". Polemizó sobre la traducción —debió titularse *La ramera complaciente*— y discutió que del "contenido social, dolorosamente sarcástico de la maciza pieza teatral de Sartre", sólo quedaba "lo soez, lo

[45] García Benítez, Andrés. "Luis Márquez y Lluvia" *Prometeo* Año I (2) octubre de 1947: 17.
[46] s. a. Figuras de la escena. *Prometeo* 17 (agosto 1949): 9.
[47] Casal, Manuel. "Vive como quieras". *Prometeo* 8 (agosto 1948): 22.

cruel, lo sucio, lo procaz". Parés le contestó que la «perversión» de la obra era un tema de la filosofía existencialista y "esperaba que todo el mundo contemplara las obras desde un mínimo nivel de comprensión espiritual [...] ya que Sabas afirmaba que *A puertas cerradas* era la presentación desnuda, descarnada, de la técnica donjuanesca y la sensibilidad de una mujer invertida. "Lo siento por usted, porque en este caso, no ha visto nada, entre su carta y la realidad, media el abismo que separa un espectador inteligente de uno del Shanghai." [48] Ni la puesta ni la traducción gustaron a Casal, a quien los actores de *A puertas...* (Miriam Acevedo, Raquel Revuelta y Sergio Doré) le parecieron "apenados" porque la obra es muy "fuerte". En cambio, celebra a Marisabel Sáenz en la Ramera... "plásticamente insuperable y muy rica en matices" y a Primitivo Ramírez como el Negro.[49]

El *Hamlet* del Patronato (16 y 17 de febrero de 1948), protagonizado por Eduardo Egea y Minín Bujones, fue celebrado no sólo por sus aciertos, sino por demostrar que La Habana podía tener un teatro a la altura de otras capitales. *Prometeo* le dedica su editorial, al mismo tiempo que se pregunta cómo puede sobrevivir el teatro.

> ¿Permitir que desaparezca [el teatro] quizás definitivamente por su propia incapacidad para sostenerse y por la apatía de quienes tienen en sus hombros la responsabilidad de luchar por el mejoramiento del país? [...] No existe teatro nacional ni Municipal donde nuestras agrupaciones puedan realizar su cometido a plenitud, no se fomenta un plan de ayuda oficial para evitar la desaparición de las existentes que cualquier día corren la suerte de Theatralia y Teatro Popular. [50]

La preocupación se manifiesta antes. "Teatro sin escenario" denuncia las deficientes condiciones materiales de los espacios. La sala Valdés Rodríguez era pequeñísima y no servía a las necesidades de ADAD como la escalinata tampoco era el marco apropiado para el Teatro Univer-

---

[48] "Sobre Sartre. Carta de Mariblanca Sabas Alomá y de José Parés". *Prometeo* 4 (enero febrero 1948): 8-9.
[49] Casal, Manuel. Crítica. "A puertas cerradas". "La ramera respetuosa", "Hamlet" "Una noche de primavera sin sueño". Ob. cit. 26-27, 31.
[50] Editorial. *Prometeo* 4 (enero–febrero, 1948).: 1

sitario. Se piensa en un teatro municipal, viejo anhelo de los miembros de la ARTYC (Agrupación de Redactores Teatrales y Cinematográficos) que se reúnen en 1946 con Supervielle, alcalde de La Habana. [51] Cuando surge el rumor acerca de la creación del Ministerio de Cultura con la edificación del Palacio de Bellas Artes en la antigua Plaza del Polvorín, *Prometeo* apoya las subvenciones para el teatro.

ADADEL comienza el año en el que asume el poder Fulgencio Batista pero en julio de 1948 –cuando Patronato asombra a sus socios con un suceso teatral calcado de Broadway– concluye el mandato del presidente auténtico Ramón Grau San Martín. Al relativo auge y prosperidad económica de los cuarenta con una Constitución que garantizó algunas libertades ciudadanas y la tolerancia que permitió el desarrollo del Teatro Popular, sigue la depresión y la corrupción política. Los más pobres buscan horizontes fuera del país. Virgilio Piñera parte a Buenos Aires. Ya se lo había dicho a Adolfo de Obieta dos años antes: "si no logro expatriarme, pereceré". [52]

Un tranvía llamado Deseo, de Tennessee Williams bajo la dirección de Modesto Centeno, es una de las más "discutidas" de Patronato. [53] El público desborda el Auditórium, escribe la española Matilde Muñoz en *El Siglo,* primera nota de la sección firmada por Selma Barberi. Se veían "las conocidas cabezas de todos los estrenos, toda la Habana de las grandes solemnidades.[...] Los aplausos más calientes sonaron donde debieron sonar: en el momento ciego y brutal en que Stanley atropella a Blanche". Su reseña hace muchísimas objeciones al texto, a pesar de significar el camino experimental del teatro norteamericano. "Por esta preocupación cinematográfica, es una obra excesivamente diluida,

[51] Cf. Aguirre, Mirta "Hacia un teatro municipal". *Hoy,* jueves 5 de septiembre de 1946.

[52] Carta de Virgilio Piñera a Adolfo de Obieta del 9 de junio de 1944. Colección Virgilio Piñera. Cuban Heritage Collection.

[53] Muñoz, Matilde. (Selma Barberi) "Un tranvía llamado Deseo fue la obra más discutida del año". *El Siglo,* julio 21, 1948. p. 6. Dirección. Modesto Centeno. Trad. Roberto Bourbakis. Escenografía. Luis Márquez. Luminotecnia. Armando Soler. Sonido Prellezo. Blanche. Marisabel Sáenz. Stella. Violeta Casal. Stanley. Sergio Doré. Harold. Eduardo Egea. Steve. Ricardo Lima. Eunice. Carmen Varela. viernes 9 de julio de 1948.

técnicamente muy deficiente y sin ritmo, llena de reiteraciones, que como el propio tranvía que le da nombre, no van a ninguna parte." Ni las actuaciones de Marisabel Sáenz ni de Sergio Doré encajaron en el personaje. En cambio, Violeta Casal realizó una labor completa, "llena de inspiración". La escenografía con su escrupuloso realismo fue la sensación y Luis Márquez obtuvo el premio al suceso técnico del año. Y lo mejor, no cabe la menor duda, es no dejarnos con la duda. Marlon Brando, Stanley en el Ethel Barrymore de Nueva York, asistió y fue "cortésmente saludado por el público". Nada más. Tendremos que esperar a 1956 para que Caín lo entreviste en su célebre "Mi amigo Marlon", en el hotel Packard, en una pausa entre su merodear por los bares de la Playa de Marianao para aprender a tocar tumbadora con El Chori.

Al remitirse a las heroínas de Ibsen, Manuel Casal traza un paralelo con las "mujeres histéricas, casi dementes" de Williams como Blanche que "está muy bien tratada en sus líneas generales y en efectos teatrales concurrentes". Sáenz "realizó con brillantez las escenas de bravura" pero dejaba caer el personaje "cuanto éste retornaba a una humilde anormalidad", Sergio Doré hizo el esfuerzo por reflejar la parte sentimental de Stanley y Violeta "atrajo a Stella Kowalski, con decisión, a donde con más seguridad podía alzarla: sensualidad discreta y honda ternura."[54]

"Tuvieron muy en cuenta", escribe Muñoz con amabilidad, a Elia Kazan y a Joe Mielzinier, director y escenógrafo de la puesta de Broadway. Centeno lo confirma. Alguien le prestó un libreto en inglés, la leyó dos veces, quiso dirigirla para ADAD, cuando el Patronato que tenía las mismas intenciones se enteró y le encargó hacerla para ellos. Aprovechó unas vacaciones para ver la representación de Nueva York tres veces seguidas. "Mi documentación fue directa. Recogí todas las fotos que pude en revistas y propaganda para producir los decorados aquí". ¿Qué efecto le produjo verla en escena?, le pregunta Muñoz, pero el director "nunca la ha visto, ya que al carecer de local, el Patronato no pudo pagar

[54] Casal, M. Crítica. "Un tranvía llamado Deseo". "Vive como quieras", "El maestre de Santiago". *Prometeo* 8 (agosto) 1948: 22-24. Casal, M. "El candelero", "Medea", Teatro francés en el en el Auditórium". *Prometeo* 9 (septiembre de 1948): 20-22.

el alquiler para el ensayo general". Ni siquiera el Patronato con sus recursos podía permitirse ese lujo. Por primera vez en español (la puesta mexicana de Seki Sano se realiza en diciembre del 48) y traducción de Roberto Bourbakis, Phillip C. Kolin ha señalado su carácter precursor de puestas del norteamericano en el ámbito hispano. [55]

Antes de octubre de 1948, aunque destacan algunas individualidades, prevalece el trabajo de conjunto, todos se alternan en las luces, asumen los figurantes, hacen de traspuntes, venden las revistas y organizan exposiciones en el vestíbulo de la Valdés Rodríguez. Cuando termina la función de *Un tranvía...* Centeno es de los últimos en salir y llega a su casa cargado de trastos. Sus hermanos están involucrados de lleno en las gestiones del teatro. Morín fue taquillero de ADAD y recuerda en especial encontrar en la puerta a José Antonio Ramos y su esposa Josefina de Cepeda.

Ángel Espasande en *El avaro*

El 12 de junio de 1948 Morín dirige *El avaro* de Moliere allí "en la más pura tradición del teatro clásico francés". Si con dos estrenos Centeno arraiga la puesta-copia, reproductora del modelo de Nueva York, vigente hasta los sesenta, llamada irónicamente "el libro-modelo" por Vicente, de gran valor como aprendizaje, Morín, desde la aproximación respetuosa y el tanteo,

---

[55] Kolin, Phillip C. "A Street Car named desire in Havana." *South Atlantic Review* V, I. 60, Nov. 1995: 89-110.

impone su interpretación. En *El avaro* intervienen Ángel Espasande, María Suárez, Minín Bujones y Alberto Machado. La crítica encuentra muy lograda la actuación de Espasande, que entró por la puerta grande y le gusta experimentar con todos los medios, la radio, el cine y el teatro.[56] Entre 1941 y 1948 es un imprescindible en los repartos.

[56] Maig, Beatriz. Figuras de la escena. *Prometeo* 9 (septiembre 1948) :. 9, 23.

3. Autores cubanos (1945-1949)

Desde sus inicios ADAD se interesa por los autores cubanos, quizás porque Modesto Centeno es también autor. En su primer año estrena dos obras suyas, *Hechizo* (4 de febrero) y *Magdala* (26 de mayo), mientras el 24 de marzo Rubén Vigón dirige *Noche de esperanzas*, de Flora Díaz Parrado. Aunque los textos de Centeno no se conocen, son "teatro de fantasía" según González Freire. [57] *Hechizo*, acerca de un joven escritor "desvalorizado e incomprendido por la sociedad" a quien llega la esperanza en forma de canción y *Magdala*, el mono drama de una solterona que dialoga con un hijo imaginario mentirosas historias de sus amores. El personaje central de *Noche*... también es una solterona engañada por espíritus burlones que intentan satisfacer sus deseos sexuales con un San Antonio que hace bromas cómplices e irónicas. En esta fecha ya ha publicado su teatro –*El velorio de Pura* (1941) y *Juana Revolico* (1944)– y aunque casi desconocida como autora, es una voz muy original por su espectacularidad discordante con la primacía del teatro de la palabra y por abandonar el teatro feminista frívolo. Casi nadie la leyó y no se representaron sus textos. Se hizo, como era habitual, una sola noche. Morín interpretó uno de los espíritus y la recuerda con su inseparable hermana en su único estreno en más de sesenta años. [58]

Isabel Fernández de Amado-Blanco y Cuqui Ponce de León de Upmann, en cambio, son exitosas cultivadoras de un feminismo de "guante de seda", expresión de O'Connor, no de subversión, manifiesto en *El qué dirán*, puesta de Baralt en el Auditórium (1944). Una diplomática libre pensadora, que trabajó mucho tiempo en Europa, oculta que allí se casó por compasión con un soldado. Por temor al qué dirán, presa de sus experiencias amargas de la guerra, está atada a una ciudad de coctelés, juegos de *bridge*, fiestas y patronatos, que recuerda los ambientes seudo

---

[57] González Freire, Natividad. ob.cit. p. 58.
[58] Díaz Parrado, Flora. *5 cuentos y El velorio de Pura*. La Habana: Editorial Alfa, 1941 y *Teatro, dramas y farsas*, La Habana: Editorial Lex, 1944.

intelectuales de *Tiempo muerto*, de Jorge Mañach. Su protagonista, Lidia, es para González Freire incongruente, dada su condición mundana, ya que en realidad busca su libertad, con lo que pierde sentido el título de la obra. Isabel, nacida en Asturias, llegó a Cuba en 1936 con su esposo, odontólogo de profesión, el escritor Luis Amado-Blanco, miembro del claustro de ADADEL y crítico teatral activo, mientras Cuqui, casada con el heredero de una firma tabacalera, se vincula desde 1935 a la escena como directora y traductora.

El 6 de julio de 1946 sube a escena *Ya no me dueles, luna*, de Paco Alfonso, cuya acción tiene lugar en 1899, en la guerra de independencia de Cuba y según González Freire, es un amor romántico desarrollado de forma folletinesca; *La mujer del farol*, de José Ángel Buesa, en marzo, dirigida por Reinaldo de Zúñiga, localizada en Londres, de cuyas brumas surgen personajes de ensueño y delirio, mientras el Patronato representa el 30 de mayo, dirigida por sus autoras, *Lo que no se dice*, de Cuqui Ponce de León de Upmann e Isabel de Amado-Blanco, en el Auditórium. Las dos primeras no se publicaron y al parecer Buesa desestimó su teatro, integrado además por "La llama y las cinco doncellas" , poema escénico para enseñar métrica, y "Sol de domingo" (1933), sobre "un hombre invertido", anota González Freire de forma escueta. Se abre la incógnita al desconocer las obras dramáticas del aclamado poeta.

Lo que no se dice vuelve al tema del qué dirán, el divorcio y la guerra, a través de un soldado, objeto del deseo amoroso, y el dilema de mujeres profesionales y libres, que reprimen su vida emocional, intentan satisfacer sus necesidades pero regresan por piedad al matrimonio burgués. Las dos terceras partes de la pieza son expositivas, agobiantes e insulsas conversaciones sobre la moda veraniega, las rosas de injerto, el *bridge*, los comités para organizar fiestas, el color de la canastilla del próximo bebé o el nuevo modelo de cafetera eléctrica que debe venir del Norte. La obra ha conocido un *revival* muy pertinente gracias a Patricia W. O'Connor aunque ubicada en un contexto erróneo, ya que la ciudad no es ajena a la situación del mundo, como demuestra el repertorio antifascista y de denuncia social de Teatro Popular. [59] *Nuestra gente* (1944) de Oscar Valdés, por desgracia no

---

[59]O'Connor, Patricia W. "Subversión femenina en guante de seda: la colaboración teatral de Isabel Fernández de Amado–Blanco y Cuqui Ponce de

publicada, es la ciudad *otra* de Upmann y Amado Blanco, un solar de Llega y Pon en un barrio pobre con gente que recoge desperdicios de papeles o sobras de comida en los latones, personajes que deambulan con la pesada carga de sus desgracias.

En 1947 ADAD abre su concurso. Lo gana Carlos Felipe con *El chino* cuando Morín, miembro del jurado, interviene para que amplíen el plazo y el escritor anónimo pudiese culminarla. Autodidacta, "Esta noche en el bosque" fue premiada por el Ministerio de Educación (1939), concurso en el que "Tambores" recibe mención honorífica. En sus esbozos biográficos se menciona "El divertido viaje de Adelita Cossi" (obra radial, premio de "La Hora Múltiple) hasta ahora no encontrada. Obra de madurez en el incipiente movimiento autoral, *El chino* sorprende tanto por la infinidad de lecturas que posibilita como por su insondable misterio a pesar de la escasa atención recibida en más de cincuenta años. Se representa el 11 de octubre de 1947, dirigida por Julio Martínez Aparicio y Modesto Centeno, en la Escuela Valdés Rodríguez.

Manuel Casal, alborozado, escribe que ya era hora. Es el único vestigio documental que he encontrado de la puesta en escena (en el apéndice).

Un año después Felipe cuenta a Beatriz Maig:

> Escribo desde los once años. Mi hermana Rosa y yo adoramos el teatro desde muy pequeños. Leo mucho, Giradoux y Sartre y veo todo lo que se lleva a escena aunque repito, debemos admirar lo extranjero y crear lo nuestro huyendo de toda imitación. Es fundamental abrir los caminos nuevos. No sé cuáles serán ni quién los abrirá pero el porvenir es esencialmente americano, las culturas europeas están periclitadas. Yo soy sincero conmigo mismo y llevo a mis obras lo que encuentro en mis búsquedas

León de Upmann". *Estreno* XXXI 2 (2005): 9–15. Fernández de Amado–Blanco, Isabel y Ponce de León de Upmann, Cuqui. "Lo que no se dice". 16-32.

por la entraña popular. La mulata, el guajiro, el lenguaje dicharachero, lo que es mío. [60]

Lo que es *suyo* infunde a *El chino*, pese a sus excesos e irregularidades, una impronta y fuerza no superadas. Palma intenta reconstruir su único momento de felicidad mediante un acto teatral. Carlos Fernández Santana es autor de un conjunto bastante homogéneo. "Esta noche en el bosque" (1939), inédita hasta la valiosa edición de Escarpanter, muestra un caudaloso repertorio de influencias y formas, cómo se fue formando el dramaturgo con trozos de lecturas y experiencias. Un grupo de jóvenes de la alta sociedad, el director de una publicitaria entre ellos "... uno de los tantos que viven del prójimo, un atrevido sin escrúpulos, es un trepador más, "arrastrándose por los despachos de los hombres de gobierno".[61] El momento es de "descomposición" y los personajes están sumidos en la "mar de corrupción que nos ahoga". Pero deciden huir de deberes y obligaciones sociales, para conquistar la noche con la prostituta Lulú, que ansía unos "zapatos de tisú de plata". El primer acto es realista y el diálogo recuerda a los calaveras de *El velorio de Pachencho*, de Robreño y Mauri. En el segundo, Felipe nos traslada –como estudia Escarpanter– a una atmósfera benaventina con estereotipados personajes de la alta burguesía, cuyos nombres extravagantes o extranjeros parecen extraídos de los melodramas argentinos de los treinta. Y de las terrazas, divanes y balaustradas del decorado entramos al bosque tropical donde Pepe Pulgas, desvergonzado y pillo, reina cual duende o Elegguá con sus árboles y su sijú platanero. Todos carenan allí sin distinción de rango, en la vegetación, con el tilo, las trepadoras y cocuyos. Pepe Pulgas, cual deslumbrante y hechizado Puck, los conduce hacia Playa Salada.

El ámbito se enrarece. Ana Pelona se transforma, se suelta su cabellera de oro y Benito se convierte en un rayo de luna. Antonio, apresado luego por la policía, marcha al frente de una manifestación estudiantil contra Machado. Pepe Pulgas dialoga con su madre hasta que uno de los personajes reconoce que esto es una farsa y destruye la ilusión. Irrumpe

---

[60] Maig, Berta. Carlos Felipe. "Figuras de nuestra escena". *Prometeo 19* (octubre 1949): 6.
[61] Escarpanter, José A. "Prólogo". Felipe, Carlos. *Teatro*. José A. Escarpanter y José A. Madrigal, eds. Boulder: Society of Spanish and Spanish American Studies,1988: 9-62.

su obsesiva insistencia en recrear un breve momento de felicidad de sus personajes. Hay un barco –como «La gaviota» de *La luna en el río* de Luis A. Baralt– anticipo de sus ambientes portuarios y Ana pelona y Rosalía, los desclasados, desvalidos y *otros* que Felipe refleja en su teatro.

Tambores (1939), escrita en el molde del sainete a lo "Sombras del solar", con un prólogo deudor de O'Neill según Escarpanter, tiene un lenguaje inflamatorio ajeno al coloquial del resto de la obra, ubicada en una casa de inquilinato, el solar, locación clásica del teatro popular, "un día cualquiera anterior a 1959". La versión publicada es el libreto de la puesta de 1967 y no se sabe cuánto cambió respecto al original. Los vecinos organizan una comparsa de carnaval y ensayan una obra escrita por Oscar, que quiere revivir el areíto, como en su momento, entre otros, Sánchez Galarraga. La comparsa, eficaz y perturbadora en *Juana Revolico* de Díaz Parrado, es el trasfondo. La obra teatral fracasa, pero la comparsa es el orgullo del barrio, en el que habitan la santera Marianita; la prostituta Raquel; el chévere cantúa, Mongo; el decimista Pascual; la mulata Concha; el negrito Picuita; Julia, Estelvina y vecinos, vianderos y gente del solar. Eduardo Manet entendió muy bien ese "corazón de la selva" donde están "sangrantes las heridas a través del continente y del mar, y todavía les queda para abonar con ella las tierras de las colonias americanas" y como consuelo, "los tambores, infiltrándoles un poco de esperanza, una llamarada de vida". Su nota se publica en el mismo número de *Prometeo* en el que aparece la reseña de la puesta de *Electra Garrigó*. Celebra un teatro en el que "[...] el negro, la mulata y el guajiro perfilan sus capacidades humanas elevándose sobre el nivel discriminativo común en la actitud del teatro bufo. Carlos Felipe logra realizar esa brillante hazaña sin apartarse de la esencia popular que nutre y vivifica la obra". [62] *Esta noche...* esperó cuarenta y nueve años por su edición, *Tambores*, veintiocho para subir a escena.

"El chino" es una obra maestra según Julio Matas, que la estudia en relación con Pirandello y Marcel Proust, pero tuvo una única representación.[63] Pero si la modernidad se inauguró con la escritura de "Electra

[62] Manet, Eduardo. "Tambores". *Prometeo* no. 10 (oct. 1948): 20, 30.
[63] Matas, Julio. "Pirandello, Proust and El chino by Carlos Felipe". *Hispanic Journal* 5.1 (1983): 43-47.

Garrigó" en 1941, como señala Raquel Carrió, "El chino" es nuestra vernacular *Esta noche se improvisa la comedia*. Durante más de veinte años Palma "representa" para resucitar su encuentro con un marino mexicano de nombre José. Los carpinteros, escenógrafos y utileros transforman el sitio en la posada de las calles Damas y Enamorados en un juego con el teatro, el acto de representar y la memoria. Como en la obra de Oscar Valdés, Renata la Silenciosa es una mendiga que merodea por los bancos del Prado, tan misteriosa como el Chino, dueño de la posada y José, el mexicano del Red Bay.

Nunca acabamos de desentrañar el misterio de la obra, evocadora de un juego poético, el enigma nunca resuelto del «chino» de su título –alusión al de la charada con treinta y seis dibujos en su cuerpo– de la misma forma que no sabremos si José, el mexicano, es real o pertenece a los recuerdos de Palma. La evocación es la esencia de la obra. La búsqueda de la felicidad perdida se equipara con el acto de representar.

Cuando Palma revive junto a José el momento ansiado –su encuentro en el parque la noche de la posada y la promesa de amor– insiste en que necesita volver a representar, porque más que consumar el encuentro, Palma desea buscar. "Si fracaso, si no recuerda el Chino, no tengo de inmediato el medio de conseguir lo que busco, lo seguiré buscando".

La colección de Carlos y Rosa Felipe en Cuban Theatre Digital Archive ilumina la magnífica relación entre estas dos figuras clave de la escena cubana. Rosa nació en 1922, en La Habana, de padre español y madre cubana, y era nueve años mayor que Carlos, gran influencia en su vida y su obra, como actriz y mentora. Cuando interpretó Renata la Silenciosa de *El chino*, ya era conocida. Se inició con Rubia Barcia aunque provenía de la Artística Gallega y trabajó con casi todas las agrupaciones de estos años. En un texto no identificado, de la colección de Rosa, titulado "Réquiem por Carlos Felipe", aparte de los datos sobre su infancia y sus estudios autodidactas, sus varios empleos, almacenista en una tienda de víveres y oficinista en la aduana de La Habana, se escribe:

> [...] Amigo-hermano de sus amigos. Amigo del Cristo pobre. Amaba su Habana Vieja. Su avenida de Paula. Los contenes de las aceras, los bancos del parque donde escribía. Sus amigos, los pobres, los inadvertidos; su comida, la comida del que carece.

Junto a los programas teatrales de Rosa Felipe y anotaciones al libreto de *De película*, hay una carta de Rubia Barcia a Rosa, que vuelve a la etapa fundacional. Desde California, el brillante profesor que tanta influencia ejerció en sus discípulos, le confiesa en 1980 que "sus recuerdos cubanos siguen vivísimos". En el archivo de Morín hay otra, remitida por la viuda de Rubia Barcia, la actriz mexicana Eva López, que lo felicita por su libro y por recordar su aporte al teatro cubano.

Se conoce la gratitud de Felipe hacia Teatro Popular, por el gran mérito de estrenar obras cubanas (Martí, Luaces, Avellaneda, Pichardo Moya, Baralt, Ramos), piezas ocasionales escritas por Nicolás Guillén (*Poema con niños*), Félix Pita Rodríguez (*El relevo*), Luis Felipe Rodríguez (*Contra la corriente*), Benicio Rodríguez Vélez (*Vida subterránea* (1943), José Montes López, (*El pueblo es inmortal* ,1943), Oscar Valdés Hernández, (*Guerrilla del pueblo,* 1943 y *Nuestra gente* 1944), junto a piezas de denuncia de las condiciones del país –mineros en *Vida subterránea* de Rodríguez Vélez y pescadores en *Sabanimar* de Paco Alfonso y sus apropósitos antifascistas. La "deuda" que el "utópico teatro cubano" contrae cuando "se les niega a los autores del patio la oportunidad de realizarse posibilitando el estreno de sus producciones [...] escenificando en forma amplia y desinteresada, sin detenerse en melindres y escrúpulos ante firmas literarias no consolidadas suficientemente, las obras de los comediógrafos cubanos". [64] ATA (Acción Teatral de Autores) se constituye en septiembre de 1948, no como una "organización más de literatos soñolientos" sino una plataforma de promoción para evitarles hacer antesalas, colectas o esperar por un concurso. [65]

[64] Felipe, Carlos. "Notas sobre la única deuda del utópico teatro cubano". *Artes* 3 (1944): 14.
[65] Integrada por Carlos Felipe, Nora Badía, María Luisa Ríos, René Buch, Modesto Centeno, Rolando Ferrer, Roberto C. Bourbakis, Jorge Antonio González y Carlos Sánchez Núñez.

Revuelta y Bujones en *Scherzo* de Eduardo Manet

Su primer programa consiste en *Cita en el espejo*, de Rolando Ferrer, *Scherzo*, de Eduardo Manet y *Nosotros los muertos*, de René Buch, dirigidas por Modesto Centeno. *Scherzo* sale airosa, se publica. [66] Violeta Casal, Rosa Felipe, Eduardo Egea, Minín Bujones, Antonio Hernández y Vicente Revuelta, en el candoroso Satán, actúan en este "entremés con moraleja", muy logrado, según Casal, en la línea clásica, una pieza de iniciación que dijo algo a sus contemporáneos e interesó desde los años cincuenta hasta hoy. Manet experimenta con elementos ajenos a la tradición, ambientes exóticos, lenguaje altisonante, leyendas y aureola romántica.

En el prólogo Baralt se pregunta "¿Qué buscan los personajes de Manet? Se buscan. Y el mundo les ofrece una leve, elegante resistencia que el autor agranda un poco con el natural fervor de sus cortos años [...] sin alardes librescos, el lenguaje fluye fácil, convincente, preciso en metáforas novedosas y expresivas". Es una pirueta, una burla al formato musical. Como el minué se libera de la sinfonía, Manet se zafa de los moldes gastados e insinúa su personalidad en lo irreal e imaginario. La primera obra de Ferrer ("Cita en el espejo") sobrevive y la he podido leer, muy endeble, como al parecer fue la «sobria» actuación de Miriam Acevedo y Jorge

---

[66] Manet, Eduardo. *Scherzo*. [Prólogo de Luis A. Baralt. Ilustraciones de Servando Cabrera Moreno.] La Habana: Ediciones Prometeo, 1951. Con "La infanta que quiso tener los ojos verdes" y "Presagio" (1948).

Guerrero. *Nosotros los muertos,* inspirada en los complejos de Electra y Edipo, no se ha encontrado.

"Los concursos" son una "puerta abierta a la esperanza", manifiesta *Prometeo* en su editorial (número 11, noviembre de 1948), por hacer salir de su forzoso enclaustramiento la producción teatral. "Hasta ahora, rara vez ha visto un dramaturgo cubano su obra sobre la escena." La iniciativa de ADAD fue seguida por Patronato y de sus concursos surgen Carlos Felipe, Roberto Bourbakis, René Buch, Antonio Vázquez Gallo y muchos otros que obtienen menciones en esos años. [67] *El chino, La hostería de la sirena, Del agua de la vida,* y *Camorra* se representan. *Capricho en rojo* recibe el premio del segundo concurso ADAD. Piñera gana una mención para "Clamor en el penal" (1939) y un segundo lugar para "Jesús". María Álvarez Ríos, el tercero por *No quiero llamarme Juana.*

Modesto Centeno dirige *La comedia de la vida,* de Luis Manuel Ruiz, para el Patronato. A saber por González Freire, es el drama del bello trapecista Eloy, que imposibilitado de acceder al amor de Colombina, sufre al querer dominar su condición de "invertido sexual". [68] Inédita, se especula si simboliza el secreto del que sería el tercer personaje *gay* del teatro cubano. Gracián, su amigo, le guarda el secreto hasta que lo confiesa a su padre, el payaso Hudson, quien se hizo pasar toda su vida por un jorobado. Será el blanco de Piñera en su artículo ¿¿Teatro?? [69]

El 17 de abril de 1948 se estrena *Mañana es una palabra,* de Nora Badía, dirigida por Cuqui Ponce de León y protagonizada por Marisabel Sáenz conjuntamente con *La alondra,* también de Badía, dirección de Centeno. La primera deslumbró a los críticos y tuvo más repercusión en la prensa que *Electra Garrigó* y *El chino.* Badía la escribe con veintiséis años: obtiene el tercer premio del concurso de ADAD y la primera mención con *La alondra*

---

[67] Aparte de los autores estrenados, se menciona *La tierra* de V. Pérez y Soledad Ferrer, *No quiero llamarme Juana* y *El maridito de Beba Fraga* de María Álvarez Ríos, *Otra vez la noche* de Rolando Ferrer, *Tres mujeres y un hombre* de J. E. Herrero, *Las máscaras apasionada*s de Matilde Muñoz, *Anade,* de René Sánchez, *La muerte desembarca,* de Marcos Behmaras y *Damiano y sus espejos,* de Eva Fréjaville. En González Freire. ob. cit. 166-175.

[68] González Freire. Natividad. ob. cit. 109.

[69] Piñera, Virgilio. ¿¿Teatro?? *Prometeo* 5 (abril-mayo 1948): 1, 27-28.

mientras era alumna de la Academia Municipal. Tres personajes, La Enferma, David y Luisa, (Minín Bujones, Roberto Garriga y Rosa Felipe) escuchan el "más bien soliloquio de la enferma, bastante vago y con marcada tendencia al melodrama. [...] Este doble juego escénico abre una segunda dimensión dramática de gran originalidad [...] para concluir que "quizás la autora algún día depure mediocridades y lugares comunes... y permita a *La alondra* cantar en la altura a que tiene derecho".[70]

Mañana... es una recriminación de La Mujer a su amante Marcos, a quien se ha entregado con pasión y «desnudez» pues posa para sus cuadros. Después de "cinco años de vida honrada", su pasado se interpone en medio de una relación en declive, sin «intimidades». La acusación de una mujer libre o impura que lucha por ser aceptada como «limpia». Se quiso acostar con Pablo, "vicioso, sensual y mezquino", pero lo abandonó antes de ser infiel. Entusiasmada porque la crean casta, quiere un hijo de Marcos, pero cuando se aproxima el clímax, al acercarse, lo descubre ensangrentado como "un muñeco desarticulado y roto". Es tarde y mañana es sólo "una palabra". Su retrato de la clásica «querida» o mujer fatal en busca de perdón y aceptación es creíble, aunque desde el punto de vista temático es un retroceso con respecto al atrevimiento de Díaz Parrado. Badía escribe un teatro feminista dentro del ejercicio "casi desusado" de drama en un acto, pero falla en el lenguaje folletinesco a ratos cursi. Sin embargo Rine Leal no cree que "el sentimentalismo, la moralidad y lo banal de las frases de su personaje femenino, disminuyan su valor teatral" y la selecciona para *Teatro cubano en un acto*. *Prometeo* la publica. Tengo entendido que *La alondra* aparece en *Nueva Generación* pero no he encontrado el ejemplar.[71] El interés por sus dos obras no decae en un país con tan escasas publicaciones teatrales. En noviembre se repite en el Auditórium junto con *Camorra*, de Vázquez Gallo. José Manuel Valdés Rodríguez escribe que:

> Muestra Nora Badía una singular malicia teatral junto a cierta ingenuidad, inevitable casi en persona de sus años y sus

[70] Casal, Manuel. Crítica. "Pedro de Urdemalas". "Penélope". "La primavera y el mar". "La alondra" y "Mañana es una palabra". "Un inspector llama". *Prometeo* 6 (junio 1948) 22-24.
[71] Badía, Nora. "Mañana es una palabra". *Teatro cubano en un acto*. Rine Leal, editor. La Habana: Ediciones R, 1963. 91-105. "Mañana es una palabra". *Prometeo* 28 (marzo 1953): 20-26.

antecedentes literarios y escénicos. Su personaje, esa mujer en ansiosa procura del verdadero amor, de comprensión profunda y de los goces femeninos, nobles y trascendentes, está trazada con fineza sicológica y consecuencia humana y dramática. Y a través de su monólogo viene a perfilarse ante el espectador la figura de Marcos, su marido, completada de modo rotundo, en el último minuto, en que alienta con mayor fuerza que si se alzara vivo y presente en la escena.[72]

Muñoz la consideró una "revelación espléndida de nuestro drama teatral" y un "acierto directorial de Cuqui, cuyo instinto artístico admirable, está servido de una depurada técnica de la escena."[73]

El Patronato estrena el 29 de mayo su premio *Del agua de la vida*, de René Buch, santiaguero de veintidós años, dirigida por Centeno. "Si admiramos al principiante de *La primavera y el mar*, más aún admiramos, escribe Jorge Antonio González, al creador de la bella comedia en tres actos cuya acción ocurre en Santiago de Cuba, a principios de siglo. Más valiente y más seguro, Buch aborda el tema de la incomprensión".[74] Ángel Lázaro, Juan J. Remos y Andrés Núñez Olano integran el jurado, y además de *Camorra*, dieron menciones a José Sanjurjo, Marcelo Salinas y Juan Domínguez Arbelo, autores de la primera generación junto a la joven María Álvarez Ríos. Patronato celebra su sexto aniversario y otorga sus premios Talía 1946-47, entre otros, a Luis A. Baralt por su puesta de *Hamlet* y a dos de sus intérpretes, Minín Bujones y Eduardo Egea. Entre 1942 y 1947 ha realizado setenta y ocho montajes.

La hostería de la sirena, mención de ADAD, de Roberto Bourbakis, ocurre en Inglaterra como *Camorra* en Andalucía. "Una estampa wildeana con toques de Dickens, saturada de una melancolía y una suavidad que no escapa al espectador. Muy poética, muy fina, va interesando al auditorio

---

[72] La cita de *El Mundo*. 20 de noviembre de 1948. En Badía, Nora. *Mañana es una palabra*. La Habana: ColecciónVagabundo del Alba, 2005.

[73] Barberi, Selma. "Muy flojo el drama Camorra; buena una obra de Badía". *El Siglo*. diciembre 8 de 1948.

[74] Ramón Antonio Crusellas dirigió *La primavera y el mar* en el Auditórium (premio del Patronato) con Raquel Revuelta, Rosa Felipe, Gaspar de Santelices y Carmen Montejo.

hasta llegar a un final inesperado". [75] Jorge Antonio González se aventura como comediógrafo con *Ensayando* (1949), puesta por Mario Parajón en Prometeo mientras Roberto Peláez dirige *La arena está entre el mar y las rocas*, el 11 de septiembre de 1948, escrita en colaboración con Carlos E. Sánchez. [76] Con *Ensayando* demostró ser, según Casal, "uno de los que posee con mayor seguridad, la habilidad de componer diálogos flexibles, apropiados a todas las situaciones y un notable sentido del oficio en la presentación y liquidación de las escenas. Su humorismo es bastante discreto en caudal, pero muy bien repartido. Muestra tendencia a la mordacidad, pero se detiene en lo justo". Concibió el ensayo con "un riguroso realismo de tipo documental que hace sorprendente y chocante el patetismo final. El autor debió preparar un poco esta escena para disimular su estridencia".

La columna y la vid, de Bourbakis, perdida, ocurre en Francia aunque "el resumen moralista que se infiere de la trama es más propio de la post-guerra de 1918". Nada más se puede saber por la nota, sólo que tenía un personaje seductor, Monsieur Triboulet, "el tipo más feliz de la obra" por su "sinceridad humana, sencillez expresiva que faltó en el resto de los caracteres, debido a esa carencia básica de conocimiento ambiental" [...]. Interpretado por Vicente Revuelta, le vale su primer premio Talía por "su fuerte temperamento artístico y fina sensibilidad que lo destaca entre nuestros actores. Todo el segundo acto fue un ejemplo de labor inteligente y comedida."[77] Nunca más recordó Vicente a Triboulet. A finales de la década Bourbakis ha estrenado casi todas sus piezas de simbolismo y fantasía, erudición y retórica, entre ellas *Monsieur Hibú* (1949) y *Las buhardillas de la noche* (1949) en las que sobresale un énfasis en lo erudito y libresco que Morín llama "corriente exótica".

[75] González, Jorge Antonio. "Ventana al futuro. Dos concursos y una esperanza". *Prometeo* Año II (8) agosto de 1948: 18, 27.
[76] Ibid.
[77] Casal, Manuel. "Crítica". "El mal de la juventud", "La columna y la vid". *Prometeo* Año II (17) junio-julio de 1949: 20, 23.

Por el segundo aniversario de la revista *Prometeo*, el 15 de octubre de 1949, Morín estrena *El Cristo*, "farsita dramática" de Jorge del Busto. [78] Mario Parajón opinó que era "una comedia simpática, bastante bien hecha, en la que, un tanto vacilante, se apunta la personalidad de un dramaturgo en ciernes", pero le molestó la burla despiadada al tema bíblico. [79] Del Busto, ni médico ni barítono como escribe Morín, según me aclaró por teléfono, se burló de la impostora, fingida virgen María que va a tener un hijo del espíritu santo. Para curar la demencia de su madre, su hijo médico ensaya una "comedia bíblica" en la que falsos Judas y María Magdalena interpretan la pasión, que concluye en astracán cuando unos delincuentes obstruyen la pieza, los tramoyistas se rebelan contra la representación y los ajustes que María hace del guión y la emprenden a martillazos contra el director. Se publica, aunque su autor no sigue escribiendo después de intentar una obra sin texto titulada *La suicida*.[80]

[78] Margot de Armas, Esperanza Magaz, Miriam Acevedo, Carlos García Calderón, Ernesto Fuentes, Manolo Coego, Brunilda León y Orlando Montes de Oca. Escuela Valdés Rodríguez. Dirección de Francisco Morín.

[79] Parajón, Mario. "El Cristo". *Prometeo* 21 (enero de 1950): 22-23.

[80] Del Busto, Jorge. *El Cristo. Farsita dramática en tres actos.* La Habana: Editorial Lex, 1948.

4. Electra Garrigó: la tragedia del choteo

Francisco Morín y Virgilio Piñera se conocen en una velada en casa de Violeta Casal en 1948 a la que asisten Miguel Ángel, hermano de Modesto Centeno; el cuentista y traductor Humberto Rodríguez Tomeu y Manolo, hermano de Violeta, crítico teatral en *Prometeo*. Piñera habla alborozado de la *Medea* estrenada por Judith Anderson en Nueva York.

–Aprovechamos para ir a verla, pero es una lástima porque no había nadie. Nadie fue a verla.

Morín, que acaba de regresar de Nueva York, contesta.

–Ustedes no estaban allí porque estaba repleto. Yo compré las entradas con mucha anticipación.

De no ser una travesura del recuerdo, mejor contada en *Por amor al arte*, se documenta una visita de Virgilio a Nueva York con Rodríguez Tomeu también mencionada en sus cartas de esos años. Piñera ha vivido en Buenos Aires entre febrero de 1946 y diciembre de 1947 y al parecer regresa a La Habana por esa vía. Presumía de haber visto una puesta muy comentada y hoy legendaria. Se hace silencio. Violeta habla de otra cosa y Morín intuye que debido al incidente, no se volverían a ver. Pero se equivoca. Cuando finaliza *El candelero*, de Alfred de Musset, dirigido por Morín para ADAD (7 de agosto, 1948) en la Escuela Valdés Rodríguez, Piñera lo llama para felicitarlo. [81] Por Manuel Casal, que analiza el texto, conocemos era un "imposible" muy influido por Moliere. Escribe:

> Hay obras insobornables. *El candelero* es una de ellas. Francisco Morín demostró agudeza en su concepción general del movimiento escénico y mensaje artístico pero reincidió en el error, estrenado en *El avaro*, (12 de junio de 1948) de rodearse de actores que no saben o no pueden manejar el papel, si no cabalmente, al menos con la elemental desenvoltura que hay que

---

[81] Alberto Machado, Enrique Martínez, Gina Cabrera y Bernardo Pascual. Escenografía de Osvaldo.

pedirle a un actor cuando no se trata de un mero rapsoda. [82]
Alberto Machado echó por la borda todo su tesoro: el primer
cuadro. El Andrés no es ese viejecito infartado que nos dieron esa
noche sino un típico *cocu* francés, tan dentro del modo picaresco
de la farsa como la última de las cortesanas. Gina Cabrera en
Susana estuvo a leguas del personaje. [...] Solamente Enrique
Martínez, en el Fortunato, se preocupó por realizar una buena
labor y lo consiguió casi siempre. [...] Indudablemente la sorpresa
más agradable de la noche fue la escenografía de Osvaldo por su
gran impulso artístico y novedosa concepción. Es difícil disfrutar
en nuestra escena de pareja honestidad. A base de líneas y
contrastes de luz y sombra le dio Osvaldo al escenario una
dimensión insospechable, sin diluir por ello los valores plásticos
del mobiliario que, trabajado dentro de este estilo, adquirió relieve
de personaje. [83]

El candelero de **Musset**

Por más que lo he intentado, en la fotografía –tomada de un grabado de
la revista *Prometeo*– la escenografía de Osvaldo Gutiérrez, ¡la protagonista

---

[82] En la Escuela Valdés Rodríguez. Con Ángel Espasande, Alberto Machado,
María Suárez, Enrique Martínez y Minín Bujones. Espasande "se desenvolvió
con mucha habilidad en el Harpagon, personaje dificilísimo, anotándose en el
monólogo su mejor momento". Casal, Manuel. *Prometeo* 7 julio-agosto 1948.
[83] *Prometeo* Año I no 9 sept. (1948): 20.

de la noche!, se reduce a una sombra en lo que fue un ciclorama negro y un mobiliario estilizado. Nada de la belleza grácil de Gina Cabrera que asombró con su *Doña Rosita la soltera*, de Lorca, dirigida por Zúñiga.

En la conversación Morín le comenta a Piñera que a ADAD no le gustó *Electra Garrigó* como tampoco a Schajowicz y se ofrece para dirigirla cuando finalice su compromiso con *Ligados*, de O'Neill por el primer aniversario de la revista. "No te preocupes, yo la pongo", recuerda Virgilio que le dijo. Nunca obtuvo respuesta del austriaco ni de Martínez Allende a quien también se la mostró. No se sabe por qué no les gustó pero Morín ha contado por qué ADAD la rechazó. "Es imposible que la hagan. Dicen que es muy rara ¿y que dónde se ha visto un pedagogo con cola de caballo?" [84]

Violeta Casal y Gaspar de Santelices en *Ligados*

Terminada la función del mes, ADAD autorizó *Ligados*, de Eugene O'Neill, a beneficio de *Prometeo*, anunciado para el 28 de agosto con el objetivo de dar a conocer esa "extraordinaria" obra con la que se afianza una relación más bien platónica con el autor norteamericano más estudiado, pero en comparación menos escenificado desde que en 1927 Jorge Mañach traduce *In the Zone* para la *revista de avance*. Marisabel Sáenz

[84] Morín, Francisco. Ob. cit. p. 82.

tuvo un resonante éxito con *Antes del desayuno*, escogida por Schajowicz cuando era su alumna y Lorna de Sosa estrenó *Deseo bajo los olmos*. En la revista es un autor de culto.[85]

Ligados –dice el editorial– es "una obra difícil y arriesgada". "Con solo cuatro personajes su autor ha plasmado la tragedia de un matrimonio fusionado con lazos indisolubles que pueden más que la voluntad y el deseo [...]. Aunque es una de las obras más intelectuales, está llena de profundas raíces humanas y ofrece posibilidades de lucimiento a los intérpretes". Para el beneficio "ADAD facilitará cortinas, maderas, efectos eléctricos y total cooperación, Luis Márquez, tres excelentes escenografías a un costo ínfimo y los actores y demás personal indispensable, su más desinteresada colaboración."

Infiero Morín fue respetuoso del texto, actitud "muy honesta y revelatriz para catalogar su seriedad artística" ya que [...] "el valor literario sigue intacto en *Ligados* al que [...] había que tratar con mayor dinamismo". Morín asumió su lentitud orgánica y vio a los personajes (Violeta Casal y Gaspar de Santelices) amarrados a un silogismo, sin atreverse a más, dentro de una "fugitiva" escenografía de Luis Márquez. [86]

Después del estreno, Virgilio le lleva nueve libretos y empiezan a ensayar. La historia está más que contada. Si el joven Piñera es un poeta publicado, sus avales teatrales son todavía escasos. Gestionó la gira a Camagüey de La Cueva en 1936, patrocinada por la Hermandad de Jóvenes Cubanos, y ha escrito varias obras, entre ellas, *Clamor en el penal* cuyo primer cuadro apareció en *Baraguá*. Transcurre en un centro penitencial. Un personaje homosexual, conocido por La Zapatera, entabla relaciones con otro penado mientras una doctora trata de mejorar

---

[85] "Un estreno de O'Neill", de Bertha Maig sobre la puesta de *The Iceman Cometh* en Nueva York; "Eugenio O'Neill y su dramática", de J. Losada", "*Extraño interludio*", de Carlos Malgrat, "El nuevo teatro norteamericano", de Roberto Bourbakis, "Siete dramas del mar, de O'Neill", de Clara Ronay y "Boceto para el estudio de Eugene O'Neill", de Juan José Fuxá, entre otros.

[86] *Ligados*, de Eugene O'Neill (agosto 28, 1948).Violeta Casal, Gaspar de Santelices, María Suárez, Alberto Machado. Escenografía de Luis Márquez. Casal, Manuel. "Crítica". "La arena está entre el mar y las rocas". "Ligados". *Prometeo* 10 (octubre 1948): 24-26.

las condiciones inhumanas de la prisión. Lo "atrevido del asunto ya tratado por Carlos Montenegro" no impide que José Antonio Portuondo la presente como "uno de los más fuertes y logrados de nuestra dramática contemporánea". González Freire la daba por perdida pero fue rescatada por la revista *Albur*. [87]

Morín no hizo trabajo de mesa. Nunca. No tiene tiempo después de ocho horas de trabajo en los ferrocarriles. El estilo de dirección de la época parte de lecturas en las que el director fija las entonaciones. Al ensayo se iba con la letra aprendida, ha contado Revuelta. Muchos de los entrevistados en la sección "Figuras de nuestra escena" de *Prometeo*, opinan a favor y en contra del uso de la zeta o la c, ya que, como manera de decir, lo aceptado es la pronunciación española. En su caso, al leer la obra, la tiene imaginada en la cabeza. Siente el movimiento de una manera muy personal. Ante mi insistencia en conocer cuál es la clave de su concepto de la escena, me confiesa, la limpieza. "Después de leer la obra, comenzaba a moverla interiormente. A veces bailaba solo."

Para *Electra...* reúne dos primeras actrices: Marisabel Sáenz y Violeta Casal. La Sáenz ha sido la difícil y enigmática Palma de *El chino*, de Carlos Felipe, a quien "dio lo mejor de sus facultades artísticas, dominio físico, dicción y proyección", la primera Blanche Dubois en lengua española y la memorable "zapatera" de Zúñiga. [88] Casal, más selectiva, interpretó Stella en *Un tranvía...* de Centeno, hizo en Patronato *Sombra y substancia*, de Paul Vincent Carol con Crusellas y arrasó en la *Medea*, de Eurípides, en la colina universitaria, dirigida por Antonio Vázquez Gallo. Marisabel es "histérica, nerviosa, avasalladora, explosiva, extrovertida, irascible, exigente, desconsiderada..., pero sabía reírse con ganas, se sentía actriz en todo momento, era absolutamente rigurosa en su trabajo y fue una gran diva" ha escrito Morín. [89] Violeta es la muchacha de pelo rizado, vestida a la antigua del retrato de Servando Cabrera Moreno. Morín siente por ella un enamoramiento desde que la ve en la Academia.

---

[87] Piñera, Virgilio. "Clamor en el penal." *Albur.* año III. Instituto Superior de Artes, La Habana (1990): LXXXVI-CXXIII.

[88] Casal, Manuel. "Críticas". *Prometeo* 2 (noviembre) 1947: 12–13.

[89] Morín, Francisco. Ob.cit. p. 54

Electra Garrigó, de Virgilio Piñera, se estrena el 23 de octubre de 1948 por el primer aniversario de la revista. [90] Es la carta de presentación del futuro grupo y la segunda puesta de Prometeo, realizada como las de ADAD, en el diminuto escenario de la Escuela Valdés Rodríguez. Será, sin embargo, blanco de los críticos y comentario de La Habana.

El vínculo de Virgilio con la revista es anterior. En el número cinco aparece en lugar del editorial, "¿¿Teatro??", su diatriba contra los teatros experimentales, lo "raquítico de esas producciones" y en especial contra un premio del Ministerio de Educación, estrenado por el Patronato, *La comedia de la vida*, de Luis Manuel Ruiz (1916-1956), actor de radio, muy bien parecido según Morín, Teófilo en la *Tembladera* del Teatro Popular. En la "obrita", escribe Piñera, "la cantidad verbal es tan densa que impide ver lo que el autor se propuso". Según Morín, se conocía como un drama de titiriteros. Muestra a un personaje con una joroba falsa y se representó porque Marisabel Sáenz se enamoró del protagónico. A juicio de Piñera, los hacedores del teatro experimental forzaban "un proceso histórico" con obras "engendradas" como "resonancia de obras de arte puestas en escena y no por los problemas reales y palpitantes de un grupo humano", un teatro de "realización técnica" y no de "exigencia del espíritu." Aparte de su negatividad, dice algo muy cierto: "Un teatro propio, con autores y obras propias, sólo surge de la colectividad y por la colectividad [...]. Si no hay público es precisamente porque no hay obra, y si no hay obra es porque no hay público". [91]

Más significativo que su rechazo al estreno del Patronato, es la descripción de una obra suya, "En esta helada zona", de 1943, nunca publicada y al parecer perdida, donde intentó la obra perfecta, pero experimentó "más de lo permitido". Piñera la describe: "Creo, si no me equivoco, que el tema de mi obra era algo así como la aparente locura de

---

[90] *Electra Garrigó* (23 octubre, 1948, 7 de nov.) Ficha del estreno publicada en el periódico *El Siglo*. Dirección: Francisco Morín. Escenografía: Osvaldo. Luminotecnia: Jorge Dumas. Principales intérpretes. Electra Garrigó: Violeta Casal. Clitemnestra: Marisabel Sáenz. Agamenón Garrigó: Carlos Castro. Orestes Garrigó: Gaspar de Santelices. Egisto Don: Modesto Soret. Pedagogo. Filiberto Machado. Coro: Radeúnda Lima. Teatro: Escuela Municipal Valdés Rodríguez.

[91] Piñera, Virgilio. ¿¿Teatro?? *Prometeo* 5 (abril-mayo 1948): 1, 27-28.

dos hermanos que uno al otro se ofrecen como locos reales, y cuyo objetivo en la vida es aparecer insanos a fin de escapar a la locura de la existencia, que es una suerte de locura invertida". El número pareciera editado por Piñera sin acreditar con dos textos relacionados con su temporada en Argentina. "Indicaciones para los actores y el director" de Witold Gombrowicz, especial para la revista, y "García Lorca y la tragedia" de Adolfo de Obieta. [92] A este último le escribe en abril de 1948: "Tu artículo ha pasado de las pruebas de páginas y se ubica ya, eterno y deslumbrante, en las páginas de *Prometeo*."[93]

En noviembre, un mes después del estreno, se desata la tormenta. *Prometeo* se hace eco de la polémica, que aunque muy citada y comentada, no ha sido reconstruida en su totalidad. Luis Amado-Blanco, Mirta Aguirre, las españolas Matilde Muñoz y María Zambrano y Manuel Casal escriben las críticas que he encontrado. Todas no son negativas. La filósofa, amiga de Virgilio, desentraña la concepción del mundo trágico y se concentra en el monólogo del segundo acto que tanto preocupó a Violeta Casal. La heroína en diálogo con los no-dioses. [94] Manolo advierte el "juego escénico, novedoso y bien resuelto" del primer acto, "que consistió en conjugar, con la acción tradicional, una réplica expresionista de las derivaciones delirantes del monólogo interior de Agamenón Garrigó y Clitemnestra Pla".

El coro fue un acierto, "no un mero adorno cubano de forma que, donde quiera que se representase la obra puede sustituirse por la tonadilla equivalente, sin perder intención", el diálogo, "el tono humorístico, preciso y fino." [95] Muñoz entiende que "evadirse de esta moral caduca parece ser su aspiración [...] o mejor, la de los no-seres de su *Electra*: llegar así a una afirmación, a fuerza de negaciones: la afirmación pura del instinto, desnudo de todos sus ropajes, el instinto que preside en la realidad la Vida, lo mismo en los palacios racinenianos de Electra, hija del Átrida Agamenón, que en el

---

[92] Gombrowicz, Witold. "Indicaciones para los actores y el director". *Prometeo* 5 (abril-mayo 1948) 5-16. Obieta, Adolfo de. "García Lorca y la tragedia", ibid. 6-8, 23-24.

[93] Carta de Virgilio Piñera a Adolfo de Obieta. abril 9 de 1948. Colección Virgilio Piñera en Cuban Heritage Collection.

[94] Zambrano, María. "Electra Garrigó". *Prometeo* 10 (octubre 1948): 2-3.

[95] Casal, Manuel. "Electra Garrigó". *Prometeo* 11 (noviembre 1948): 24, 26.

del patio cubano de Electra, hija de Agamenón Garrigó".[96] Mirta Aguirre reconoce la malicia del dramaturgo que no dejó a nadie indiferente. [97] Amado-Blanco, en dos extensas partes, escribe la más agresiva al mismo tiempo que seria y meditada.[98] Virgilio le dirigió su respuesta. "¡Ojo con el crítico!," el famoso artículo de *Prometeo*, desproporcionado y majadero, refleja su malestar. Lo que más lo hirió fueron los comentarios de pasillo.

Virgilio considera tres clases de críticos: el bien intencionado pero inculto, el filisteo y el artista fracasado. Para este último tiene una salida: el suicidio, alusión a la obra del mismo título estrenada por Luis Amado-Blanco en 1945. "No otra cosa nos ofrece ese autor dramático que, por fuerza de sus fracasos, ha devenido crítico teatral." [99] La reacción no se hace esperar. La ARTYC (Asociación de Redactores Teatrales y Críticos Cinematográficos) exige una retractación a *Prometeo* y en el número 12, en "Nuestra posición", la revista expresa que "no puede hacer causa con las opiniones vertidas por Piñera" pues la crítica es un "elemento constructivo de la realización artística, en su labor orientadora, en su trabajo de fijación histórica de toda la producción escénica y como requiere la ética profesional, acogemos con imparcialidad las objeciones que, con parejo rigor intelectual, salgan al paso de cualesquiera de nuestros artículos." [100]

Piñera responde a este nuevo ataque con una carta a su presidente, Valdés Rodríguez. No puede retractarse ya que eso sería asumir quiso insultar y no "el inalienable derecho de todo escritor a manifestar sus puntos de vista en materia literaria" y denuncia se "torpedea" *Jesús* y se "amenaza" con anular a Morín como director teatral. Desde luego, piensa que sus partidarios lanzarán una "carcajada homérica". [101] Forzado por la organización o de mutuo acuerdo, Morín hace lo más razonable, acoge la réplica de Amado-

---

[96] Barberi, Selma. (seud. de Matilde Muñoz) "Estrenó la revista teatral el drama Electra Garrigó, de Piñera". *El Siglo*. noviembre 3 de 1948. p.6
[97] Aguirre, Mirta. "Electra Garrigó". Noticias de *Hoy*. 26 de noviembre de 1948. p.10.
[98] Amado Blanco, Luis. "Electra Garrigó, la obra". *Información*. 26 de noviembre. "Electra Garrigó, la representación". 27 de noviembre de 1948.
[99] Piñera, Virgilio. "¡Ojo con el crítico...!". *Prometeo* 11 (noviembre 1948): 2-3, 23.
[100] "Nuestra Posición", Año II *Prometeo* 12. diciembre de 1948: 1.
[101] Piñera, Virgilio. *Virgilio Piñera, de vuelta y vuelta. Correspondencia 1932-1978*. La Habana: Ediciones Unión, 2011. 91-92.

Blanco, "Los intocables." Cabe pensar que ello no agrada al dramaturgo a quien tampoco se le dedica, como era de esperar, una entrevista en "Figuras de la escena" como a Carlos Felipe. Mientras Luis Amado-Blanco y María Zambrano continúan colaborando o permiten reproducir textos suyos, Piñera no escribe más. Morín no tiene ninguna explicación, salvo que era despreciativo con la revista y andaba muy preocupado con *Sur*.

En "Los intocables", Amado–Blanco es agresivo con el "autor" que "con un pasado poético, un pasado pequeño y sencillo de versificador", "criado en una enrarecida celda", al enfrentar al público y a la crítica en el teatro, si no llega a acertar o a impresionar de la primera vez, "arremete contra los críticos. Lo que acontece a los intocables es que blasfeman contra los críticos, sólo en la circunstancia de que su opinión le sea adversa". Piñera es un "intocable", mientras él, "aunque ha estrenado una obra" y "la crítica de sus compañeros le ha sido negativa" como el crítico "no es un intocable, ha callado, ha admitido la negación de su acierto con la más exquisita elegancia [...] Por eso no se suicida literariamente y sigue alegre su trabajo, orgulloso de su tarea y en muy buena y honrada compañía por cierto. Porque al fin y a la postre lo que interesa, lo que va a importar para el futuro, es el trabajo. El trabajo esforzado crítico o no crítico de los que un día y otro día van construyendo sin alharacas su propio edificio, jamás altiva torre." [102] En un medio teatral tan reducido como el habanero, ningún dramaturgo cubano se solidariza con Piñera, que ahora sufre, como antes Ruiz, el desprecio y la marginación. Releer las críticas es clave para entender a cabalidad la polémica y por eso más que comentarla, incluyo los textos. En la distancia, Amado-Blanco es sobrio, elegante y comedido y es difícil entender la reacción desmesurada de Piñera en un ámbito donde en muchas ocasiones, las puestas carecían de crítica.

La ira de Piñera sólo se justifica, escribe Lezama Lima a Rodríguez Feo, porque a imitación de Víctor Hugo, quizás ya había planeado el ataque. "La crítica, idiota y burguesa, le ha sido tremendamente hostil, cosa que a él le habrá agradado y hecho soñar en las protestas, chiflidos y zanahorias lanzados a los románticos, a los existencialistas, y a todos los que desean un pequeño y sabroso escandalito". A pesar de los detalles en una carta

---

[102] Amado Blanco, Luis. "Los intocables". *Prometeo* Año II (12) diciembre 1948: 2–3, 20.

íntima, como que "el coro griego está reemplazado por una guajira en bata blanca," parece que cuenta de oídas y no asistió a la representación. [103]

Hoy no se sustenta la idea aceptada, que todos los críticos se manifestaron contra la obra, y menos, que no rectificaron su valoración. "¿Los críticos contra Electra Garrigó?" (incluido en el apéndice), reúne comentarios desfavorables y favorables que atizaron la polémica y echaron leña al fuego de nuestro Hernani tropical, un "escupitajo al Olimpo." Ni Matilde Muñoz en *El Siglo* ni Mirta Aguirre en *Hoy* escriben juicios demoledores sino ponderan aspectos de la obra y el montaje. Pero Morín me ha dicho que a Virgilio le interesaban los grandes nombres y esos se abstuvieron de escribir.

A finales de año, en carta a Obieta, le dice que supone se habría informado de la *mise en scene* sin más. "Mi obra *Jesús* ha quedado en París a traducir, existe una leve posibilidad de ser llevada a escena por Barrault. Ahora estrenaré una pieza en un acto, titulada *Falsa alarma*". Antes del 22 de diciembre de 1948 ha escrito tres de sus obras más importantes. Su anuncio del estreno coincide con uno en *Prometeo* pero Morín no recuerda por qué no la dirigió. [104] En otro momento dirá que dejó a Barrault en el Odeón, en el invierno de 1950, una traducción al francés pero éste nunca lo llamó al hotel Plaza. [105]

¿Cómo fue la puesta en escena de Morín? Al no existir imágenes, el mito de *Electra...* surge de su acalorado estreno. Por su recuento fue muy austera. En el escenario "no existe nada", solo la fruta bomba que Clitemnestra come a la vista del público y una mesa. Se emplearon recursos imaginativos, cuatro actrices negras-camaristas, dobles (interpretados también por actores negros), la pantomima para distanciar las acciones y el coro que canta "La Guantanamera", que indicados en el texto, requerían de una mano diestra para su manejo y composición.

[103] Rodríguez Feo, José. *Mi correspondencia con Lezama Lima*. La Habana: Ediciones Unión, 1989: 101-102.
[104] Carta de Virgilio Piñera a Adolfo Obieta de diciembre 22 de 1948. Colección Virgilio Piñera en Cuban Heritage Collection.
[105] Citado por Espinosa Domínguez, Carlos. *Virgilio Piñera en persona*. Miami: Cincinnatti: Término Editorial, 2003. p. 151

Aunque siempre se ha pensado que Piñera toma la idea de la "Guantanamera" del programa radial de Joseíto Fernández, El Suceso del Día, en Radio Lavín, con su narración en décimas de hechos de sangre, investigaciones más recientes indican pudo haber conocido la versión de Julián Orbón, ya que el coro, interpretado por Radeúnda Lima, con su paródica concepción, pareció improvisado, un poco como rapsoda, como las canturrías de Orbón. [106] No sabía, como tampoco los críticos, que Radeúnda nunca se aprendió la letra que cantó prendida de una tarjeta.

Cuando Amado-Blanco cree desacertado mezclar lo natural con lo declamatorio, comprendemos que el horizonte de expectativas del espectador esperaba una tragedia dicha de forma altisonante y le molestó el salto «del coturno a la chancleta». Amado-Blanco reclama una obra inspirada en las estatuas y los frisos griegos y Morín le sirvió, dicho con sus propias palabras, una parodia. Por ello la apreció como "falsedad disfrazada de intelectualismo".

Aunque muchas veces he hablado con Morín sobre la puesta, la reconstrucción de Montes Huidobro de 1995 (la grabación original es de Alberto Guigou en 1976 en el Teatro El Portón de Nueva York) es sensacional y nada de lo que me ha dicho, ni siquiera lo que está en su libro, la supera. [107] Veinte años más joven, suelto y deslenguado, Morín explica los conflictos que le ocasionó Violeta, cuando al no poder decir el monólogo del segundo acto, quería acortarlo o decirlo de espaldas y buscó la ayuda del coreógrafo Ramiro Guerra. Otro asunto que ha dado mucho que hablar fue la morcilla de Gaspar de Santelices cuando en la segunda representación, en lugar de la «fruta bomba», dijo ¡la papaya! Sólo eso ha llenado páginas de especulaciones. Orestes le anuncia a Electra que Clitemnestra Pla debe "morir envenenada por su fruta favorita" y ésta le pregunta ¿y cuál es su fruta favorita? Santelices introduce ¡La papaya! Y hubo una casi bronca de solar entre bambalinas ya que Violeta estaba muy molesta. Papaya en cubano vulgar, es símbolo del sexo femenino, una mala palabra impronunciable en el año 48. Antes

---

[106] Gómez Sotolongo, Antonio. "Tientos y diferencias de la guantanamera compuesta por Julián Orbón. Política cultural de la Revolución cubana de 1959". *Encuentro de la Cultura Cubana* 44 (2007): 63-77.

[107] Montes Huidobro, Matías. "Para la historia escénica de *Electra Garrigó*: un conversatorio dramático escenificado". *Anales Literarios* 1 (1995): 140-145.

se dijo "el cabrón de Satanás" en *Sumergidos*, de Laverne y Shaw, dirigida por Lorna de Sosa, porque a la norteamericana le gustaba su sonoridad, pero quedó en el ambiente. La papaya de *Electra...* recorrió La Habana.

Pero lo más difícil fue luchar contra la concepción trascendente de Virgilio. "La obra es muy pretenciosa –ha dicho Morín– muy superficial, pero yo veía las posibilidades teatrales que tiene, a pesar de que Virgilio le quería dar una vuelta trágica, que no tiene... ¿Trágica? ¿Cómo es una tragedia cubana? ¡La tragedia del choteo cubano! ¡Una tragedia cubana es un gran choteo!" [108] Sin embargo, en las notas al programa, escribe Piñera:

> *Electra Garrigó* sale, claro está, del drama de Sófocles. Ahora bien, no es, en modo alguno, "una versión más" de dicho drama, como por ocurre con la tragedia de O'Neill, *Mourning Becomes Electra*. Lo que se ha utilizado en *Electra Garrigó* de la citada tragedia es "personajes" y "atmósfera"; caricaturizados los primeros, parodiada la segunda. Es decir que *Electra Garrigó* no es un intento más de hacer neoclasicismo o poner en época actual los conflictos de una familia griega del siglo V antes de Cristo..., sino la exposición y desarrollo de un típico drama de la familia cubana de ayer y de hoy.

"Piñera escribe en el programa, esta obra no es como la de Sófocles, ni la de O'Neill, ni la de Giradoux, no fue nada modesto. Fue una tomadura de pelo" cuenta Morín. Después del estreno, este se separa definitivamente de ADAD, aunque matiza que "lo separan" ya que Centeno los aparta a él y a Reinaldo de Zúñiga. Los nuevos directores culminan su etapa de crecimiento intelectual y los intereses de Morín no se identifican con ADAD. "Mi aspiración era hacer un teatro conceptual, buscaba un tipo de actuación funcional para expresar ideas, quería reducir la puesta en escena al mínimo de los elementos, eliminar todo lo estrictamente decorativo, encontrar el teatro esencial." Nace Prometeo. [109] Morín me ha dicho, jocoso, que «descubrió» a Piñera y pagó la obra. Entendió y desacralizó *Electra Garrigó* al utilizar emblemas y signos cubanos donde Piñera los imaginó griegos.

[108] Montes Huidobro. Ob. cit.
[109] Morín, Francisco. Ob. cit. p. 83.

Le pregunté sobre los ensayos. "No puse nada de eso en el libro, porque no es interesante, pero tengo una facultad, cuando leo una obra que me gusta la tengo en la cabeza, así que llegué y monté el primer acto." También indagué sobre la zeta y la c. "*Electra*... desde luego, no se hizo con la zeta, en primer lugar porque Violeta era una avanzada en eso, ya desde antes, en *Ligados*." Años más tarde un crítico le preguntó cómo se sintió "descubierto" por Piñera. "No, mi hijito, le contesté, yo descubrí la obra, la dirigí y la pagué porque Virgilio no tenía ni donde caerse muerto." En la versión original de la entrevista de El Portón, en su papelería, Morín ofrece más detalles de las interioridades. Radeúnda Lima cobró treinta pesos, explica con signos de admiración, cuando él ganaba eso en los ferrocarriles, daba veinticinco en la casa y se quedaba con cinco para el teatro. Y la bata original o una de las batas "griegas" se vendió en una rifa para recaudar dinero para Prometeo.

El estreno de *Electra*... está encajonado como un brillante entre *El pescador de sombras*, de Jean Sarment, que dirige Ricardo Florit y la *Juana de Lorena*, de Maxwell Anderson, montada por Eduardo Casado para ADAD. [110] No ha dejado de comentarse desde entonces. Cuando en 1949 *Orígenes* publica *Falsa alarma*, escrita inmediatamente después y se anuncia, ningún director cubano se interesó, como tampoco por *Andicelio y las tortugas del mar*, de Patrice de la Tour du Pin, traducida por José Rodríguez Feo y publicada en la revista de Lezama Lima. [111]

---

[110] Muñoz, Matilde (Selma Barberi) "En el Patronato del teatro: *El pescador de sombras*, de Sarment." *El Siglo*, octubre 27 de 1948. p.6. Dirección de Ricardo Florit. Escenografía Luis Márquez. Minín Bujones, Mercedes Dora Mestre, Eduardo Egea, Alejandro Lugo y Ángel Espasande. 18 de octubre de 1948. Auditórium.
[111] Piñera, Virgilio. "Falsa alarma I parte". *Orígenes* 21 año VI (1949): 29-35 y II parte *Orígenes* 22 Año VI (1949): 35-41. Tour du Pin, Patrice de la. "Audicelio y las tortugas del mar". *Orígenes* 16 Año IV (1947): 23-30.

5. Después de Electra

El Teatro Universitario, bajo la dirección de Luis A. Baralt, fomenta el gusto por los clásicos españoles. Entre éstos, *La marquesa Rosalinda*, de Valle Inclán (1949), diseño de Lillian Mederos, ejecutado por María Antonieta Rey, "infatigable auxiliar de todo esfuerzo teatral en Cuba", efectos luminosos de Juan Manuel Pallí y música de Antonio de Quevedo. "Ha sido un regalo para nosotros, en cuya patria rarísima vez y a título de pura extravagancia se remoza este teatro de don Ramón –escribe Matilde Muñoz– verlo aquí trasplantado con tanta lozana galanía, a las columnas de la Plaza Cadenas y en medio de los primores del jardín clásico con sus cipreses, sus arrayanes y sus rosas". En *El vergonzoso en palacio*, de Tirso de Molina, trabajan Ana Saínz, Ramón Cuevas, Rafael Ugarte y debuta Caridad «Carucha» Camejo, después artífice del teatro de títeres. [112] A pesar de su esplendor, señaló que el pórtico del Felipe Poey no admitía movimientos complejos y hubo "lagunas interpretativas" en el montaje. [113]

Unos cortes muy precisos al texto caracterizaron *La discreta enamorada*, de Lope de Vega, montaje de Antonio Vázquez Gallo. [114] Nena Acevedo mostró su "delicado fervor" e incursionan Natividad González, futura crítica y estudiosa y Herminia Sánchez. La escenografía a cargo de Vicente Revuelta y Antonia Rey. [115]

---

[112] Barberi, Selma. (seud. de Matilde Muñoz). "Triunfó el teatro universitario con una obra de Tirso de Molina". *El Siglo*, 16 de mayo de 1949. p. 6. "Dirigirá Baralt *La marquesa Rosalinda*, de Valle Inclán." *El Siglo*. 29 de diciembre de 1949. p. 6.

[113] Modesto Soret, Francisco Morín, Miriam Acevedo y María Luisa Castell.

[114] Nena Acevedo, Natividad González Freire, Herminia Sánchez, Pedro Pablo Prieto, Erdwin Fernández, Rafael Ugarte, Ramón González Cuevas, Luis Estorino, Cecilo Noble. Escenog. Vicente Revuelta y María Antonia Rey.

[115] Manet, Eduardo. "Teatro Universitario. La discreta enamorada". *Prometeo* 18 (agosto 1949) p. 28.

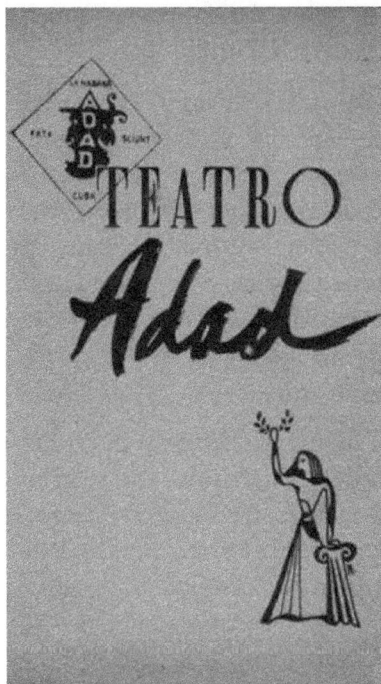

Programa de ADAD

ADAD realizó puntual su estreno mensual. *¿En qué piensas?* de Javier de Villaurrutia, dirigida por Roberto Garriga, *El inca de Jerusalén,* de Bernard Shaw por Ramón Valenzuela y *Nocturno,* de Matilde Muñoz, por Modesto Centeno. [116] En un viejo castillo de Escocia, escribe Eduardo Manet, el caballero Tristán murió de amor por Isolda, presentados con "modestas apetencias" y "despojados de su romántico perfume a pesar de que nos hace creer en filtros mágicos cuando la flor encantada hace su efecto conciliador sobre la pareja de los Barclay, joven matrimonio al borde del divorcio". Su "buen humor ha logrado sobrevivir a una España sin esperanzas, sin alimentos y con Falange" pondera Manet, muy cercano a su ambiente y estilo. [117] A Matilde Muñoz hay que reconocerle habilidad en el diálogo", escribe Nora Badía. Su obra más conocida *7BXC,* que para muchos tenía más humor francés que picardía española, se estructura mediante monólogos sobre los celos. Muy bien recibida por la crítica ("Un gran triunfo en el Patronato la chispeante comedia", "una obra que en los Estados Unidos haría millonaria a su autora", "una comedia desarrollada con sobriedad y agradable ritmo"), casi ninguno refiere lo más novedoso, que el matrimonio se dispone a

---

[116] Badía, Nora. "Presentó el teatro ADAD tres obras humorísticas en un acto". *El Siglo.* abril 13 de 1949. p. 6. Trabajan en ella Vicente Revuelta, Ángel Aguirre, Violeta Casal, Juan Cañas y María Suárez. Se estrenó el 13 de abril de 1949.
[117] Manet, Eduardo. "Nocturno" en "Función ADAD". Prometeo 16 (mayo 1949): 21-23.

concebir in vitro cuando el marido siente celos del fantasma que ha fecundado a su mujer, identificado con el número del título. [118]

Triunfos de ADAD son *Damas retiradas* de R. Denham y Edward P. Smith, dirección de Roberto Peláez, con Rosa Felipe y Marisabel Sáenz, traducida por Jorge Antonio González. [119] Según Muñoz, es una obra de gran público, mantiene tensa la atención, desata el interés, provoca la emoción, tiene un desenlace moral y se presta a interpretaciones de mucho relieve. *La sirena varada*, de Alejandro Casona, fue realizada con «mínima discreción» por Julio Martínez Aparicio con Gina Cabrera y Roberto Garriga. Andrés Castro dirigió *La vida que te di*, de Pirandello, sobre la cual Raúl Martínez diseña una portada de *Prometeo*. [120]

Entre las piezas más recordadas del Patronato, *La heredera, de* Ruth y August Goetz, dirigida por Reinaldo de Zúñiga, calificada de notable, sobre todo por la actuación de Rosa Felipe; [121] *El alcalde de Zalamea*, de Calderón, por Luis A. Baralt, que según Casal decepcionó por su lento ritmo, interpretada por Paco Alfonso, Eduardo Casado, "apegado a formas decadentes de lirismo y recitado de salón" y Raquel Revuelta "que no dio el papel", negativa constante del crítico en su apreciación de la actriz. [122] Lorna de Sosa hace *La familia Barrett*, de Rudolf Besier, con Pedro Martín Planas, Ernesto de Gali y Violeta Casal. "No hubo nada

---

[118] Barberi, Selma. (seudónimo de Matilde Muñoz). "Un gran triunfo en el Patronato la chispeante comedia 7-B-XC". *El Siglo*. diciembre 22 de 1948. Decorado de Luis Márquez, dirección de Modesto Centeno, con Marisabel Sáenz, José de San Antón, Eduardo Egea y los "fantasmitas" movidos por el bailarín Ramiro Guerra.

[119] Barberi Selma. (seudónimo de Matilde Muñoz). "Nuevo triunfo del grupo ADAD al presentar *Damas retiradas*". *El Siglo*. marzo 16 de 1949. p. 6.

[120] Violeta Casal, Violeta Jiménez, Julia Astoviza. Escenografía de Osvaldo Gutiérrez.

[121] Barberi, Selma. (seudónimo de Matilde Muñoz). "Otro triunfo del Patronato con la obra *La heredera*". *El Siglo*. 5 de enero de 1949. p.6. Traducción de Mario Parajón. Dir. Reinaldo de Zúñiga. Esc. Luis Márquez. Vestuario sobre dibujos de Isabel de Amado Blanco. Rosa Felipe, Gaspar de Santelices, Armando Osorio, Carmen Valera, Alicia Agramonte y Nena Acevedo. Auditórium. 22 de diciembre de 1948.

[122] Casal, Manuel. "Crítica". *Prometeo* 14 (febrero 1949)."El alcalde de Zalamea". "Bajo el puente".18-19, 24.

objetable en cuanto a movimiento y plasticidad. Si puede reprochársele una activa complicidad con Rudolf Besier para hacer del Sr. Barrett un dechado clínico. Ernesto de Gali exageró el sensualismo del Edward Barrett". [123] Ramón Antonio Crusellas, *La molinera de Arcos*, de Alejandro Casona, con Alicia Agramonte, Loly Rubinstein, J. A. Insua, Marta Casañas y María Suárez. "Hasta el más mínimo detalle ha sido amorosamente cuidado" escribe Muñoz, quien recuerda al dramaturgo, prohibido en España. "El teatro estaba lleno de un público aristocrático, con grandes mazos de claveles adornando los lados del escenario y en los palcos, un jardín de pañuelos de Manila versicolores. A la entrada del patio de butaca graciosas majas repartían los programas."[124]

En la divertida *Jorge y Margarita*, de Gerald Savory, " los personajes hablan de las peculiaridades de dos personas ausentes y, justo cuando ellos van a entrar a escena, cae el telón". [125] Es un «aperitivo ligero» con su reparto ajustadísimo ya que "es ya conocida la dignidad, el verdadero esplendor con el que el Patronato del Teatro, a través de su brillante carrera en pro de la cultura cubana, ha representado siempre sus obras. Alicia Agramonte es una garantía de calidad y Vicente Revuelta es cada vez más dueño de sí, más personal en su enfoque artístico, más rico en matices..." La agrupación se propone ganar el gran público con obras para "distraer y rehabilitar el gusto por el arte escénico". [126] Eduardo Casado dirige *El hombre, la bestia y la virtud* de Pirandello, a juicio de Muñoz, estilo farsa desaforada. Vicente repitió uno de sus personajes «histéricos» que según ella debía rechazar. Se estrena *Montserrat*, de Emmanuel Robles, con Raquel Revuelta y Luis Martínez dirige *Teresa* de Thomas Job. Desde

[123] Casal, Manuel. Crítica. "La familia Barrett", "Damas retiradas". *Prometeo* Año II (15) marzo-abril de 1949: 20-21.
[124] Muñoz, Matilde. Crítica. "La molinera de Arcos."*Prometeo* 15 (marzo abril 1949): 22.
[125] Traducción. Cuqui Ponce de León. Escenografía. Oscar Hernández. Electricidad. Mapelli. Principales intérpretes Alicia Agramonte, Vicente Revuelta, Mercy Lara, Juan Cañas, José A. Insua, Lilia Lazo, Rolando Montes de Oca. Teatro Auditórium. 29 de abril de 1949. Anotación de los cuadernos (inéditos) de Francisco Morín.
[126] Barberi, Selma. "Ofrece Jorge y Margarita, de Savory, el Patronato del Teatro". *El Siglo*, mayo 11 de 1949. Dir. Ramón Antonio Crusellas. Escenog. Oscar Hernández. 29 de abril de 1949.

mucho antes el poeta y dramaturgo Ángel Lázaro creía que la institución debió dejar sus "tanteos" ya que una obra al mes es muy poca cosa. A pesar de su "decoro artístico, deseo de acertar, intérpretes que aún no siendo profesionales, han estado por encima de la obra representada, que se abría el apetito teatral del público", le "falta una corriente viva de comunicación. Era como mirar detrás de una vitrina, como examinar una colección de arte". Lo llama "el acento forastero" de Patronato. ¿Es que no hay autores cubanos? ¿Es que entre nosotros, donde se dan conferencias incontables, donde se publican libros a diario, donde se llenan columnas y columnas en los periódicos no se siente la tentación de tomar todo eso y encarnarlo en unos personajes y echarlo a dialogar con el público desde la escena? ¿Es que un Jorge Mañach, un Suárez Solís, un Mariano Brull, un Francisco Ichaso, un Miguel de Marcos, un Nicolás Guillén, un Juan Marinello, un Ramón Vasconcelos no sienten la tentación de transformar sus discursos, sus lecciones, sus artículos, de decirle al público lo que le dicen en el mitin, el escaño, el aula, el periódico y el libro? [127] Sin dudas, la relación entre literatura y escena había probado ser más complicada.

Se crea La Carreta (1949) para llevar el teatro al interior de la isla. Entre las obras que giraron a Sagua y a Matanzas, *Interrogando el misterio*, de Schnitzler, bajo la dirección de Dora Carvajal, *Scherzo*, de Eduardo Manet, *Mañana es una palabra*, de Nora Badía, "gran éxito del joven teatro cubano" y *Jinetes hacia el mar*, de Synge, dirigido por Mario Rodríguez Alemán.

Morín está en un *impasse*. Las próximas entregas de Prometeo son un programa con *La más fuerte*, de August Strindberg, dirigida por él junto a *Su esposo*, de Bernard Shaw, por Cuqui Ponce de León, y *La farsa de micer Patelin*, por Zúñiga en el Lyceum Lawn Tennis. En la primera sobresalieron María Suárez, quien "superó todas las dificultades que le ofrecía el personaje" y Miriam Acevedo "con su magnífica voz y sensibilidad" y en la última, Parajón, el Pastelero y Edwin Fernández, el Mercader. [128]

---

[127] Lázaro, Angel. "Apuntes sobre la labor del Patronato del Teatro". *Carteles*. 1943-1949.

[128] Casal, Manuel. Crítica. "Camorra. La farsa de micer Patelin. La más fuerte. Su esposo." *Prometeo* 12 (diciembre 1948):18-19.

Adela Escartín

Andrés Castro dirige *La Gioconda* de D'Annunzzio, en Prometeo, con Acevedo y Adela Escartín, actriz española a quien conoce en Nueva York. A pesar de sus gráciles movimientos y su bella figura, defraudó porque no se le oía bien. El director logró plasmar la "poesía deshilvanada" de la pieza. Es el 28 de julio de 1949. Temperamental, profunda y con una personalidad magnética, se integra a la vida escénica cubana hasta 1970 cuando regresa a España. Nació en Gran Canaria (1913-2010), empezó a actuar en el Colegio de París a donde la llevó la guerra civil, se gradúa en el Conservatorio de Música y Declamación en 1947 pero decide ir a los Estados Unidos a completar su formación con Lee Strasberg y Piscator. Así me lo contó en una entrevista.

> …montó una obra en el Village sin saber una palabra del idioma, Hollywood le produjo un afán incendiario, sintió que era una cosa muy angustiosa. Estaba ensayando el personaje de la propietaria de *El proceso de K*, dirigido por Piscator cuando algunos la embullan para venir. En 1949 llegó para hacer *La Gioconda*. [129]

Matilde Muñoz hace *La intrusa*, de Maeterlinck en Prometeo, (Morín trabaja como actor) y Andrés Castro, *Petición de mano*, de Chejov –con una intervención astracanesca de Vicente Revuelta– que esta vez "se pasó"

---

[129] Manuel Casal escribe: "Fue Adela Escartín (Silvia Settala), actriz española, la que se decidió a correr el riesgo –el crítico lo consideraba un reto por ser una de las grandes interpretaciones de la Duse–: tenía a su favor una espléndida figura de heroína romántica, que ella imponía con su andar desenvuelto y una gracia única de ademanes. Tenía en contra, una voz muy pequeña para alcanzar el tono apropiado en las escenas culminantes". Con Miriam Acevedo, Gaspar de Santelices, Leonor Borrero, Francisco Morín y César Carbó. "El vestuario de Andrés para la Silvia Settala es de lo más bello que hemos visto en escena". Dirección de Andrés Castro. Manuel Casal. *Prometeo* 19 (octubre 1949): 22-25.

con Lomof. *Un día de octubre*, de George Kaiser, se estrena el 5 y 6 de junio de 1949 dirigida por Morín, pero de acuerdo a Clara Ronay, "dejó en el ánimo del público una sensación de insatisfacción, cosa que no debía ocurrir en nuestro medio donde es tan difícil de llevar el público al teatro, debido a la parte masculina del elenco. Los señores Soret y Montalbán no tienen todavía la experiencia necesaria para rendir una buena labor durante toda una noche". Elogió a Miriam Acevedo, "una de las mejores y más sinceras actrices de nuestro teatro", pero fue implacable con Morín "en calidad de actor" ya que equivocó "el papel más difícil de la obra [...] al colocar el personaje en una clave más bien cómica en lugar de formidable y odiosa". Aunque parezca raro, la nota se publica en la revista de Morín, que nunca hizo caso de la crítica ni de los críticos. [130] Casal tampoco se entusiasmó con su montaje de *El mal de la juventud*, de Ferdinand Brückner cuyo "teatro sicológico ha envejecido bastante". [131]

> Aún ciertas escenas, atrevidas en cualquier tiempo, conservan ese sello provinciano del que, por sobre todo lo demás, le basta con asombrar o dicho con el vocablo francés, epatar. Tenemos entendido que Francisco Morín, con prudente recato, expurgó el texto de frases y situaciones ingratas para un espectador sentado y que incluso, a uno de los personajes más "tarados" se le dio la oportunidad de quedar ante los ojos y por los oídos como una persona decentísima. A pesar de que *El mal de la juventud* no nos parece obra para Francisco Morín que está más a sus anchas dentro del clasicismo o por lo menos en teatro de valores plásticos como *El candelero*, de Musset o *Electra Garrigó*, de Piñera, se desenvolvió muy bien con este maremágnum de desquiciados y logró un tercer acto emocionado que el público agradeció de forma inusitada. En cuanto a los intérpretes y siempre en este tercer acto, nos sorprendió una María Suárez insospechada. [132]

[130] Ronay, Clara. *Prometeo* 17 (agosto 1949):21, 22.

[131] Héctor Tejera, René Sánchez, María Luisa Suárez, María Luisa Castell, Miriam Acevedo y Jorge Montalbán.

[132] Casal, Manuel "Crítica". "El mal de la juventud". "Guignol", "La marquesa Rosalinda", "La columna y la vid". *Prometeo* 17 junio-.julio 1949. 20-22.

El reconocimiento para Morín, de acuerdo con la crítica, llega con *Laboremus*, de Bjørnstjerne Bjørnson (27 de agosto de 1949) [133] porque *Electra*... fue una mancha en el expediente de la que no se volverá a hablar hasta su reposición en 1958. Luis Amado Blanco, en su extensa y literaria nota, la relaciona con Ibsen para analizar el texto, nunca vuelto a representar en Cuba. No he podido despejar la incógnita de por qué el montaje se atribuye a ADAD. Muñoz cree era el director idóneo para hacer esta «curiosidad» por su "finura perceptiva" y su "cuidado de los más sutiles matices y detalles" así que conjeturo Morín trabaja en ambas agrupaciones y sigue atado espiritualmente a ADAD. [134]

María Suárez y René Sánchez en *Laboremus*

Comienza su colaboración asidua con Andrés García, pintor y diseñador, nacido en Holguín, famoso por su obra gráfica para *Carteles*, ya que la plasticidad del movimiento, como en las coreografías de sus juegos infantiles, es esencial a su estética. Otro rasgo que lo distingue es la

---

[133] Escenografía y vestuario femenino de *Andr*és García. María Suárez, René Sánchez, Fela Jar, Carlos García Calderón, Pedro Martín Planas y Alberto Machado.

[134] Casal, M. Crítica. "Ensayando". "La Gioconda". "El hombre, la bestia y la virtud". Teatro ADAD Laboremus"(firmada por Matilde Muñoz). *Prometeo* 19 (octubre 1949): 24, 25, 28.

selección de los textos, obras maestras del repertorio o de ruptura, tildadas de imposibles o difíciles.

Este *Laboremus* de la última época es un drama singular, en el que el simbolismo se le mete, sin querer, por las cuartillas. La obra de un músico, su trayectoria ideológica, va a ser, en resumen, por donde el drama va a apretar su nudo. [...] Los dos primeros actos, nos exponen, en largos parlamentos, casi monólogos de bella y apretada prosa poética, los antecedentes del caso. En el tercero y el último, el problema del mal y del bien, en la futura partitura, crean el clima indirecto, donde el destino de una realidad se debate en notas orquestales [...]. Francisco Morín fue por esta noche –su gran noche, sin duda alguna– algo más que un director. Fue un artífice teatral, que en renuncia de lo fácil, se entrega a la difícil colaboración con los valores internos del drama. La composición escénica, el gesto, el ademán, el ritmo, el movimiento se cuidaron hasta el virtuosismo. Hasta tal punto y medida, que es justo pensar jamás el teatro, entre nosotros, alcanzó un tan alto rango creador en trabazón armónica con las raíces literarias de la pieza [...].

La escueta y sugerente escenografía y el exquisito montaje de Andrés colaboraron en acierto con las ideas del director, lo mismo que el vestuario femenino, bellísima estilización de la época.

Reconozcamos que por esta vez, el público no llegó adonde debía. Se quedó fuera de los aciertos, despistado por el simbolismo del tablado, atento a las menudencias, sin dejarse arrastrar por las singulares calidades de la obra y de su puesta en escena. No obstante, debemos aclarar que pocas veces hemos salido de nuestros espectáculos de arte, tan rotundamente satisfechos como esta noche, en la que Francisco Morín, se aupó a una indudable categoría de director soberbiamente preparado para las grandes empresas del arte de Talía. [135]

---

[135] Amado Blanco, Luis. *Información*. "Retablo" de agosto 29 de 1949. [s/p]

Si el recorte de Luis Amado-Blanco ha sobrevivido entre sus papeles, debe ser porque algo le importó. Es la gota que desborda la copa de su ya deteriorada amistad con Centeno, reacio a admitir el éxito de los demás.

Por desgracia no cuento con testimonios de Centeno, figura reservada si la hay, a pesar de su incesante, sacrificada y lograda actividad en estos años. Muñoz lo entrevista junto a Nora Badía y Rosa Felipe, para conocer cómo podía compartir el teatro con otras ocupaciones. [136]

–¿Puede usted vivir de lo que le da el teatro?

–De ninguna manera. ¡Ni yo, ni ninguno de mis compañeros de profesión!

–¿Qué tiene usted que hacer para atender las necesidades de la vida?

Modesto Centeno

–Trabajo en unas oficinas de una compañía norteamericana, donde como es lógico, hago cuentas durante siete horas diarias.

–Siete horas entregado a las matemáticas un artista ya es una prueba de resistencia.

---

[136] Barberi, Selma (seudónimo de Matilde Muñoz). "Necesitan más ayuda del estado los artistas teatrales cubanos". Modesto Centeno, Nora Badía y Rosa Felipe. *El Siglo*. febrero 23 de 1949. p.6.

–Además tengo seis horas semanales en la Academia Municipal de Artes Dramáticos en la que asisto a tres cursos distintos.

–¿Qué horas emplea usted en la dirección de sus comedias?

–Dirijo por las noches.

–¿Y cuándo estudia usted las comedias que dirige?

–Cuando dirijo una comedia ya la tengo visualizada hace tiempo. Las voy estudiando y visualizando poco a poco y al comenzarlas, las tengo trabajadas mentalmente hace mucho tiempo.

–Además de director escénico, es usted escritor ¿no?

–He escrito y estrenado comedias, escribo también cuentos y preparo trabajos dramáticos para la Academia, leo siempre tres o cuatro libros a la vez, que es la forma de que no me fatigue la lectura, además asisto a películas, conciertos, conferencias.

–¿Cuándo descansa usted?

–Muy poco. C

**Nora Badía
y Rosa Felipe**

Cuando termina el día, para levantarme al día siguiente, yo mismo me pregunto cómo me ha dado lugar para hacer tantas cosas. Nunca estoy en mi casa ni puedo dormir apenas, aunque me gusta mucho dormir.

Modesto no es una excepción. Nora Badía trabaja en la Oficina de Correos La Metropolitana, aparte de administrar, corregir galeras, buscar los clichés y redactar las secciones y notas sin firma de la revista *Prometeo*. Rosa Felipe, empleada de hacienda de la sección de rentas e impuestos, mecanógrafa de exenciones, materias primas y consumo, vivía presionada por el deseo de vivir con sus personajes a tiempo completo. Matilde Muñoz se asombró con la entrega y el sacrificio de los artistas.

Mientras Ángel Espasande se lamenta de hacer tantos sacrificios para que los personajes vivan una sola noche, Muñoz, en una carta abierta a los extrañados de que pueda escribir una columna semanal, destaca el heroísmo detrás del "efímero edificio ilusorio [...] con sus falsas luces, sus falsos colores, con sus falsas alegrías y dolores falsos, esa que os imagináis alegre farándula." Porque mientras el teatro "se ha convertido en una profesión lucrativa", en Cuba "no es profesión, no es empleo, no es especulación, es sencillamente vocación, sacrificio, heroísmo".

Supe que esos artistas que aparecen en la escena –escribe– "lo hacen después de haber ensayado a horas espeluznantes, entregándose a un trabajo feroz en el que no tienen cuartel y que son gentes que no viven del teatro, que han de ganar su vida en actividades, a lo mejor lejanísimas del teatro: Unos se desvelan en la radio, otros más acuden a oficinas prosaicas, otros más pasan una vida de penuria y dificultad cuando la vida cómoda familiar les ofrecía perspectivas muelles y ellos se niegan, luchan, protestan... no quieren. Prefieren esta existencia amarga a abandonar sus queridos, sus amados, sus entrañables sueños".

"Sí, señoras y señores, todos lo sabemos. Lo menos que una persona razonable puede hacer contra un sueño es sonreír y encogerse de hombros, como hacen ustedes cuando me afirman que "no hay teatro en Cuba".

La carta continúa con su post data, un llamado a los escépticos. [137]

El 24 de junio de 1949, en el Lyceum, Luis Amado-Blanco transforma un aburrido monólogo en un diálogo sobre Fidelio Ponce y su pintura y demuestra la "íntima correlación entre la idea y la forma" en el ambiente del "Malecón, la noche cubana, el sopor tropical [...] en medio de la esplendidez cromática, la opacidad: junto a la figura asexuada, una expresión de morbo. Contrastes de un país sin invierno, donde el aire acondicionado y la coca-cola representan, en ocasiones, al Paraíso. Desgaste de entusiasmos: represión de ilusiones" relata Eduardo Manet. Modesto Centeno lo dirigió con la voz simbólica de Raquel Revuelta por el micrófono. Vicente Revuelta hizo el Anciano, Miguel Navarro, el

---

[137] Carta abierta a Matilde Muñoz". *Prometeo* Año II (13): 14-16, 25 y "Carta abierta de Matilde Muñoz". *Prometeo* 14 (febrero 1949):15-16.

joven, con una bella escenografía de Andrés y la luminotecnia de Armando Soler. A partir de ésta, se realizan muchas charlas ilustradas. [138]

Con *Laboremus* el público se quedó fuera, despistado, escribió Amado-Blanco. Una constante en la percepción de casi todos, incluidos los teatristas, sobre el teatro de Morín, un teatro solitario como él al que no le preocupan los espectadores.

Desgraciadamente, los hombres de letras también están fuera del juego y no acompañan las representaciones. Lezama Lima se embulla con "un ciclo de obras teatrales mostradas por artistas condignos, afanosos de rendir un trabajo de interpretación artística," "teatro clásico con nuevas remozadas inquietudes" mientras juzga las del patio "tesoneras y voluntariosas" pero con "admirables cualidades en teatro de aficionados, donde había que descubrir un temperamento en estado de sorpresa o nacimiento". Y éste era "teatro español en funciones de universalidad". [139] Aunque no dice el nombre, bien porque no quería informar o porque redunda con otras gacetillas del periódico, es la de José Tamayo, que debuta en el Auditórium con *Otelo*, de Shakespeare, *Los intereses creados,* de Benavente, *Plaza de Oriente*, de Joaquín Calvo Sotelo, *El coronel Bridau*, de Balzac, *Tierra baja*, de Ángel Guimerá, una gira de más de un mes que se extiende a otros países de América y la ciudad de Miami. Si la Lope de Vega es un suceso, muy discutible afirmar que los cubanos eran admirables aficionados.

A la gente de teatro no le interesó demasiado el *Tenorio...* de Tamayo, esperado todos los años como a la gripe, según cuenta Eladio Secades, pero para M. Casal, "tan improvisado como los demás". Y en cuanto a *El anticuario,* de Enrique Suárez de Deza, de la misma compañía, sólo Carlos Lemos "sacó la cara" por ésta por el marcadísimo desnivel de sus actores y carecer de una figura femenina para Desdémona, Cordelia o María Estuardo.

Cuando se rumora que el actor español Ernesto Viches visita al Primer Magistrado con motivo de una función homenaje y es candidato a dirigir el

---

[138] Manet, Eduardo. "Diálogos en el malecón". *Prometeo* 17(agosto) 1949:13.
[139] Lezama Lima. Ob. cit. "La visita de una compañía teatral o la fruición dramática". (27 de octubre de 1949). En *La Habana. JLL interpreta su ciudad.* Madrid: Verbum, 1991. 67-68.

Teatro Nacional, los artistas se indignan ante su aspiración. Vilches trajo *Un americano en Madrid*, de A. Navarro, que Luis Amado-Blanco encontró "malísima comedia sobre la incomprensión que de España se tiene detrás de los Pirineos". Jorge Antonio González se abalanzó contra la "epidemia Vilches con trazos de degenerar en enfermedad crónica". [140] La comunidad teatral rechaza su hipotético nombramiento. "Pueden traer –escribe– directores especializados, americanos o europeos, y otorgar becas y hacerle una estatua al gran actor en un parque o ponerle su nombre a alguna calle" pero "... sería como decirnos que se va a retirar el alumbrado eléctrico para sustituirlo por el primitivo sistema de velas." Hay que mantenerlo "alejado de nuestro ambiente" porque Vilches "representa el pasado y el teatro cubano corre hacia el futuro, un futuro luminoso y grande, donde no tiene cabida lo arcaico y lo anacrónico." [141]

Aunque el Teatro Nacional es apenas un proyecto y a lo mejor una figura internacional hubiese acelerado su puesta en marcha, el rechazo a Vilches demuestra que el teatro español no es el meridiano a pesar del gusto de Lezama Lima. Los "aficionados" del patio montan *La llamada*, de Dorothy Parker, dirección de Eduardo Manet y actuación de Violeta Casal y el Grupo Escénico Libre (GEL) recién nacido, tres piezas cortas de Tennessee Williams. [142] Clara Ronay dirige *El caso de Las petunias pisadas*, con Raquel Revuelta y Ricardo Román; Carlos Malgrat, *El más extraño de los amores*, con María Antonia Rey y Eduardo Manet *Propiedad clausurada*, con Vicente Revuelta y Leonor Borrero. Un escenario diminuto en un local obrero, el Palacio de los Yesistas, advierte Casal, es "el único que puede romper el hielo con los esquivos y no espantar a los *connoisseurs*."

---

[140] Amado-Blanco, Luis. "Vilches y una lección". *Prometeo* Año II (17) junio-julio de 1949: 10.

[141] González, Jorge Antonio. "Otra vez Vilches" . *Prometeo* Año III (19)octubre: 8, 27.

[142] El recorrido de la compañía en Jorge Antonio González, *Cronología del teatro dramático habanero 1936-1960*. Centro de Investigación y Desarrollo de la Cultura, 2003. Casal, Manuel. Crítica. "La llamada", "El anticuario", "Don Juan Tenorio", "Grupo Escénico Libre". *Prometeo* Año III (21) enero de 1950: 20-22.

6. Del Parque central a la televisión

Un grupo entusiasta, encabezado por Francisco Morín, toma por asalto el Parque Central y en unas casetas abandonadas de la Feria del Libro, improvisa un tablado. A partir del 6 de enero de 1950 ofrece funciones gratuitas. Si al principio se mira con desconcierto y rechazo, finalmente convoca a los espectadores, altoparlante en mano. El público responde y el parque se llena. El alma de la idea, me ha contado Morín, es Carlos Franqui con el apoyo de Raúl Roa, director de Cultura del Ministerio de Educación del gobierno de Aureliano Sánchez Arango y el grupo Nueva Generación, por la revista del mismo nombre dirigida por Guillermo Cabrera Infante. Teatro gratis para el pueblo. Duró tres semanas.[143]

Junto a obras clásicas como *Las aceitunas* de Lope de Rueda, *Los habladores*, de Cervantes, *El mancebo que casó con mujer brava*, de Alejandro Casona, *Amor con amor se paga*, de José Martí y la versión de Gutiérrez Alea de una obra japonesa, *El manto de la abstracción*, entre otras, se estrenan "El descubrimiento", de Marcelo Pogolotti, "Desde adentro", de Rine Leal, el joven periodista que devendrá crítico teatral y *La máquina rota*, de Silvano Suárez. Rine entierra su obra de ribetes lorquianos, como Suárez la suya, cuya crítica incluyo en el apéndice.

---

[143] *La más fuerte*, de Strindberg; *El retablillo de Don Cristóbal*, de García Lorca, *La moza del cántaro*, de Lope de Vega, *Abdala*, de José Martí. Algunos de los integrantes de la temporada: María Suárez, Brunilda León, Haydée Olivera, Leonor Borrero, Esther Franco, Elizabeth Monsanto, Esperanza Magaz, María Luisa Castells, Fela Jar, Millín Márquez, Margot Padrón, Dulce Velasco, Carlos García Cremata, Armando Cremata, Pedro Pablo Prieto, René Sánchez, Alberto Machado, Rafael de Aragón, Carlos García Calderón, Emilio Pérez Navarro, Rine Leal, Mario Parajón, Silvano Suárez, Orlando Montes de Oca, Vila, Vicente Revuelta, Daniel Farías, Machado, Martínez, Paradela, Alonso y la tramoya de Rafael de Aragón.

En *Prometeo* se comentan las funciones. [144]

A bombo y platillo se anunciaba el comienzo de la farsa y se mantenía el ritmo loperuedino tan fácil de traicionar hasta el final. Como fondo de la escena colocóse la bandera de la España republicana, símbolo de la misma raíz humana que *Las aceitunas*. Francisco Morín fue Torubio, más violento que Alberto Vila que lo encarnó la primera vez; Brunilda León, magnífica en Águeda.

Manuel Casal.

Las nueve de la noche. Sábado. El parque central, un hervidero. La pelota en los altavoces, los anuncios luminosos, las bocinas, los timbrazos y de repente, una trompeta, un bombo, unos platillos que resuenan, que se abren paso en aquel torbellino... cuatro locos, dos hombres y dos mujeres ¡pun, catapún, chin, chin! llevando a otro loco en alto: a Lope de Rueda. ¡Arriba el trapo! Y que nos vengan a los de Prometeo con escenarios giratorios, porque somos capaces de hacer bueno el banderín mitológico.

Ángelus. *Carteles*.

Anoche les vi hacer, primorosamente, el paso de *Las aceitunas* de Lope de Rueda, tan lleno de gracia ruda y una escena cortesana bellísima del Lope mayor. La caseta es pequeña; mínimo el escenario. No tienen los actores donde vestirse; han de hacerlo en alguna casa vecina, atravesar las calles con su atuendo insólito, desafiando silbidos y chacotas. La primera noche se iba a cobrar treinta centavos por la entrada: el público estaba reacio. Decidieron no cobrar nada e hicieron ronda por el parque para atraerlo. Se llenó la caseta. Se ha seguido llenando casi tumultuosamente para las dos tandas que cada noche hacen.

Jorge Mañach. *Diario de la Marina*.

---

[144] "De nuestra temporada popular de teatro". *Prometeo* 22 (febrero-abril, 1950). p.7.

La casa donde se desvisten es el cuarto del solar mítico donde vive la familia de Cabrera Infante. Su madre Zoila es una colaboradora activa. Así lo recuerda el escritor en *La Habana para un infante difunto*:

> No sé como Franqui se agenció la carpintería hábil y la madera suficiente para construir un tinglado donde se subieran los actores. Sé bien dónde quedaban los camerinos –o mejor dicho el camerino único. Era el cuarto de Zulueta 408 en que vivíamos: allí, por voluntad de mi madre y contra la opinión de mi padre, se cambiaban los actores y se maquillaban las actrices y viceversa, saliendo todos disfrazados por entre los portales del teatro Payret a surgir en pleno Parque Central, a la urbe y a la turba.

La tercera semana se suma la Academia de Arte Dramático con *La obstinación de las mujeres, La infanta que quiso tener los ojos verdes,* de Eduardo Manet, *Survey,* de Roberto Bourbakis y el *Soliloquio de Hamlet,* interpretado por René Sánchez. Pero al representarse *El retablillo de Don Cristóbal* "que Lorca quería para títeres y Morín para actores de cachiporra" con "La Habana entera" por escenario, por la "adición técnica de los altoparlantes que difundían las voces por todo el Parque, los portales vecinos, el Paseo del Prado"… los transeúntes escandalizados oyeron los versos de Lorca "y en el ojito /del culito/ tengo un rollito con veinte duritos". Los pechitos, culitos y urraquitas de los títeres corrieron a toda voz por el vecindario. Era "… el secreto escatológico del teatro Shanghai difundido por altavoces." Y así terminó la que llama temporada libre "por unas semanas, (no llegamos al mes y medio), nuestra versión estática de La Barraca", "regocijo general y recreación del teatro como diálogo entre la escena y los espectadores, como en el Renacimiento". [145] Sus evocaciones continúan en Trinidad, en una accidentada, loca, tierna y recordada gira ya que con similar repertorio la *troupe* viajó a San José de las Lajas y allí a mostrar, entre otras, un auto sacramental frente al Palacio Brunet.

Por *Memorias de un teatrista cubano* sé de sus incidentes y gracias a Caín, de su fabulación. La estela de esas funciones ha llegado hasta hoy. René Sánchez, egresado de la Academia de Artes Dramáticas de 1947, estuvo magnífico en *Los habladores* de Cervantes y lo aplaudieron mucho. En

---

[145] Cabrera Infante, G. *La Habana para un infante difunto*. Madrid: Seix Barral, 1979. 291-297.

Alerta, Eduardo H. Alonso señaló la "gran dignidad y fervor", "la noble tarea de mostrarnos a Martí como autor teatral" en *Amor con amor se paga* (28 de enero de 1950) con Millín Márquez y Mario Parajón.

Por esas mismas fechas Lezama Lima escribe sobre la molestia de "reuniones y reuniones en lo del teatro cubano" como una asignatura incómoda mientras vislumbra su futuro.

> Un teatro cubano que apareciese como una crítica de las costumbres, como una marcha de la imaginación hacia la magia y la historia donde el pueblo viese en símbolo y en evidencia lo que ya ha dejado de ser creador, para convertirse en pesantez y en peso muerto y no enterrado, sería bastante a una justificación de existencia. Pero ¿qué es lo cubano? Difícil respuesta, cuando todos sabemos que los pueblos se van haciendo por decantación, y que lo cuantitativo, lo no diferenciado, la sobreabundancia sin nombre y sin motivo, ese inmenso arsenal sobre el cual después la intuición arranca una chispa definida, pueden irnos dando su respuesta. El teatro resume esa madurez demostrada en claridades y en definiciones sobre esa llanura cuantitativa, donde ya la prosa y el lirismo tienen su estatura de trabajo traspasable. [...] Preparar esa madurez de lo cubano, es ir preparando los mejores días para el teatro.

El teatro es amorfo y de "difícil identidad", título de su crónica. [146]

Las reuniones transcurren desde el año anterior. "El gobierno cubano y el teatro", editorial de *Prometeo*, manifiesta que "El Presidente de la República, Dr. Carlos Prío Socarrás, se interesa por el porvenir del teatro cubano" ya que solicitó a Ramón Vasconcelos, ministro sin cartera de su gabinete, un informe sobre el estado del teatro y éste se "acercó a las gentes de teatro, a las instituciones que han venido manteniendo con dignidad el espíritu del arte escénico en nuestro medio, para conocer las necesidades principales que ha venido confrontando en su lucha por la superación del teatro en Cuba", pero "las masas populares han permanecido ajenas a esta evolución del teatro entre nosotros. Hay un enorme cansancio en todos, realizadores y

---

[146] Lezama Lima, José. "Teatro cubano o la difícil identidad" (14 de enero de 1950). Ob.cit. 163-164.

público, y se refleja en el estatismo que presenta en los últimos meses nuestra escena. El estado actual de nuestros grupos teatrales es agónico. Por eso esta naciente preocupación gubernamental por el teatro cubano se ofrece como la única ancla de salvación." [147] En "Vasconcelos informa" se enumeran las dificultades de la escena, la ausencia de locales, convertidos en cines, la falta de transporte para las giras y de estímulo a los dramaturgos. Entre sus recomendaciones, crear un Instituto del Teatro Cubano de carácter autónomo y una escuela de artes dramáticas, fomentar los concursos, contratar expertos, rehabilitar el Martí, así como construir un Teatro Nacional en el área del Hotel Nacional o la calle Carlos III. Las relativas al presupuesto son ambiguas ya que se habla de "reforzar" el Patronato para una temporada invernal e incluir a otras agrupaciones. [148]

Si el año empieza con el apoyo de la dirección de Cultura de Roa a la temporada del Parque Central, no tengo noticias de ayudas similares a otros, salvo una subvención al Patronato, pese al estímulo creado por el informe. El Gobierno se concentró en las Misiones Culturales que bajo el lema "Ser cultos para ser libres", llevaron espectáculos de ballet, conciertos, teatro, sobre todo títeres y exposiciones al interior del país. Es posible que muchas de las giras como las de Pro-Arte Teatral hayan sido patrocinadas por el presupuesto. Morín no recibió ninguna.

En enero de 1950, Prometeo dedica su editorial a GEL (Grupo Escénico Libre) cuyas primeras funciones en el Palacio de los Yesistas (Xifré y Maloja) fueron notables, ya que capta a un "público nuevo" en el escenario de un barrio popular y ofrece funciones a bajo precio. Es la filosofía de las Misiones por cuenta propia. [149] Queríamos crear un público, dice Antonia Rey en un video casero en el que repasa junto a René Sánchez la historia de GEL y Las Máscaras y es hasta ahora el testimonio más completo de la historia del grupo. "Prometeo les dice adelante" a sus fundadores, Matilde Muñoz, Eduardo Manet, Andrés Castro, Clara Ronay, Carlos Malgrat y María Antonia Rey. Es el primero en trabajar con un elenco fijo, aunque con diferentes directores. Entre las obras estrenadas, *Prólogo*, de Roberto

---

[147] "El gobierno y el teatro cubano". *Prometeo* 17 (agosto) 1949: 1.
[148] "Vasconcelos informa" *Prometeo* 17 (agosto) 1949: 17-18.
[149] Integran GEL además Reinaldo Miravalles, José Camejo, Caridad Camejo, Fela Jar, Cecilio Noble, entre otros.

Lugo; *El náhuatl* de Lola Cueto; *La fuerza bruta*, de Jacinto Benavente dirigida por Carlos Malgrat; *Mañana de sol*, de los hermanos Quintero; *De la vida de una mujer*, de Gregorio Martínez Sierra, por Matilde Muñoz y *Linchamiento*, de William Saroyan, por Clara Ronay. Vicente Revuelta dirige *Recuerdos de Berta*, de Tennessee Williams.

Cuando se renombran Las Máscaras, en octubre, debutan con *Don Juan*, protagonizado por Augusto Borges y *La ramera respetuosa*, con Antonia Rey y Amador Domínguez. Adela Escartín y Vicente Revuelta hacen *Yerma* allí, dirigidos por Andrés Castro. En un barrio de fama dudosa, en tiempos de funciones solitarias, Adela representa por veinticinco centavos durante cincuenta noches electrizando al público. La escenografía es de Agustín Fernández, la coreografía de Ramiro Guerra y las fotografías de Ramón Ferreira.

Antes del desayuno descubre la "rotunda promesa teatral"de Elvira Cervera. "En esta sencilla muchacha negra hay una inteligencia poco común, una extraordinaria voluntad, y un 'si es no es' amargo, residuo de su lucha por la definitiva consagración", expresa una nota de *Prometeo*. Elvira opina: "No soy una estrella radial. No he conseguido serlo. Creo que eso es difícil para un negro aquí en mi patria. Puede que en otras patrias también lo sea, pero no conozco ninguna otra". Dice que "se azoraron ante una negra que hablaba bien, pero les pareció excesivo que tratara de hacerse actriz". Algunos comentaron estúpidamente "habla como los blancos". Eso es bastante chistoso, sólo que entonces me producía amargura, pero su "camino no es amargarse sino lograr un cambio de actitud que permita valorar a una actriz o un actor independientemente del color de su piel." *Prometeo* la inscribe en el porvenir del teatro negro. [150]

Morín persiste con los autores cubanos. Dirige *Capricho en rojo* (12 de agosto, 1950) de Carlos Felipe. Los remordimientos de un hombre que rechazó el deseo de una moribunda y cree verla entre los "caprichos" de una fiesta de carnaval, transcurren en un entramado de opereta y

---

[150] Cervera, Elvira. *El arte para mí fue un reto*. La Habana: Ediciones Unión, 2004. p. 69. "Curiosamente, he recibido, enviada por Morín, una fotocopia de la crítica publicada sobre esta primera actuación en que ya se habla de mi permanente lucha contra la discriminación del actor negro en la escena cubana". Elvira Cervera. *Prometeo* 22 (febrero-abril 1950): 26.

Capricho en rojo de Carlos Felipe

frivolidad. Su punto de vista es el del excluido que asiste al baile de sociedad.[151] Una obra tan ignorada obtuvo el premio de la ADAD mientras *Jesús* de Piñera, recibe mención. Morín defendió la obra de Virgilio en el jurado, a su juicio superior, frente a la opinión de Raimundo Lazo, pero se propuso estrenar ambas pospuestas debido a las dificultades económicas.

Ni siquiera un buen reparto pudo salvarla de la improvisación y falta de rigor. Sin embargo, esta fotografía de la escena de la conga final revela su ambiente onírico y de enigma. Aunque Morín me ha dicho que Regina de Marcos y Amado-Blanco asistieron, sólo encontré críticas de Casal y Rodríguez Alemán. (En el apéndice).

Eduardo Manet dirige para Prometeo *La llamada*, de Dorothy Parker el 10 de septiembre de 1950 en el Lyceum, con Violeta Casal. Y se repone el *Entremés del mancebo que casó con mujer brava*, de Casona, con María Suárez, Armando Cremata y Pedro Pablo Prieto. *Las máscaras apasionadas* de Matilde Muñoz se estrena el 23 de septiembre de 1950. Una "mezcla del drama y la sátira en el conflicto del amor" en la que "personajes y situaciones aparentemente sin relación han sido ligados interiormente por un mismo propósito creativo". Miriam Acevedo "retorna a la escena con un rol difícil y dramático" junto a Xenia Facenda, "esforzada y nueva figura amante del estudio" y María Luisa Castell, "otra nueva actriz de

---

[151] El reparto lo integran Carmen Montejo, Gaspar de Santelices, María Luisa Castells, René Sánchez, Xenia Facenda, Modesto Soret, Caridad Camejo, Héctor Tejera, Nelly Gómez, Margarita Figueredo, Hiel Soto. Escenog. Luis Márquez. Vestuario de Andrés.

justo histrionismo". [152] En la Escuela Municipal Valdés Rodríguez a las 9.00 p.m. en 6 y Quinta en el Vedado. El anuncio aparece en *Mañana*. [153] Las localidades cuestan un peso. Prometeo presenta "obras desconocidas" y no habrá entradas de favor". Debuta Ernestina Linares, una de las actrices que dejó una memoria perdurable en Morín. Ese mismo año, la compañía de María Tereza Montoya monta *7BXC* en México y al comentarla, Armando de María y Campos ofrece un retrato de Muñoz que jamás encontré en una publicación cubana. [154] *Las máscaras apasionadas* se estrena en La Habana y *7BXC* en la capital de México. (En el apéndice).

En octubre Morín hace *Jesús* (28 de octubre, 1950) de Virgilio Piñera, por el tercer aniversario de la revista, también recibida con indiferencia.

No dudo que aparezca alguna vez alguna nota sobre el estreno, del que he encontrado sólo gacetilla y se presentó como "la tragedia de un hombre imposibilitado de realizar un milagro" con la dirección "experta" de Morín y la actuación de Juan Cañas en Jesús, Alberto Machado, María L. Castell, Margarita Figueredo, Amador Domínguez y Erick Santamaría.

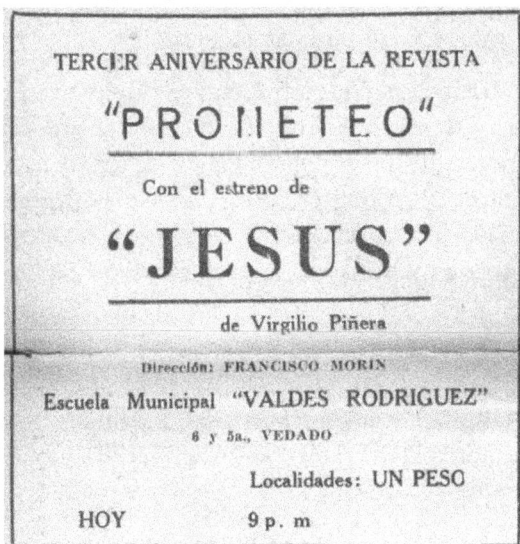

TERCER ANIVERSARIO DE LA REVISTA

"PROMETEO"

Con el estreno de

"JESUS"

de Virgilio Piñera

Dirección: FRANCISCO MORIN

Escuela Municipal "VALDES RODRIGUEZ"

6 y 5a., VEDADO

Localidades: UN PESO

HOY   9 p. m

Por las referencias, no creo proyectase la

---

[152] También Alberto Machado, Juan Cañas, Ricardo Román, René Sánchez, Gliceria Soto, Ernestina Linares, Llova Kevaine, Antonio Torres, Orlando S. Tajonera, Mario Marval y otros muchos.

[153] 22 de septiembre de 1950. Época II. Número 223, p.6.

[154] María y Campos, Armando de. "Estreno de la farsa *7B-XE* (sic) de Matilde Muñoz, por la compañía de María Tereza Montoya" en *Novedades*, 1 octubre 1950. En el portal "Reseña histórica del teatro en México".

polisemia de la obra, que más que sobre la imposibilidad, es acerca de la diferencia. *Jesús,* un humilde barbero que sus vecinos y el pueblo aclaman como Mesías, es *un* anti-héroe y refleja, de acuerdo con Raquel Carrió, la crisis de la conciencia nacional. [155] En 1961, Piñera la politiza al decir que era un "anti-Fidel". Es una parodia de las sagradas escrituras, y una mirada cruel hacia los pueblos necesitados de héroes. Esgrime la negación como única forma posible de redención ya que "no hay salvadores del género humano.".

Los críticos siguen su campaña de ostracismo, Piñera está en Buenos Aires y no se comunica con Morín por el estreno pero así todo *Prometeo* publica el texto en tres partes. [156] Sin nota crítica, sobresale un recuadro con el reparto. [157] Si descuento las anécdotas sobre la dificultad para hallar el sillón del barbero y los cambios de decorado realizados por un tramoyista conocido como El Ruso en el libro de Morín, pero acreditado Gerardo Rodríguez en el programa, no tengo idea de cómo fue la puesta en escena.

En septiembre de 1950 el Teatro Universitario representa en Guatemala *El malentendido*, de Albert Camus, dirigido por Luis A. Baralt y *La discreta enamorada*, de Lope de Vega, por Antonio Vázquez Gallo. A teatro lleno, "puso en alto el nombre de la patria" escribe Rodríguez Alemán en *Mañana*. Violeta Casal, en la Universidad de San Carlos, hace una presentación experimental de *Mariana Pineda*, que no viaja por problemas de reparto.

---

[155] Carrió, Raquel. "Estudio en blanco y negro: teatro de Virgilio Piñera". *Separata de la Revista Iberoamericana*, nos.152-153 (julio-dic.1990): 871-880.
[156] Piñera, Virgilio. "Jesús". *Prometeo* 26, (junio, 1951), *Prometeo* 26 (octubre de 1951) y la 27 (julio de 1952).
[157] Reparto publicado en *Prometeo* 27 (julio 1952). p. 25. Juan Cañas (Jesús), Alberto Machado (Cliente), María L. Castell (madre), Margarota Figueredo (Mujer 1), Doris Thompson (Mujer 2), Marianela Tellado (Mujer 3), Mario Martín (Adolescente), Eric Santamaría (Hombre 1ero), Rinaldo Martínez (Hombre segundo), Mario Marval (Detective 1ero), José Díaz (Detective segundo), Daniel Farías (Reverendo), Sara Rodríguez Lara (Condesa), Alba Amador (Prostituta), Jorge Martín (profesor), Aldo Guash (agente de publicidad), Antonio Jorge (Lázaro), Amador Domínguez (Tipo), Rolando Gómez y Gabriel Gould (Gente del pueblo). Tramoya Gerardo Rodríguez y Luces, Jorge Dumas.

Nena Acevedo ha contado hubo dos visitas a Guatemala y México a finales de los cincuenta. [158]

Hay una cercanía cronológica. Llega la televisión. El 24 de octubre se inaugura Unión Radio Televisión, el canal 4 de Gaspar Pumarejo. Finaliza la disputa sobre cuál de las dos emisoras radiales, CMQ o Unión Radio, tendría la primacía del medio cuando la última se adelanta a su rival y trasmite desde la casa del dueño en Mazón y San Miguel. Cuba está entre los cinco primeros países en utilizar el nuevo medio. Empieza con cámaras de segunda mano desactivadas de una emisora norteamericana y la ayuda de la RCA Víctor. Un *jingle* de Competidora Gaditana compuesto por Ñico Saquito y un control remoto a la alocución de Carlos Prío Socarrás desde el Palacio Presidencial abre la señal. Se televisa una fiesta en los jardines entre cuyos invitados están Pedro Armendáriz, la actriz vacilante e insegura de *Capricho en rojo*, Carmen Montejo, y Raquel Revuelta, cuyo rostro nació para las cámaras.

---

[158] Rodríguez Alemán, Mario. "Carta desde Guatemala". *Mañana*. 24 de septiembre de 1950. p.6.

El 18 de diciembre, CMQ televisión canal 6, de Goar Mestre, sale al aire desde el flamante edificio Radiocentro en la calle 23 con la transmisión de un juego de pelota desde el estadio del Cerro. Nadie puede imaginar el impacto que ejercería en el teatro al convertir de la noche a la mañana a muchos de sus hacedores en estrellas de inmensa popularidad. Muchos no tienen las condiciones requeridas y siguen en la radio, pero ahora los directores deben contar con los apretados horarios de la televisión en vivo para escoger sus repartos. Clara Ronay opina sobre su influencia en el medio cultural, cómo sería el teatro televisado y sus ventajas respecto a la radio y se preocupa por la cercanía de la cámara, que podría «sobresaltar» a los principiantes.[159]

Silvano Suárez en "Radio–TV", muy informado sobre la programación norteamericana, recuerda la "intensidad con que se trabaja en las principales estaciones de radio cubana sobre la televisión y las promesas de que en breve estará funcionando. [...] No obstante, cálculos más mesurados hacen pensar que hasta entrado 1951, no ocurrirá nada. [...] Desde luego, ya comenzó la exhibición de los aparatos receptores en las agencias distribuidoras, pero por ahora, sólo significan para el transeúnte, motivo de admiración y extrañeza. El elevado costo de cada aparato puede echar abajo el pronóstico de un 12% de propietarios de pantallas". Elogia el Teatro Experimental de Radio e informa sobre Masterpiece Playhouse en NBC-TV que presentó *Ricardo III* de Shakespeare.[160] Hay pocos televisores porque son caros, pero la gente se agolpa en las vidrieras de Galiano y San Rafael para ver las pequeñas pantallas.

Unos días después, el 22 y 23 de diciembre, Morín estrena *Orfeo de* Jean Cocteau con Eduardo Egea, Miriam Acevedo, Maritza Rosales y Adolfo de Luis con la que obtiene al año siguiente su primer Premio ARTYC como director. Morín ha recordado al tramoyista el Ruso, gracias al cual la cabeza de Orfeo rodó por el escenario, se atravesó un espejo y otros "trucos" que hacen pensar en una locura surrealista y descabellada en un escenario de reducidas dimensiones. Adolfo de Luis, recién llegado de los Estados Unidos, contó que "venía con una actuación orgánica, natural,

[159] R.[onay], C[lara]. "Notas sobre la televisión" *Prometeo* 21. enero 1950) p.18.
[160] Suárez Sánchez, Silvano. "Radio-TV". *Prometeo* 24 (agosto–octubre, 1950). p. 22

que para muchos fue desconcertante. Todavía abundaba la retórica verbalista". [161] No he encontrado reseñas ni imágenes. Pero el año termina con esta frase lapidaria de Jorge Mañach. "El teatro cubano agoniza". Al repasar las instituciones teatrales a partir de 1935, se pregunta si hace el gobierno lo suficiente para proteger el teatro. Ante la crisis, propone crear, paralelo a los diversos *empeños,* un teatro *oficial* encabezado por el Patronato del Teatro. [162]

Mario Rodríguez Alemán, por el contrario, cree que éste "ha logrado supervivir mediocremente, atiborrado de una falta de aliento trascendental", "anquilosado a un público de élite, demasiado selectivo", sin dejar el Auditórium, torre de marfil del teatro en Cuba. Su obstáculo principal, la falta de teatros: "El público no tiene espectáculos a los cuales acudir y casi que, en realidad, no tiene teatro en el cual sentarse. [...] Hoy todo lo rige la festinación y cuando más, la apatía". En la mira de todos, el ansiado y cacareado Teatro Nacional. [163] Días antes se hace eco del editorial de la revista *Prometeo* 23 (mayo–julio de 1950) titulado "Crisis teatral." [164]

> Ahora en julio de 1950 el panorama ha cambiado bastante. El Patronato del Teatro y el Teatro Universitario han continuado sus funciones, el primero ante el pavor de sus integrantes que ven tambalear sus cimientos y el segundo, limitándose a la reposición de obras estrenadas y a las tareas de su seminario. ADAD ha hecho mutis. Grupo Escénico Libre suspendió en pleno ensayo su última velada y por último, la temporada popular de teatro que realizaba *Prometeo* con la cooperación de Nueva Generación fue terminada ante el imperativo de no tener local en que trabajar,

---

[161] Santos Moray, Mercedes. "Adolfo de Luis: tengo muchos proyectos". *Tablas* 2 (julio-sept. 1986): 25-32.

[162] Mañach, Jorge. "Agonía del teatro". *Bohemia* no. 49, 30 de diciembre (1950): 67-91.

[163] Rodríguez Alemán, Mario. "El teatro cubano: crisis y proyección". *Mañana.* 23 de septiembre de 1950. p.6.

[164] Rodríguez Alemán, Mario. "Crisis teatral". *Mañana.* 18 de agosto de 1950, p.6.

cosa que ha visto con singular indiferencia, el Dr. Raúl Roa, que había prometido..." [165]

Nunca unos puntos suspensivos han sido tan elocuentes, expresa el crítico. La temporada del Parque se volvió cenizas. Y costaba tan poco. Tenemos, escribe, "una desesperante crisis teatral". Del mismo modo que La Cueva (1936) desapareció a los ocho meses, casi ninguno de los empeños heroicos permanece, Theatralia, Farseros ni Teatro Popular. ADAD cerrará pronto mientras sobreviven Teatro Universitario, Patronato y Prometeo. Nació Las Máscaras. El gobierno no crea un teatro institucional y en su lugar, como respuesta a la agonía y la crisis, constante y obsesiva referencia de la prensa y los artistas, que consumió el año anterior en reuniones y discusiones, surgen nuevos intentos. Los más osados buscan al público.

Para Mañach –que parece olvidar sus inicios como autor dramático y no se considera miembro de su "parroquia"– la "agonía teatral" se manifiesta en el cansancio que lacera las agrupaciones, incluido el Patronato, a pesar de sus recursos económicos. Algunos buscan motivaciones en Europa. Vicente Revuelta, que hacía el programa televisivo de sátira política "Títeres criollos", muy bien pagado, pero que «no era arte», acompaña a su amigo Tomás Gutiérrez Alea a Cinecitta, pero se detiene a Francia, interesado por el Teatro Nacional Popular de Jean Vilar y en Gerard Phillipe. Se reúne en la casa Cuba de París con otros jóvenes, los pintores Servando Cabrera y Wifredo Lam, el coreógrafo Ramiro Guerra y el músico Electo Silva y asiste maravillado al Palacio de Chaillot. Eduardo Manet se integra a la escuela de actuación de Jean Louis Barrault y viaja a Italia en busca de la comedia del arte y el mimo. [166]Adolfo de Luis, de regreso de los Estados Unidos, entrevista en México al legendario Seki Sano, colaborador de Meyerhold y estudioso del sistema de Stanislavski y de Vagtangov en la Unión Soviética de los treinta. En la conversación publicada –con una cronología del director–

[165] "Crisis teatral". *Prometeo* 23 (mayo-julio)1950: 1.
[166] Villaverde, Miñuca. "Manet escucha mucho y habla poco." *El Miami Herald*. 20 de abril de 1981. p. 9.

Sano le dice que le gustaría colaborar con el movimiento teatral cubano. René A. Buch se establece en los Estados Unidos. [167]

En La Habana ADAD se rinde, recesa a finales de 1951, vende sus trastos y su ropero y deja al Patronato el dinero remanente de sus recaudaciones. Muchos lo interpretaron como claudicación.

[167] Luis, Adolfo de. "Seki Sano". *Prometeo* 22 (febrero-abril 1950):14-15, 24.

7. La voz de una generación

Morín se asocia por breve tiempo a la Sociedad Cultural Nuestro Tiempo recién creada. Sus intenciones se anuncian en un manifiesto: "hacer realidad lo que como nueva generación cubana creemos deber histórico: la preservación de los valores logrados y la divulgación de aquellos que apuntan su importancia vital. Nuestra estética es la de un arte americano, libre de prejuicios políticos o religiosos, enaltecido por encima de concesiones, que sea síntesis de lo que estimamos vigente y permanente en América. No nos interesan ni la oscuridad muerta ni la endeblez académica, sino una estética tan infinita como el hombre mismo. Surgimos para traer el pueblo al arte, acercándolo a las inquietudes estéticas y culturales de nuestro tiempo, precisamente ahora en que, intuyendo ya estas realidades, demanda un vehículo que le permita palparlas y asimilarlas para su más rápida formación y madurez cultural". Se declaran "la voz de una nueva generación que surge en un momento en que la violencia, la desesperación y la muerte quieren tomarse como únicas soluciones. Nos definimos por el hombre, que nunca está en crisis, y por su obra, que es su esencia permanente".

Firman José Mijares, Rafaela Chacón Nardi, Carilda Oliver, Harold Gramatges, Delia Fiallo, Dolores Torres, Eugenio Rodríguez, Hilda Perera, Surama Ferrer, Nilo Rodríguez, Eduardo Manet, Roberto Fernández Retamar, Guillermo Cabrera Infante, Edmundo López, Adoración G. de Chávez, Enriqueta Farías, Juan Blanco, Rolando Gutiérrez, Sabá Cabrera, Néstor Almendros, Germán Puig, Lisandro Otero, Matías Montes Huidobro, Mario Parajón, Rine R. Leal, Luis Ángel Casas, Tomas Gutiérrez Alea e Ithiel León. [168] Entre ellos, algunos de los entusiastas de la temporada del Parque Central.

En su local de Reina 314, donde funcionó la clausurada emisora comunista Mil Diez, Morín repone *La más fuerte* de Strindberg, con Miriam Acevedo, Leonor Borrero y María Luisa Castell, que sustituye a María Suárez. Nueva Generación y los actores de Prometeo limpian el local abandonado y logran condiciones mínimas para la escena, que así

---

[168] *Nuestro Tiempo*, pp. 1-2, año 1, n. 1, 1951.

todo fueron precarias. Se representa *Sobre las mismas rocas,* de Matías Montes Huidobro que a los diecinueve años obtiene el premio Prometeo. [169] En el concurso anterior fue mencionado por *Las cuatro brujas,* junto a *Cumbre y abismo* [José E. Montoro Agüero], "dramón bastante insulso", *Segundo,* [Mario Parajón] y *Los símbolos* [Daniel Farías]. Casal opinó desencantado que tuvo "pobre factura literaria", si se compara con su entusiasmo por *El chino* o *Capricho en rojo.* Escribió que "la carrera teatral de autor entre nosotros es bastante miserable. Si la obra consigue debut (y aquí todo es "debut") es ya autor, como se dice político a todo aquel que exhibe pasquines. "Los concursos del patio son amargos". [170] A pesar de sus opiniones, *Prometeo* persiste. Y un jurado integrado por Francois Baguer, Mario Parajón y Carlos Felipe declara desierta la III edición en la que *Mofuco,* de Ramón A. Rodea, recibe una mención.

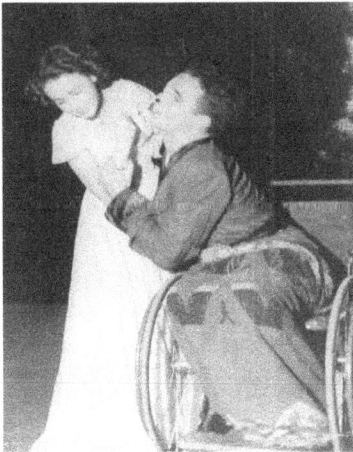

Sobre las mismas rocas de **Montes Huidobro**

La demoledora crítica de Casal a *Las cuatro brujas* (la considera "aquelarre híbrido", "misa negra" y que pretendía "lorquizar expresiones cubanas") no impide que Montes Huidobro escriba *Sucederá mañana y El verano está cerca,* inéditas y no estrenadas.

El autor ha confesado le huía como al diablo a los dramaturgos más representados, García Lorca y Tennessee Williams aunque *Las cuatro brujas* es lorquiana y *El verano está cerca* (1954), de ambiente local. [171] Salvador Bueno saluda la puesta y a los jóvenes preocupados por "la hora que les ha tocado vivir" y "el tiempo polémico que tienen que afrontar [...] para hacer

---

[169] *Sobre las mismas rocas.* Matías Montes Huidobro. *Nuestro Tiempo* 14 y 15 de mayo y 21, 22 de abril 1951. Julio Riera, David Fernández, Armandito Zequeira, Roger Rivera, Ramón Ventoso, Josefina Elosegui, Gliceria Soto, Haydée Olivera, Manuel Amor, Orlando Torres y Orlando Tajonera.

[170] Crítica. "I Concurso teatral de Prometeo". *Prometeo* Año III (23): 26-27.

[171] Montes Huidobro, Matías. *El teatro cubano durante la República. Cuba detrás del telón.* Boulder: 2004.

frente a esta atmósfera pugnaz y a veces terriblemente indiferente que les rodea. No han tenido que elevar el estandarte de ninguna creencia o doctrina política, ningún criterio extra artístico, sino, simplemente, la común dedicación a las artes en sus varias manifestaciones y la compartida noción de la unidad y la dignidad del espíritu humano".

> Angustiada soledad, tal es el tema principalísimo de la obra teatral [...] Su protagonista, inválido, padece todas las formas del aislamiento, todas las ofensivas de la incomprensión. Llega ésta hasta el extremo de negarle la propia personalidad. Es este o el otro, o el de más allá. Nunca llega a ser el mismo para la indiferente mirada de quienes lo rodean. ¿Para qué? No es más que un inválido. Sin embargo, también se transparenta en esta pieza [...] otra visión radicalmente pesimista del autor. Los hombres y las mujeres normales, aparentemente no inválidos, que aparecen, padecen de una total irreflexión, de una apatía extraordinaria, totalmente desvirtuadora de la propia individualidad. Ellos, que caminan, juegan, se pasean y aman, están mutilados en sus espíritus, en ellos está abolida toda atención sutil al mundo que les encierra, está clausurada toda curiosidad intelectual, todo empeño de conocimiento, toda actitud y aptitud hacia lo humano. Y el otro, el principal, el inválido solitario, hincado en su silla de ruedas, es la inteligencia, es la sensibilidad, es la meditación, dolorosamente impedido, inválido. [172]

El punto de vista de la obra, su juego entre la acción y la inacción, la técnica de acentuar el aislamiento de Edgar Cotton mediante el contraste, la locación, un pueblo de los Estados Unidos en los años cuarenta, establecían una forma de hacer diferente. No es la imagen del país de José Antonio Ramos, ni del costumbrismo, ni su tema y estilo se corresponden con los "dramaturgos de transición" al asumir formas expresionistas en un angustioso espacio vacío, urbano, cosmopolita y ajeno. Cotton es un desplazado y sufriente ser humano en la gran ciudad políglota y cruel, donde hay otros lugares lejanos e inaccesibles, como el Gran Estadio y el Empire State. Su personaje solitario, destruido e inútil,

---

[172] Bueno, Salvador. "La sociedad cultural Nuestro Tiempo". *Revista Cubana* 28 (enero-junio 1951): 264-267.

observa a los otros como si fuesen sombras "en una superior mueca de dolor y angustia".

"Morín respetó el texto escrupulosamente, anota en sus memorias Montes Huidobro, desarrolló la acción dentro de una cámara negra, eliminó (con muy buen juicio) decorados y objetos estipulados en la versión original, pero recreándolos a través del montaje, sin la presencia física de los mismos. Con el teatro completamente a oscuras, los altoparlantes conseguían un efecto cósmico, acentuado al final con los tres personajes moviéndose en unas sillas de ruedas, sencillamente iluminados por unas linternas colocadas en las piernas. Con frecuencia, la falta de presupuesto, hace que los directores hagan funcionar su imaginación y logren óptimos resultados". [173] "Estrenará Prometeo una obra expresionista, decían los sueltos en la prensa. De esta primera memoria del espectáculo, queda, escribe, la magia de Morín, fija en el recuerdo, que [...] creó una bóveda celeste que nos transportaba, a los personajes y al público, hacia una galaxia, donde se escuchaban las grabaciones de las voces de los personajes". Al año siguiente Morín monta allí *Amor con amor se paga*, de José Martí, así como ilustra la conferencia de Mario Parajón, *Señales de Moreto*, con escenas ejecutadas por el Departamento de Drama del Ballet Alicia Alonso, a cuyos miembros dio clases por breve tiempo.

La relación con Nuestro Tiempo termina pronto. Si no hubo que levantar estandartes ideológicos, como anticipó Bueno, ni Morín ni Cabrera Infante comulgan con la Sociedad, que consideran una "pantalla" de los comunistas. Morín está molesto porque "se antepuso" el nombre de Nuestro Tiempo a cualquier otro en los programas y la propaganda "con el resultado de que todo el mundo creyó que mis actores y yo eran un grupo que ella patrocinaba". [174] Y como promueve el concurso y para colmo paga la puesta, no se siente a gusto en Nuestro Tiempo. Pero carecía de local. No podía disponer de la Valdés Rodríguez por lo que en contadas ocasiones, representa en la sala del Lyceum.

---

[173] Montes Huidobro, Matías. "Mi vida en el teatro: Sobre las mismas rocas". http://www.teatroenmiami.net/index.php/articulos-teatro/6571-mi-vida-en-el-teatro-sobre-las-mismas-rocas
[174]. Morín. Ob.cit. 127.

Su concepto es austero, con la cámara negra logra su concentración y síntesis habituales, un montaje muy certero en opinión de Salvador Bueno. Morín se crece obligado por las carencias. Crea atmósfera con el sonido de los altoparlantes, ambiente de niebla con pocas luces, pirotecnia con la silla de ruedas y una linterna. La falta de medios es un acicate. Si Piñera espera seis años para ver su *Electra Garrigó* en el escenario, Matías estrena casi simultáneamente con el premio.

Las Máscaras sigue activa en su diminuto escenario. Representan *La dama de las camelias*, con Adela Escartín y Elena Huerta, *La zapatera prodigiosa*, con Vicente Revuelta y Esperanza Magaz, *La casa de Bernarda Alba*, *La loca de Chaillot* con Marta Muñiz y Miguel de Grandy y otras del repertorio universal como *Espectros* y *Cándida*. Repone *Yerma* en el anfiteatro de La Habana, con Violeta Casal en el protagónico. Si Prometeo y Las Máscaras estrenan con escasísimos recursos materiales, en el polo opuesto, como parte de la política cultural del ministro Sánchez Arango, Luis A. Baralt dirige en la Plaza de la Catedral, *Juana en la hoguera*, de Paul Claudel, oratorio de Honegger cuya protagonista es Adela Escartín. [175] Enrique

---

[175] *Juana en la hoguera*. (Oratorio dramático) (teatro, danza, coros y orquesta sinfónica). Música de Arthur Honegger. Textos de Paul Claudel. Fecha: domingo 20 de mayo de 1951. Martes 29 de mayo de 1951. 9 y 30 de la noche. (3 funciones) Lugar: Plaza de la Catedral de La Habana.Auspicio: Dirección de Cultura del Ministerio de Educación de Cuba. Sección de Bellas Artes. Dirección dramática y versión española: Luis A. Baralt. Diálogo explicativo: Luis A. Baralt e Ithiel León. Director de orquesta: Thomas Mayer. Orquesta Filarmónica de La Habana. Ballet de Alicia Alonso. Director: Fernando Alonso. Director del Coro: Paul Csonka. Escenografía: Lillian Mederos de Baralt.Coreografía de Armando Navarro y Nestor Mondino.Vestuario diseñado por Andrés García realizado por Pepito Díaz y Casa Pilar. Directora del coro de niños: Ada Iglesias. Dirección de bailables de niños: Salud Valdés. Pianista acompañante: Clarita Miró de Diaz. Asistente de dirección: Armando Soler (realización: Talleres del Ministerio de Educación). Asistentes técnicos: Ramón Valenzuela. Traspunte: Eugenio Ramos. Luminotecnia: Carlos Malgrat. Electricista: Antonio Fernández. Sonido: Prellezo. Intérpretes: Juana de Arco (actriz) Adela Escartín. Juana de Arco (bailarina) Ada Zanetti. Hermano Domingo: Paul Díaz. Sta Catalina: Greta Menzel. Sta Margarita: Marta Pérez.Virgen María: Iris Burguet. Actores y bailarines: Raúl Castellanos. Armando Soler, Cesar Carbó, Luis Gavilondo, Mario Fernández, Armando

Pineda Barnet recuerda "las extraordinarias expresiones actorales, danzarias y cantadas, desarrolladas en el atrio de la Catedral y parte de la Plaza que invadían los balcones, torres y campanarios. La Orquesta Filarmónica y los coros magistrales, con las voces de los más significativos cantantes líricos del país, entretejidos con importantes figuras del ballet y el teatro. Adela Escartín, gran actriz española que nos había estremecido con su *Yerma*, compartía su rol de Juana, con la muy expresiva joven bailarina Ada Zanetti, estremecidas por las voces de las sopranos Iris Burguet, Marta Pérez y Greta Menzel, divas del *bel canto*, junto al gran actor Paul Díaz o el famoso bajo José Le Matt. Recuerda el final de Juana (Adela Escartín), quemándose en la hoguera, mientras su espíritu danzario (Ada Zanetti) se evanesce, oye las voces de Santa Margarita (Marta Pérez, en el nicho a la izquierda del frontis de la Catedral), y Santa Catalina (Greta Menzel) en el nicho derecho, decía: ¡Juana, Juana, hija de Dios! [176] Adela me dijo en 1970: "Es un personaje muy difícil, es una de las grandes emociones. A pesar de estar dos horas y pico atada a un poste, me muero por volverla a hacer con todo y ser tan inmóvil." [177]

El montaje materializa, por las descripciones, una vieja idea de Luis A. Baralt, expresada en un memorándum a José María Chacón y Calvo, antecesor de Roa como director de Cultura: "un teatro inspirado en las tendencias más vitales del teatro moderno a fin de que su mensaje sea de buen gusto y de vigor espiritual". Que llegara a mayores territorios y a todas las capas de la población, revitalizar la Plaza de la Catedral para ballets o *pageants*, crear una escuela dramática y un grupo subvencionado, programa que en esencia, es muy parecido al de las Misiones Culturales.

Cremata, Ernesto Rosell, Tony García Melendrez, Orlando Montes de Oca, Rafael Díaz, Manolo Peralta, Ramón Tapia, Betty Lismore, Mercedes Barrios, Carmen Camejo, Menia Martínez, Nestor Nondino, Victor Álvarez, Armando Navarro, Julio Mendoza, Carmen Varela, Héctor Tejera, Jose D García, Alberto Insua, Yolanda Miró. Bajo solo: José Le Matt.Tenor solo: Ernesto Rosell.

[176] Entrevista de la autora con Enrique Pineda Barnet, marzo, 2002.

[177] Boudet, Rosa Ileana. "Adela Escartín: toda la escena". *Cuba Internacional* Año I, no. 4 (octubre de 1969): 58-61.

[178] Gastón Baquero elogia "la belleza emocionante de la obra, la seriedad con que se la montó e interpretó así como el esfuerzo del Ministerio de Educación, culminado en un éxito memorable [...] una muestra de lo que la técnica teatral moderna puede hacer en materia de síntesis y alusión".

Juana en la hoguera llegó al público "en sus parcelas cultas como en sus parcelas candorosas" para rectificar el criterio "de que una obra de divulgación cultural no es tal obra, si lo que se divulga no pertenece ciertamente a la cultura" y arremete contra los marxistas e izquierdistas que popularizaron el lema de llevar el arte al pueblo. "El doctor Aureliano Sánchez Arango ha prestado un enorme servicio a la cultura nacional. No sólo por los valores intrínsecos de la obra y la dignidad artística con que se ha montado, sino por la hermosa orientación de respetar la sensibilidad pública ofreciéndole sólo lo mejor, sin concesiones a la vulgaridad y a la ramplonería [...].Grandes, inolvidables noches han sido las de *Juana de Arco*... (sic)." [179] Baralt realiza montajes similares de conciertos y ballet (*El niño y los sortilegios*, con música de Ravel y *El juglar de la virgen*, de Maurice Sena y música de Massenet), amparado por el presupuesto gubernamental destinado también a revistas y proyectos teatrales, entre éstos una subvención al Patronato y al Ballet de Alicia Alonso.[180]

Sin embargo, no tengo impresiones o reseñas de los montajes de 1951 de *El travieso Jimmy*, de Carlos Felipe, puesta en escena de Eduardo Casado el 17 de marzo en el anfiteatro, a precios populares, ni de *La hija de Nacho*, de Rolando Ferrer, estrenada el 12 de noviembre por Andrés Castro. Vicente Revuelta dirige en junio a Adela Escartín, gran influencia en su vida y creación, en *La voz humana*, de Cocteau, representada en Nuestro Tiempo, que según Vicente prácticamente hizo sola. Mario Parajón opinó que "dejó mucho que desear. Si bien es cierto que la Escartín realizó con buen tino dramático algunas de las transiciones [...] tampoco se puede

[178] Baralt, Luis A. "Un proyecto para el fomento del teatro". *Artes* 1 (marzo) 1944: 27.
[179] Baquero, Gastón. "Notas sobre Juana de Arco en la hoguera". Panorama. *Diario de la Marina*. Mayo 31, de 1951.
[180] Cf. Ramos Ruiz, Danay. *Roa director de cultura: una política, una revista*. La Habana: Centro de Investigación y desarrollo de la Cultura Juan Marinello, 2006.

negar que cayó en la monotonía, embridándose demasiado. El director no supo deslindar la voz del gesto, aparte de muy pobre la escenografía de Julio Matilla". [181]

Allí funciona Teatro por breve tiempo, presidido por Marcos Behmaras e integrado por Paco Alfonso, Eduardo Manet, Julio Matas y Vicente Revuelta: "un teatro nuestro, donde el folklore, la mejor tradición de combate por los ideales de progreso, las ansias de nuestro pueblo por una vida mejor y más limpia tengan tribuna propicia".[182] Estrenan, entre otras, *Esperando al zurdo*, de Clifford Odets y *Punto lejano*, de Afinoguenov, dirigida por Paco Alfonso, el 17 y el 18 de mayo de 1952. Mirta Aguirre escribe: "Hacer teatro en Cuba es, como se sabe hasta el cansancio, una hazaña continuada. Si se trata de un teatro progresista, contra el que se concitan todos los intereses dominantes del mundillo teatral, la hazaña deviene heroicidad". [183]

Para Mario Rodríguez Alemán el desinterés del público por el teatro no ocurría sólo con ADAD, Teatro Universitario o el Patronato sino con la compañía de Zúffoli y Otto Sirgo, que quiere repetir sus éxitos sin lograrlo "con obras mediocres a más no poder". *Cabalgata con Piquer* levantó su tienda en el Martí y no hubo temporada en el Blanquita, el inmenso coliseo de Miramar inaugurado en 1950. ¿Queréis un balance peor? pregunta. "No hay duda, el lema es menos teatro cada día." [184]

Con el golpe de estado de 1952 cambia dramáticamente el país. El año anterior se nombró un presidente del Patronato del Teatro Nacional, pero los planes son otros. Al colocar la primera piedra de la edificación del futuro teatro, Fulgencio Batista manifiesta su fe en convertir en realidad esta "prolongada esperanza". Miguel Sánchez, que lo ha historiado a partir de su fundación, asegura la imagen de la fachada divulgada por esas fechas, se corresponde con la actual, proyecto del arquitecto Nicolás Arroyo Márquez a ejecutar por Purdy and Henderson.

---

[181] Parajón, Mario. "La voz humana". *Prometeo* 26 (junio de 1951) p-24-25.
[182] González Freire. Ob. cit. 136.
[183] Citado por Muguercia Magaly. ob. cit. 86.
[184] Rodríguez Alemán, Mario. "Menos teatro cada día". *Mañana*. 28 de diciembre de 1951. p. 6.

[185] Nuestro Tiempo auspicia el seminario de José Gelada, discípulo de Seki Sano en México, para promover el método de Stanislavski, seguido de un cursillo de Irma de la Vega, que culmina con el montaje de *La fuerza bruta*, de John Steinbeck. Erick Santamaría dirige en Nuestro Tiempo dos obras de Villaurrutia como *escuela teatral Vermel*, Serge M. Vermel, que en los cuarenta repuso los montajes de *Salomé* y *Sor Beatriz* realizados en México. Crea TEDA (Teatro Experimental de Arte) con la puesta de *Muertos sin sepultura*, de Sartre. La compañía de Otto Sirgo y Magda Haller estrena *Y quiso más la vida*, de José Cid, y Patronato, *Los árboles mueren de pie* de Casona. Ramonín Valenzuela dirige *Martí 9*, de María Álvarez Ríos, para muchos la mejor de esta autora. Una pintoresca comedia de costumbres sobre tres solteronas regidas por la severidad de doña Petra. Al recesar, ADAD comparte funciones con el Patronato, ya que según Morín, Centeno quiere integrarse a él. La primera, *El hombre que casó con mujer muda*, de Anatole France, en el Auditórium, la dirige Centeno; *Las buhardillas de la noche*, de Roberto Bourbakis, Julio Martínez Aparicio, y la tercera, le corresponde a Morín. *El difunto señor Pic*, de Charles de Peyret Chappuis, en el Auditórium, el 18 de diciembre de 1951, antes que en México y Argentina, experiencia que repetirá el 3 de octubre de 1952 con *Los inocentes*, de William Archibald, a partir del libro de Henry James *La otra vuelta de tuerca*. [186]

Asombra que un director que estima tanto el valor plástico del espacio se conforme con un decorado copiado de Nueva York. "Obra que está demasiado cercana al melodrama para dejar de serlo y que basa su encanto en el mágico juego de los niños, verdaderos *enfants-terribles* y en la poética creación de una atmósfera sutil, que desde el primer momento conquista al espectador. Conquista por demás que queda sin satisfacer ante su final interrogante y el abuso de momentos sobrenaturales, a través de los cuales Flora y Miles plantean sus preguntas y crean su mundo propio. Por eso Archibald divide su obra en ocho rápidos cuadros con el propósito de sugerir más que decir, de proponer más que

[185] Sánchez León, Miguel. *Esa huella olvidada. El Teatro Nacional de Cuba* (1959-1961), 2001. pp. 7-39.
[186] Dulce Velasco, Miriam Acevedo, Armando Zequeira y Marisol Márquez. Luces de Reinaldo de Zúñiga, sonido de Delfín Fernández, efectos especiales de Carlos Sosa y escenografía de Guillermo Márquez.

solucionar, de envolver más que entregar. [...]. El director [...] realizó la obra haciendo hincapié en la ambientación [...] ya que sus dotes directrices son principalmente plásticas, de color, movimiento y composición", expresa una nota anónima. [187]

Regina de Marcos insiste era "gran guiñol" con independencia de sus pretensiones simbólicas y moralizantes. Destaca ese "algo de esfinge en el rostro afilado con preciso dominio de la actuación, de Miriam Acevedo", pero para el director fue un montaje insoportable. Después de un curso de siete meses en el Instituto de la Habana, incursiona en escenas de *El armiño, Eurídice, El viajero sin equipaje* y *La salvaje,* montadas para ilustrar *otra* conferencia de Mario Parajón sobre las piezas negras de Jean Anouilh, de acuerdo al programa de mano, el jueves 31 de julio de 1952 en el Lyceum Lawn Tennis y el 29 de agosto en el Anfiteatro Varona. [188] "Mientras nos deleitábamos con la voz de Leonor Borrero, la naturalidad de Adolfo de Luis, con la gracia de Fausto Montero, la expresividad de Gliceria Soto y Florencio Escudero, pensábamos ¿Qué será de esta muchachada afanosa dentro de uno o dos años cuando el reclamo de la radio, de la televisión, del teatro comercial les trunque el estudio y los meta en el saco de la rutina o en ese otro saco peor, el del engreimiento?" escribe Regina de Marcos. [189] Pero a Morín no lo tienta el teatro comercial ni la televisión.

Todavía dirige por última vez con Patronato el 21 de mayo de 1954, *El señor milímetro,* de Rafael Suárez Solís, no la mejor del autor, con escasa repercusión. A pesar de su increíble periodismo teatral, como autor – igual que Eduardo Marquina y Antonio Vázquez Gallo– permanece atado a los temas españoles (aquí es un bodeguero ahorrativo en espera de la hora de la muerte para vengarse de su mujer). En las libretas que después vuelca en *Memorias...* Morín anota que su quehacer en Patronato fue obra de Parajón, "muy amigo, que lo consideraba su maestro" pero escribió

[187] [s/f]"Crítica". *Prometeo* 28. marzo 1953. 29-32.
[188] Intervienen en las charlas, Dulce Velasco, Sonia Facenda, Clotilde Galindo, María Ruiz, Antonia Pena, Leonor Borrero, Adolfo de Luis, Alberto Vila, José Díaz, Arturo Robles, Fausto Rodríguez, Manuel Bach, Florencio Escudero y Olga y Olympia Weslowski.
[189] *Diario de la Marina.* 7 de octubre de 1952. Anotaciones de Morín.

«qué horror» en el margen. Parece un periodo bastante errático de su carrera.

Co-director de la revista *Prometeo* en su segunda etapa, Parajón debuta como director en ADAD con *Ensayando*, de Jorge Antonio González y en Prometeo con *La esquina peligrosa*, de Priestley mientras con Patronato hace *El círculo*, de Somerset Maugham. A petición de Roberto Peláez, elige "una comedia divertida y rápida, con cierto sabor wildeano". En los noventa, al recordar para su columna periodística de *El Diario las Américas*, escrita desde el Chinchón de Madrid, montajes propios y ajenos, los detalles de la escena se mezclan con vivencias de los artistas. Sirven poco a la teatrología, pero son piezas literarias. "La noche del estreno, al ver que a Minín [Bujones] le brillaban los ojos cuando entraba y salía de escena, sentí que había logrado algo, quizás muy poquito, pero algo que me podía dar un poco de seguridad en mi mismo".[190]

En 1952 estrena *El señor Lamberthier*, de Louis Verneuil –duelo de dos personajes interpretados por Marisabel Sáenz y Gaspar de Santelices– que evoca en una bella crónica. Ediciones Prometeo publica su libro *Eugene O'Neill*. Se estrena *Hedda Gabler*, de Ibsen, dirigida por Centeno con Marisabel Sáenz, Fela Jar y Reinaldo Miravalles, cuya crítica fue adversa a Sáenz por su tendencia al énfasis, a deletrear, como una obra más recitada que dicha. Y *Agamenón*, de Esquilo con Paco Alfonso, Nena Acevedo y Ana Saínz.

Morín emplea el año 53 en "encontrar una obra que concretase las ideas que lo obsesionaban sobre la dirección teatral". Mientras solitario estudia, lee y busca nuevos textos, Las Máscaras realiza una gira por todo el país en la que actúa en alrededor de veinte pueblos del interior. El argentino Francisco Petrone debuta en el Martí con *Todo un hombre*, de Miguel de Unamuno y *Un amor como el nuestro*, de Guy Verdet, y dirige la segunda puesta de Arthur Miller, *La muerte de un viajante*. Vermel crea su academia y estudio. Las Máscaras hace *Humo y verano*, de Tennessee Williams, con Minín Bujones, Augusto Borges y René Sánchez. Cuando se estrena en dos o tres teatros de la Habana antigua, Andrés Castro ansía abolir la función mensual y buscar al público. Arrienda durante tres semanas el teatro Martí, afín a su ideal de ganar un lugar en el recinto de Garrido y

---

[190] Mario Parajón. "Memorias del verano". *Diario las Américas*. s/f.

Piñero. Arriban compañías españolas. María Fernanda Ladrón de Guevara, convertida luego en Antonio Prieto y Alejandro Ulloa se suceden en el Principal de la Comedia con el repertorio de siempre, Echegaray, los hermanos Quintero, remozados con Anouilh y José María Pemán. Mario Martínez Casado se presenta con éxito. Mientras en la Academia, Centeno y Bourbakis, entre otros, estrenan a Gide, Bernard e *Inexperiencia*, del ruso Arkadi Averchenko, Baralt hace *La máquina de sumar*, de Elmer Rice, en el Teatro Universitario como teatro-arena.

Parajón estrena el 13 de mayo *El tiempo y los Conway*, de Priestley, en el Patronato que preside Mercedes Dora Mestre, ya que "no se puede hacer la historia del teatro cubano olvidando la mención de quienes la hicieron posible con su esfuerzo, su trabajo desinteresado, su iniciativa y muchas veces su desembolso." En el reparto, Elodia Riovega, Conchita Brando, Fela Jar, Millín Márquez, Marisabel Sáenz, Adela Escartín, Adolfo de Luis y Julio Martínez Aparicio. Antes dirigió, del mismo autor, *Estuve aquí una vez*, que le hizo experimentar, la absoluta tibieza. "Nadie la atacó, nadie la comentó, a nadie le pareció mal y nadie la discutió."[191] A pesar de que en *Prometeo* una nota sin firma dice que el último acto era extremadamente fatigoso y la puerta de salida de la posada "no cerraba bien y dejaba ver las entradas de los actores", Rosa Felipe y José de San Antón rindieron labor de alta categoría.[192] La crítica arcaica repara si un actor respeta o no la cuarta pared, si "embrida" o "entona" y si las escenografías "aforan" suficientemente como para cubrir las figuras. Manolo Casal deja de escribir para *Prometeo* que en su lugar publica reseñas anónimas sin demasiado rigor. Aunque muchas obras son recibidas con frialdad y el país vive sus años de mayor crisis y violencia, Parajón recuerda "años de tremendo entusiasmo teatral por parte de quienes ensayaban muchos días para representar pocas noches. Años locos, divertidos, ingenuos, con sus incursiones a lo más desconocido del corazón de La Habana".[193]

---

[191] Parajón, Mario. "Y sigue el drama del tiempo". *Diario las Américas*. s/f.

[192] "Crítica". *Prometeo* 28. Año VI (marzo 1953): 29-32.

[193] Parajón, Mario. "Memorables memorias del monstruo Morín". *Diario las Américas*. 6 de agosto de 1995. p. 10-A.

8. Clara, Solange y la señora

El año 54 –Batista es reelecto presidente pues el candidato opositor Ramón Grau San Martín abandona los comicios– comienza gratamente, anota Morín en sus "cuadernos", con *Amahl y los visitantes nocturnos*, de Gian Carlo Menotti, producida por Pro Arte Musical, dirigida por Vermel con Marta Pérez, José Le Matt, Ernesto Rosell y en un rol protagónico, Ana Margarita Martínez Casado. [194] Y en Teatro Universitario, aparece en *Canción de cuna*, de Gregorio Martínez Sierra, dirigida por Nena Acevedo, su "alma gemela", la actriz Teresa María Rojas. Patronato presenta *El Living Room*, de Graham Greene, dirigida por Roberto Peláez, con Minín Bujones. Rine Leal se inicia en la crítica teatral en el periódico *Pueblo*.

Es el año de una puesta mítica: *Las criadas*, de Jean Genet (1954), dirigida por Morín. La interpreta una casi recién llegada al mundo escénico, Ernestina Linares, junto a Miriam Acevedo y Dulce Velasco. Después de dar a leer el libreto a sus actrices, empieza el proceso de ensayos más largo de su vida, diez meses llenos de dificultades pues Velasco –a quien los más viejos recuerdan por un programa de televisión en el que decía una frase ¡un sucsés, un verdadero sucsés!– ya tenía un nombre en el medio y tenía dificultad con los horarios. Concebida como teatro arena, los espectadores se sitúan alrededor de la acción. No era una novedad. Acevedo hizo el seis de diciembre de 1952 *Un nuevo adiós*, de Allan Scott y George Haight, auspiciada por el Patronato del Teatro y, según un anuncio, "bajo la dirección del teatrista Mr. Walter M. Bastian, attaché Cultural de la Embajada Americana y gran conocedor de esta sensacional modalidad teatral", ha escrito Ernst Rudin. [195] Para ella lo más importante fue salir del encasillamiento de actriz dramática y probar con la comedia. Tuvo mucho éxito y le valió el premio Talía.

---

[194] Vermel aparece como Isaac o S. M. pero debe ser el mismo actor y director que se une a la compañía de Jouvet, Serge Vermel.
[195] Rudin, Ernst. "Broadway y la Revolución Cubana. Teatro norteamericano en La Habana 1956-1961".

Morín recorta los muebles de manera que el espectador podía ver desde cualquier ángulo. La Asociación de Reporteros le cede el local y allí se representa gratis desde el 30 de enero al 4 de febrero de 1954. *Memorias de un teatrista cubano...* revela entretelones, altercados menudos y detalles de la relación creativa y humana entre los tres. Hay también fragmentos de una crítica de Francisco Ichaso, que Morín probablemente encuentra en la Biblioteca Pública de Nueva York, pues no está entre sus recortes: "violento juego de escarnio", "dos sirvientas saturadas del veneno de servir". Elogia a Acevedo por su tipo y temperamento, muy acorde para estos personajes que oscilan entre dos mundos, los de la cordura o la demencia y encontró "eficaces" a Linares y Velasco, la última con el aplomo de la actriz avezada. A saber utilizó la traducción de *Sur* XVI (agosto de 1948, pp. 11-50) atribuida a José Bianco, traductor de Genet en Argentina. Aunque cuando fue publicada Victoria Ocampo se distancia del hecho, años después reivindica su participación junto a Bianco.

Emma Pérez firma la única crítica que tengo:

"Un acontecimiento digno dentro de nuestro indigno teatro nacional –si se puede calificar lo que debía existir y no existe– se produjo mediante golpes de voluntad del grupo Prometeo. Fue en la Asociación de Reporteros, sin escenario, sin decoraciones, a pecho limpio. Presentaron *Las criadas*, de Genet, drama surrealista... y realista. Esta alucinada historia, movida y dialogada por Jean Genet y bravíamente interpretada por tres mujeres que sobresaltan con su fibra patética y que son Miriam Acevedo, Ernestina Linares y Dulce Velasco, debe marcarse con letras de plata en nuestra cultura...

Usted debe ver, debe saber. Y además, como está entregado el problema en una obra realmente artística, usted debe sentir esa emoción que da ponerse en contacto con la literatura y el teatro legítimos.

Si Miriam Acevedo, Ernestina Linares y Dulce Velasco vuelven a presentar el drama de Genet, si el tesonero grupo Prometeo vuelve a auspiciar esa hazaña, sea de los que asistan". [196]

---

[196] Pérez, Emma. Teatro. "Las criadas": espejo infernal" Revista *Gente*. febrero 28, 1954. p.14.

Ernestina Linares y Miriam Acevedo

Cualquiera que piense un estreno así está muy documentado, se equivoca. Entre los papeles de Morín hallé el fragmento de una carta detrás de la fotocopia de un periódico, donde el anónimo remitente le escribe que reconoce entre el público de *Las criadas* a la mamá de Morín, Josefa Libertad; a Modesto Centeno, Carlos Franqui, Pepe Suárez Nogueira, su cuñada Carmen, su hermana Antolina, el hermano de Modesto, pero no he logrado saber quién lo envió. Tres fotografías a punto de desvanecerse; una con el público alrededor de la acción, otra, un *closeup* a Ernestina y la tercera, ésta con Miriam Acevedo. Los pies de fotos dicen:

"Miriam Acevedo y Ernestina Linares en una escena –a pecho limpio– del infernal drama de Genet" y otro "En la Asociación de Reporteros, sin telones ni trucos escénicos, lanzó Prometeo, el alucinado espectáculo". Con ella Morín gana el Premio ARTYC como mejor director en 1954. Percibo su sentido teatral, despojado y terso, que no intentó como Jouvet (1947) concebirla de manera realista. El ruedo creado por los espectadores propicia la ceremonia, tangible, cercana, sin mediaciones, pero cuya propuesta no es absolutamente radical. ¿Conoce Morín el comentario de Genet y su repudio a la concepción naturalista del estreno? Hay una coqueta, Soledad viste un traje largo y Clara, el clásico atuendo de criada, casi no hay maquillaje y menos, caracterización. Cuando la señora sale, Clara y Soledad representan su acto, una asume la identidad de la otra, en un juego implacable y cínico que abarca el espacio metafórico de la representación y el área de los espectadores. Pareciera que la amplia saya de Acevedo es un objeto y los personajes se mueven en todas las direcciones.

Muguercia escribió que "era una muestra de muy alto nivel del principio de la representación como juego, agresión y ritual que tan largas consecuencias ha tenido en las últimas décadas". [197] Pogolotti recuerda un "universo cerrado, huérfano de presente, pasado y futuro" que "dialogaba secretamente con la tensión amenazante que se iba adueñando poco a poco de las calles", una clave que explica la profunda huella que dejó el montaje. [198]

Miriam Acevedo le escribió a Carlos Díaz una carta, incluida en sus memorias, que me confirmó lo que intuí en las fotografías: "la concepción de la obra en teatro arena no significó necesariamente un contacto directo con el público. El público estaba ahí –el actor es siempre consciente de esa presencia de un modo u otro– pero no podía interactuar con los actores porque el actor no establecía una relación de complicidad con ellos. Los espectadores eran más bien mudos testigos de una tragedia que inexorablemente se debía cumplir. Las palabras fluían de la boca para ser aprehendidas en su contexto más recóndito. No consideré nunca que Clara fuera un personaje al que daría aliento y vida

[197] Muguercia. ob.cit. 188.
[198] Pogolotti, Graziella. *Dinosauria soy*. La Habana: Ediciones Unión, 2011. p. 93.

cotidiana –el rito no se reconoce en la cotidianeidad– la clave me la dio su muerte simbólica. Verse e ironizarse desde afuera significó para mí una forma de participar con Genet en el rito de la transgresión. El verdadero cómplice de nuestro diabólico juego no fue ni el director, ni el público, sino la sombra siempre presente del propio Genet."[199]

El 24 de octubre abre un nuevo local sito en la calle 21 No. 109 e/ L y M, Vedado. Vuelven *Las criadas* en noviembre después de una gira a Santa Clara pero varios accidentes materiales y espirituales hacen al director concluir, decepcionado, la temporada, así todo "una de las más fecundas y enriquecedoras de su carrera". El próximo estreno también como teatro-arena es *La zapatera prodigiosa*, de Federico García Lorca, interpretada por María Suárez y Santiago García Ortega. René Jordán escribió que era un espectáculo alegre y entusiasta, lleno de colorido ya que "una representación dirigida por Morín siempre es digna de tomarse en serio y no de forma benévola y condescendiente."

María Suárez y Angelito Rodríguez en *La zapatera prodigiosa*

---

[199] Acevedo, Myriam. Memorias. Manuscrito inédito.

Sensacional la versión que Francisco Morín ha hecho de la farsa de Federico García Lorca. El público de pie ovaciona todas las noches a las estrellas del espectáculo, la bellísima María Suárez y el talentoso primer actor Santiago García Ortega, que anima el rol del abnegado zapatero remendón. El vestuario y los motivos escenográficos del gran Andrés, lo que ya de por sí asegura una nota de exquisito buen gusto y agradable estilización. Intervienen además en esta excepcionalmente montada *Zapatera*, como teatro arena, el valioso Vicente Revuelta, el encantador niño Angelito Rodríguez, que arrebata el público con su simpatía y Esperanza Vázquez, José Pila Ferro, Nancy Delbert, Mary Díaz, Queta Farías, Gliceria Soto, Blanca Jiménez, María Julia Martel, Aurora Rodríguez, Nieves Castillo, Luis Alberto Ramírez y Luis Peña. La música, auténticamente española, es del maestro Durán. Este espectáculo estrictamente moral y apto para menores, tiene la ventaja que comenzando a las 8.30 en punto de la noche, termina a la 10: 15 lo que beneficia a las personas que viven en las afueras de la ciudad, Calle 21 en L y M, Vedado en el corazón de la nueva Habana. A-6529. jueves 30 de diciembre de 1954. *Diario de la Marina.*

Lo de «estrictamente moral y apto para menores» fue por el escándalo de *La ramera respetuosa*, de Sartre, puesta de Erick Santamaría, en el tercer piso del edificio del Retiro Odontológico. El montaje de TEDA (Teatro Experimental de Arte) protagonizado por Chela Castro y Helmo Hernández, realiza allí ciento dos funciones entre julio y noviembre y continúa en el Campoamor. Divide a los críticos ya que muchos la repudian. Pogolotti señala que "...sin transgredir el moralismo convencional, sin romper los límites establecidos [...] jugaba a la provocación". [200] Rine Leal la promueve, admira su economía de medios ya que el director utilizó las paredes de vidrio del local para lograr un espectáculo "sensible y poderoso" mientras Rodríguez Alemán descalifica al "morbo como gancho de atracción" y, aunque cree que las salas diminutas han de perdurar "en justo acomodo al más vigoroso impulso del tablado moderno", no recomienda que el espectador se aventure "a

---

[200] Pogolotti, Graziella. "Para una geografía del teatro". *Temas* 24-25 (enero-junio de 2001): 144-147.

pasar calor en una función teatral de categoría dudosa".[201] Llega la "moda" del teatro arena. Julio Matas y Rolando Ferrer inician el grupo de ese nombre en la Valla de Gallos de Agua Dulce. Baralt hace con ese formato *Todo sea para bien*, de Pirandello, en el Teatro Universitario, sin lograr utilizarlo con eficiencia.

Julio Martínez Aparicio y Modesto Centeno estrenan un amplio repertorio con los estudiantes de la Academia AMAD. Marisabel Sáenz dirige con sus alumnos *Las palabras en la arena*, de Antonio Buero Vallejo, a quienes transmite su concepto férreo de la disciplina y la experiencia de una intensa carrera. Pro Arte Musical trae *La Comedia* de París al Auditórium. Andrés Castro dirige en Las Máscaras, entre otras, *Los padres terribles* de Cocteau, *A puertas cerradas* de Sartre y *El cocktail party*, de Thomas Eliot en el Palacio de los Yesistas, cuyo escenario amplía Zilia Sánchez. Pero sobre todo, el éxito de las funciones continuas de *La ramera...* de TEDA, hace pensar en un nuevo modelo de relación y materializar la posibilidad tan añorada, dejar atrás la función para asociados. Rafael Suárez Solís aventuró el día que "los cubanos hagan cola a la puerta de las pequeñas salas" ya que "el público no se hace por decreto ni el teatro es un edificio". [202]

[201] Rodríguez Alemán, Mario. "El teatro en Cuba: formas de una expresión por definir". *Revista Nuestro Tiempo: compilación de trabajos publicados*. Ricardo Hernández Otero, editor. La Habana: Letras Cubanas, 1989. 110-115.
[202] Suárez Solís, Rafael. "El público no se hace por decreto ni el teatro es un edificio". *Carteles* . Año 35. Número 44. 31 de octubre de 1954.

Frente del Teatro Experimental que da a la avenida del Vedado.

No son muchos los estrenos de obras cubanas a la altura de 1954. Enrique Pineda Barnet ha evocado *Lila, la mariposa,* de Rolando Ferrer, dirigida por Andrés Castro en Las Máscaras, en la que interpreta a Marino. Como es un escritor premiado, la prensa se interesa. [203] Elena Huerta es Lila, trabajan Antonia Rey, Leonor Borrero, René Sánchez, Carmen Varela y debuta Silvio Falcón. Raúl Martínez hace la escenografía: un telón que debió ser deslumbrante con el malecón, el mar que significa tanto en *Lila...* y en la vida cubana. "Cuando se apagaron las luces y se levantó el telón, me percaté, asombrado, de que mi obra se convertía en un gran cuadro predominando por encima de los actores que declamaban" escribió en *Yo Publio,* su libro de memorias. Ese año se estrena la polémica cinta cubano mexicana *La rosa blanca,* del Indio Fernández; Alberto Alonso, *El solar* y Luis A. Baralt, *La dama boba.* Eva Fréjaville diserta en Nuestro Tiempo sobre Colette. Arena hace *Medea,*

[203] Pineda Barnet, Enrique. "Lila en el recuerdo". *La Má Teodora* 3-4 (abril-sept 1999): 52-53.

adaptada por Rolando Ferrer y Julio Matas. Enrique Núñez Rodríguez, *La chuchera respetuosa*, una parodia de *La ramera*... de Sartre con Rita Montaner con la compañía Cuba Canta y Baila. Pepe Carril, *La mirada maléfica*, inspirada en Juana de Ibarbourou. En abril Julio García Espinosa y Vicente Revuelta regresan de Europa y deciden reorganizar la actividad teatral de Nuestro Tiempo y su Círculo de Estudios teatrales.

En diciembre se retoman las obras del Teatro Nacional. Rubén Vigón se preocupa por el destino del establecimiento, duda acerca de la calidad y el profesionalismo de sus posibles directores cuando pareciera inminente su inauguración. [204]

---

[204] Jaume, Adela. "Sobre el Teatro Nacional que se edifica habla Rubén Vigón". *Diario de la Marina*. Diciembre 30 de 1954. 12 A.

9. Las salitas

"El año del teatro en Cuba" escribe un cronista. Se habla de "resurrección". [205] A teatro lleno se representan dos piezas norteamericanas. El espectador busca, dice Suárez Solís, las salas pequeñas, cómodas e íntimas como la recién inaugurada por el Patronato en el edificio del Retiro Odontológico, Talía, diseñada por Antonio Quintana. *Té y simpatía*, de Robert Anderson, abre allí (L entre 21 y 23), dirigida por Modesto Centeno. Minín Bujones y Pedro Álvarez encabezan el reparto en el que intervienen Julio Capote y Josefina Henríquez, quince días después de que TEDA se anticipara con la misma obra, estrenada dos años antes por Elia Kazan en Nueva York. La sala estilo *teatroscope* era demasiado ancha y de poca altura, pero original como el diseño de la escenografía del arquitecto Quintana. *Picnic*, de William Inge, abre en el Teatro Experimental Las Máscaras, con Augusto Borges, Antonia Rey y Elena Huerta. Un drama de realismo escénico con bocetos de Zilia Sánchez. Es su sexta temporada.

La sala Talía

El viraje se produce. Después de *La ramera...* se busca al público desesperadamente con obras exitosas de Broadway. Suárez Solís se

---

[205] F. P. "Resurgimiento del teatro en La Habana". *Razón*. no 17. marzo de 1955.

pregunta, con motivo de la decimoquinta función de *Té*... ¿cómo pudo conseguir Centeno, "recatado, pudoroso y modesto" ese "tacto" para lidiar con el atrevimiento de la obra"? [206] El director, que no aparece ninguna de las noches a recibir los aplausos, acapara prensa otra vez con sus éxitos norteamericanos. Junto a Ponce de León y Crusellas con *La luna está azul* (*The Moon is Blue*) de Hugh Herbert, "atrevida," de "alcoba, morbo y astracán", es el más proclive a esta tendencia. *La luna...* gana tres premios Talía.

Amado Blanco y Parajón intentan un *remake* de *Calle del ángel*, de Patrick Hamilton, titulada *La luz que agoniza*, pero a juicio de Leal, prima "la exaltación de los viejos vicios teatrales del pasado que no acabamos de ovidar". [207] Hay un cambio sustantivo en los repertorios, volcados a la pieza de entretenimiento o el texto "atrevido" por su contenido o alusión sexual. Rubén Vigón con *Una choza para tres*, de André Roussin, prosigue su Teatro 54 que empezó el año anterior. Farseros abre en San Miguel 260 con *Amigos íntimos* de Barillet y Gredy, traducida por María Álvarez Ríos, *Asesinato premeditado*, de Emlyn Williams, *Te amo y serás mía* de Louis Verneuil y *El landó de seis caballos*, de Víctor Ruiz Iriarte. Fela Jar y Conchita Brando son sus primeras figuras. *La hora soñada* de Anna Bonacci es otro título atractivo con Berta Santos, Lita Romano, Armando Cremata y Alicia Agramonte. Juan Guerra hace *El tiempo es sueño* de Lenormand con Triángulo. TEDA *La soga*, de Patrick Hamilton *y Odio que fue amor*, de Terence Rattigan, en su salón de la calle O 157. La Academia Municipal mantiene su programación de piezas dirigidas por el claustro, entre ellas *El feliz viaje de Trenton a Candem*, de Thornton Wilder, por Ramonín Valenzuela. Se establece Titirilandia, dirigido por Dulce María Farías con funciones diarias en la Avenida Kohly 1108 con la puesta de *Los títeres son personas*, de Nicolás Guillén, música de Harold Gramatges y muñecos de Tomás Oliva. Chela Castro adapta *Delito en la isla de las cabras*, de Ugo Betti según Morín o *Lluvia*, de acuerdo a Rine Leal como *Ramera de las islas*.

---

[206] Suárez Solís, Rafael. "A Modesto Centeno". *Diario de la Marina*. 20 de enero de 1955. p. 4 A.
[207] Leal, Rine. *En primera...* 233-236.

Si se añade la programación del Little Theatre of Havana, creado en los cuarenta por la comunidad norteamericana –que Leal cataloga de "lunar de oro"– dada su seriedad de propósitos y calidad, con representaciones en inglés en el Community House, la cartelera mira con más insistencia que nunca hacia los autores norteamericanos o ingleses estrenados en Nueva York. [208] Es una lástima que una sola crítica de *En primera persona* se dedique a este teatro (*Point of no Return*, de Paul Osborn, dirección de Clarence Moore).

La compañía de Meluzá-Otero se anota un éxito con *Gigoló*, de Paul Geraldy y Robert Spitzer, vodevil con una despampanante María de los Ángeles Santana como *vedette* de bulevar, Otto Sirgo y la mexicana Magda Haller. [209] El montaje permanece en el recuerdo de Verónica Lynn por "aquella ropa, aquella manera de moverse, una verdadera maravilla". [210] En Radiocentro, *Prohibida para menores,* de Alvaro de Villa, con Otto Sirgo, Teté Blanco y el argentino Adrián Cúneo. El predominio de un repertorio ligero hace todavía más raros y minoritarios intentos como *Emilia Galotti*, de Lessing, dirigida por Baralt en el Teatro Universitario o la adaptación de Fermín Borges de la farsa china, *El vago señor Chim Min* dirigida por Dumé en TEDA.

Sólo en la Universidad hay un atisbo de preferencia por lo cubano con el estreno el 30 de enero de *La liberación de Romeo* de Dysis Guira, dirigida por Helena de Armas; el 11 de agosto, *Tierra,* de la misma autora, junto a *Meditación en tres por cuatro* de Luis A. Baralt. [211] Rudimentaria, pedestre y escolar, la de Guira y "extravagancia filosófica" para leer, la de Baralt, Walfredo Piñera desmerece las piezas dirigidas por Orlando Nodal en el

---

[208] Entre las obras presentadas en 1955, *The Solid Gold Cadillac,* de George S. Kaufman y Howard Teichnan, *Anything Goes,* de Guy Bolton y P. Wode, *My Three Angels,* de Sam y Bella Spewack.

[209] Ichaso, Francisco. "Comedia en el Campoamor". *Diario de la Marina.* 30 de abril de 1955. 16 A.

[210] Espinosa Mendoza, Norge. "Verónica Lynn: clase magistral de una actriz afortunada." *La Gaceta de Cuba* (noviembre-diciembre)2011. 6-11.

[211] Helmo Hernández, Teresa María Rojas, Angelina Echave, Miguel Angel Ferrer, Orlando Nadal. Olivia Alonso, Emilio G. Navarro. Adelaida Delinge. Dirige Helena de Armas.

Lyceum.[212] Mientras el 21 de agosto, *Pan viejo, Gente desconocida y Doble juego*, de Fermín Borges, con dirección de Helena de Armas, presentan al nuevo autor surgido en el seminario de Artes Dramáticas de la Universidad de La Habana. A Ichaso le gustan sus "bocetos" y el ambiente de *Pan viejo* cuyos dos ancianos ansían ganarse la lotería para comprar una losa en el cementerio, pero lo juzga demasiado "descarnado" y "poco edificante" para un teatro universitario. [213] El texto se publica en la revista *Nuestro Tiempo* con una breve nota biográfica de Vicente Revuelta. [214] Compañero de viaje a Europa de Revuelta, como él es un interesado en sus corrientes artísticas, en especial el neorrealismo, al retratar la vida miserable de la gente simple, angustiada por la existencia. Escoge el teatro por "la realidad viva, presente, la lucha que se entabla entre el arte y el hombre, la acción social noble del teatro". [215]

En agosto, un programa reúne piezas de Nora Badía del 48, *La alondra* y *Mañana es una palabra*, interpretadas por Marisabel Sáenz y se estrena *Según el color* de María Álvarez Ríos, inédita, que Ichaso describe como de "la casada infiel", con tres escenas abocetadas alrededor de Silvia, una esposa adúltera, que se conduce de una manera ante sus compañeros de "canasta *party*", y de otra, ante los amigos del marido y la beata Águeda. Un caso de relativa moral, indica el cronista, que destaca del montaje, dirigido por Valenzuela, a la "casi niña Teresa María Rojas", el avezado Orlando Nodal y a la consumada Marisabel, siempre lírica y dramática. Cuando el público le da la espalda a la escena nacional, Baralt rompe el hielo en el Lyceum de Calzada y Ocho.[216]

El 3 de junio comienza a ensayarse *Calígula*, de Albert Camus, que se estrena el 17, uno de los títulos emblemáticos de Morín, que Adolfo de

[212] Piñera, Walfredo. Auxiliar. "Inicio de la temporada estival del Teatro Universitario en el Lyceum". *Diario de la Marina*. 13 de agosto de 1955. 14 A.
[213] Ichaso, Francisco. "La segunda sesión de teatro cubano en el Lyceum." *Diario de la Marina*, 21 de agosto de 1955. p. 21-A. Trabajan Olivia Alonso, Henry Santana y Miguel Navarro.
[214] Borges, Fermín. "Pan viejo". *Nuestro Tiempo* no. 4 (marzo 1955): 12-13.
[215] Cf. "Dos obras y un manifiesto: Fermín Borges". Digitales de la Flecha. Selección y prólogo de Rosa Ileana Boudet.
[216] Ichaso, Francisco. "La jornada final del teatro cubano en el Lyceum". *Diario de la Marina*. 30 de agosto de 1955.16 A, 18 A.

Adela Escartín y Adolfo de Luis en *Calígula*

Luis llamó el «bombazo». [217] "Nuestro mejor director, escribe Rine Leal, la concibió en un marco rígido y trágico de alta intensidad. Su mayor mérito consiste en haber utilizado las masas humanas y el espacio con sentido dramático y mover con suma efectividad a sus actores. Utilizando un escenario vacío de muebles, pero lleno de luz y espacio vital, Morín colocó hábilmente sus figuras y les insufló la vida necesaria para hacerlas verdaderas" [...] Resaltaban sobre el cajón negro, en una pared al fondo, manos con candelabros en las que Andrés rendía su homenaje a Cocteau y a Christian Berárd. Era "el más hermoso esfuerzo artístico que hayamos visto en muchos años". [218] Auxiliar, (Walfredo Piñera) consagra "su condición de artífice del movimiento escénico, capaz de obtener admirables resultados con el empleo de limitados recursos". [219] En junio Raquel Revuelta lee *Fedra*, de Racine, en Nuestro Tiempo, al tiempo que visita el cineasta italiano Cesare Zavattini. Suárez Solís presenta el folleto

---

[217] *Calígula* (17 de junio 1955). Adolfo de Luis, (Calígula), Adela Escartín (Cesonia), Eliseo Gómez (Intendente), Santiago Rivero (Casio), Helmo Hernández (Quereas), Eduardo Moure (Escipión), Florencio Escudero (Helicón), Julio de Carlo (Metelo), Gliceria Soto (Mujer de Mucio), Manuel Pereiro (Senecto), Rafael Cortés (Lépido), Raúl Xiqués (Mucio), Manolo Bachs (Mereya). Escenografía de Andrés García realizada por Ozones y vestuario de Andrés que realizó Pepito. Prado 264 entre Trocadero y Ánimas. Música de Harold Gramatges.

[218] Leal, Rine. Ob.cit. 239.

[219] Auxiliar. (Walfredo Piñera). "Calígula de Camus, un gran esfuerzo del grupo Prometeo" *Diario de la Marina* 24 de junio de 1955. 16-A y 18 A.

Alquimia del teatro, de S. M. Vermel, con aforismos y recuerdos de su trayectoria, del cual *Prometeo* publica fragmentos. [220]

Después de cincuenta funciones, termina *Calígula* y Prometeo anuncia *La dama de trébol,* de Gabriel Arout, éxito de la temporada parisina de 1953, interpretada por Helmo Hernández y Violeta Casal a su regreso de España. Un artículo de Adolfo de Luis, despide a la norteamericana Lorna de Sosa, miembro de ADADEL, Patronato y Theatralia, cuya relación con actores, pintores, compositores y escenógrafos fue inusual y le ganó un puesto en el movimiento teatral, sobre todo como pedagoga. "Un espíritu alerta a toda manifestación artística". [221] *Filomena Marturano,* de Eduardo de Phillipo recibe efusivas críticas de Ichaso y de Rine Leal, con la que termina su estancia cubana de más de diez años. Dirigida con ritmo y seguridad, interpretan Velia Martínez y Ernesto de Gali. En mayo hizo *En la ardiente oscuridad,* de Buero Vallejo, con escenografía de Sandú Darié, representada en la Universidad de Villanueva.

Los endemoniados (7 de octubre de 1955), de O'Neill, es el próximo estreno de Morín, a contra corriente con lo representado en el resto de los teatros. Walfredo Piñera lo celebra. [222] "No se trata de un esfuerzo sino de algo logrado, hecho. Francisco Morín, en la sala humilde de Prometeo logra dar cumplida expresión a la atmósfera trágica recreada por O'Neill. Se siente en el ambiente, la fuerza, la grandiosidad de ese teatro y la devoción de los actores que lo viven" mientras Leal recuerda "el chirriar de las puertas, el sonido casi musical a fuerza de ser rítmico (un recuerdo para *El jardín de los cerezos*) y la presencia de la Escartín, vestida totalmente de negro en un marco perfectamente trágico, es un verdadero logro de dirección y técnica". [223]

---

[220] Suárez Solís, Rafael. "La obra de teatro no es un producto de la razón". *Diario de la Marina,* 26 de junio de 1955. 10B.
[221] Luis, Adolfo de. "Presencia y ausencia de Lorna de Sosa." *Diario de la Marina.* 20 de septiembre. 18 A, 20 A.
[222] Piñera, Walfredo. (Auxiliar). "Los endemoniados" teatro de altura y sólida actuación en Prometeo". 19 de octubre de 1955. *Diario de la Marina.* p. 16. Adela Escartín, Florencio Escudero, Eduardo Moure, Gliceria Soto, Rafael Cortés.
[223] Leal, Rine. Ob. cit. 243-246.

Chela Castro tiene su propia compañía en el Campoamor bajo la dirección de Francisco Parés con títulos como *La nalgada*. Los triunfadores de *Té y simpatía*, así se anuncia, vuelven con *La muchacha de la vía Flaminia*, del inglés Alfred Hayes, quien hizo carrera en Hollywood después del guión de *Paisa* con Rossellini, bajo la dirección de Centeno. Zúñiga dirige *Gigi*, de Anita Loos, a partir de la obra de Colette, con Gina Cabrera, un gran éxito que también se televisa como *Marea de otoño*, de Daphne du Maurier (*September Tide*) o *Sólo por amor* (*The Tunnel of Love*), de Joseph Fields y Peter De Vries, bajo la dirección de Ponce de León. Todos provienen de la cartelera de Nueva York.

El 25 de octubre *Hechizados* (*Bell, Book and Candle*) de John Van Druten, inaugura la sala Hubert de Blanck (Calzada y B en el Vedado), una de las

Raquel Revuelta y Manolo Coego

más modernas y mejor equipadas, concebida al estilo de los teatros londinenses según la directora y escenógrafa María Julia Casanova. Comedia insulsa protagonizada por la pareja romántica de la TV, Raquel Revuelta y Manolo Coego, dirigida por Antonio Losada. Días después comienza Atelier (Prado 262), la salita de Adolfo de Luis, con *Infamia, The Children's Hour* de Lillian Hellman, dirigida por Cuqui Ponce de León y escenografía de Rubén Vigón. Lo que fue chocante o tabú en 1934, ahora es "sencillamente escabroso", escribe Ichaso. Violeta Casal y Violeta Jiménez desarrollan en forma excelente la difícil escena en la que se descubre el nudo del drama, centrado en la "desviación" de las protagonistas. [224] Como novedad, no representa sólo montajes de Adolfo sino de otros directores ya que sólo quería cubrir los gastos.

---

[224] Ichaso, Francisco. "Infamia, de Lillian Hellman, una obra de intensa fuerza dramática". *Diario de la Marina*, 11 de noviembre de 1955. 12 A, 16 A.

Los "teatros de bolsillo" son el tema del día. Un almuerzo del Club de Leones festeja la vuelta del público a los teatros, costumbre que se había perdido. "Hoy ese público que los llena, le volvería la espalda a aquellos espectáculos de antaño, a base de escenografía de papel, luz de candilejas y cómicos pescando bocadillos a la vera de la concha". Ahora La Habana se divierte de una forma culta, dice el cronista, que apunta los logros de Patronato a tenor con la orientación de sus columnas. [225] Sin embargo, desde Nuestro Tiempo, Vicente Revuelta fustiga el "resurgimiento" como la fórmula descubierta por los empresarios para exhibir obras de nulidad artística, que contienen un elemento "picante" o "morboso". [226]

El 3 de diciembre de 1955 *Marea baja*, de Peter Blackmore, abre en el Hubert de Blanck con dirección de Antonio Vázquez Gallo (Maritza Rosales, Loly Rubinstein, Paul Díaz, Homero Gutiérrez) y al terminar el año, Nuestro Tiempo convoca a un debate sobre el derrotero del teatro cubano. Asisten Martínez Aparicio por la Academia y Farseros; Andrés Castro y María Antonia Rey por Las Máscaras; Adolfo de Luis, por Atelier; José Camejo por "Los Camejo"; Ramonín Valenzuela, por el Teatro Universitario; Dysis Guira, por la temporada de teatro cubano del Lyceum; Francisco Morín por Prometeo y Rine Leal. Como moderadores Héctor Alonso y Nora Badía, de Nuestro Tiempo. No hay representantes de Patronato, la sala Hubert de Blanck, Chela Castro ni TEDA.

Farseros se declara al borde de la quiebra ante la preferencia del público por la obra retorcida y el gusto por la estrella de la televisión. Castro opina que las obras buenas se abren paso y cita su *Yerma*, *Infamia* no tiene grandes estrellas y ha sido un éxito y *Gigi* no es morbosa y lo ha sido también. Antonia Rey opina que el teatro debe interesarse por los "problemas próximos a la sicología del público". Adolfo de Luis no desestima "los nombres" pues el público cancela cuando se cambia el reparto de *Infamia*, y hay obras buenas, pero de «minorías selectas», que no atraen al público. Morín replica vigorosamente –señala la nota de Auxiliar– ya que "prefiere con mucho las principales creaciones del genio

[225] Ichaso, Francisco. "Los leones y el auge de los teatros de bolsillo". *Diario de la Marina*. 24 de noviembre de 1955. 14 A.
[226] Revuelta, Vicente. "El resurgimiento del teatro en Cuba". *Nuestro Tiempo* no. 5 (mayo-junio) 1953.

francés por intelectuales que sean, a las piezas menores donde la calidad anda ausente. Que esas obras significan un gusto para él como director y para sus actores un verdadero trabajo y un esfuerzo por crear. En fin, se desentiende del público para proporcionarse el placer de realizar a su gusto". Rine Leal aboga por el estímulo al teatro cubano. Aparicio lo apoya. Y Adolfo de Luis cree que por muy cubanos que sean los problemas y el espíritu de la obra, han de tener una construcción teatral y no son muchas las obras cubanas de esa categoría. Esta síntesis, tomada de una nota de Auxiliar, es pálida respecto al recuento de Morín en sus memorias, por lo que sospecho la discusión fue todavía más rica y afiebrada. [227]

Con el estreno de *Sur,* de Julien Green, a finales de 1955, *Nuestro Tiempo* critica a Morín porque se suma a "la tendencia dominante en el ambiente teatral de las pequeñas salas [...] el morbo y el equívoco, la dosis picante y decadentismo. Se pretende que el gancho es bueno, que conduce al éxito". [228]

> Con veinte o treinta espectadores y alguna que otra vez, cien, lo que en un mes de continuadas representaciones alcanzaría apenas para llenar un teatro corriente, pretenden haber encontrado la "clave" que les permitirá sostener el espectáculo, uno con más, otros con menos pretensiones. Mientras unos deforman obras incorporándoles innecesariamente escenas propias de otra clase de teatros o haciéndoles salir de su centro, otros más cuidadosos, con mayor respeto por sí mismos, buscan y rebuscan obras "complejas" de autores notables que permiten la auto justificación intelectual y es triste que esto ocurra a veces hasta con quienes, como Francisco Morín, han representado y están a tiempo de continuar siéndolo, lo mas serio y estudioso de nuestra dramática.

---

[227] Auxiliar. Walfredo Piñera. "Interesante Fórum sobre el teatro organizó la Sociedad Nuestro Tiempo". *Diario de la Marina.* 18 de diciembre de 1955. 10 B 11 B.

[228] María Suárez, Florencio Escudero, Gliceria Soto, Helmo Hernández. Eduardo Moure, Manuel Pereiro, Santiago Rivero, Enrique Martínez y María Teresa Ecay. Vestuario confeccionado por Pepito y Arsenio. Escenografia Ozones. Prado 264. A-6529.

¿Qué aporta *Sur,* la obra que presenta el grupo Prometeo, cómo no sea la complacencia con el morbo y la amargura, partiendo de posiciones anticientíficas y de posiciones trascendentes que, por cierto hacen bien poco favor a la religión o a la mística, en cuya sustancia hunde evidentemente sus raíces esta tragedia? Nada. [229]

María Suárez y Florencio Escudero

Puesta en Francia (1953), Munich (1954) y Londres, (1955), la nota de prensa la introduce como "la purificación de una pasión peligrosa por la liberación vehemente", pero los críticos de Nuestro Tiempo no entienden el sentido último de los textos que Morín escoge ni en qué reside su punzante transgresión. Desconozco quién la traduce, esencial en Julien Green, conocido novelista y memorialista, que escribió en francés,

---

[229] "Sur de Julien Green en Prometeo" *Nuestro Tiempo* no 7. enero de 1956. s/p.

pero está ligado a los temas del sur de los Estados Unidos, de donde proviene su familia. Ubicada en 1861, en la plantación Bonaventura, cerca de Charleston, unos días antes del comienzo de la Guerra de Secesión, *Sud* (1953) trata del dilema sexual del oficial polaco exiliado Wiczewski (Florencio Escudero) y su atracción hacia otro hombre, Eric Mac Clure (Juan Cañas). Morín ha contado sus problemas con Cañas, que quiso acentuar la homosexualidad del personaje, pero nada sobre la complejidad del tema, planteado con sutilezas y desgarramientos dentro de una concepción católica del mundo, ya que el oficial se debate, más allá de la atracción física, desde la imposibilidad y la tragedia. Emblema del repertorio *gay*, es muy difícil que una crítica que habla con eufemismos de personajes "invertidos" o "desviados" la tomase en cuenta. Es la última estrenada en el local de Prado, antes de mudarse a unos pasos para el número 111.

Nuestro Tiempo continúa su indagación en torno a Stanislavski con el seminario de Irma de la Vega, no la versión norteamericana del Método, sino la del director japonés Seki Sano en México desde la década del cuarenta. La Sociedad se opone al Instituto Nacional de Cultura, inaugurado el 27 de julio bajo la bandera del apoliticismo y la neutralidad. Dirigido por Guillermo de Zéndegui, con un generoso presupuesto de 159 mil pesos, fomenta congresos, ediciones, coloquios, programaciones teatrales, actividades plásticas, editoriales y premios. Nuestro Tiempo lo rechaza por representar una pantalla para otorgar legitimidad a la dictadura. En el acápite teatral su contribución no será tan visible como en otras esferas, un subsidio al Patronato del Teatro y presentaciones de obras dramáticas en su sede del Palacio de Bellas Artes por las que artistas y grupos son remunerados. En "Diálogo, promesas e Instituto" (mayo de 1955) *Nuestro Tiempo* denuncia "el secuestro de bibliotecas y la recogida de ediciones enteras de libros" así como que "cualquier juicio crítico sobre el devenir histórico de Cuba o cualquier postura estética" se convirtió en "motivo de denuncia y persecuciones políticas."[230]

---

[230] Guzmán Moré, Jorgelina. "El Instituto Nacional de Cultura, organismo estatal para la cultura cubana (1955-1959)". *Calibán* IX (octubre 2010-marzo 2011). En la red.

La revista *Ciclón* de José Rodríguez Feo enfrenta la cultura "oficial". En su editorial "Cultura y moral" señala los peligros que amenazan la supervivencia de los artistas y cómo el "flamante" instituto no congrega intelectuales eminentes, sino es una "asociación" de periodistas, "desde el *croniqueur* político al redactor de glosas", sin contar con nadie de la nueva promoción literaria. Le achaca un concepto falso y demagogo de la cultura, se burla de sus planes y de sus asesores porque frente a la cultura oficial estará siempre, la verdadera cultura, la alta cultura sustentada por las minorías creadoras. El editorial, inserto en páginas color amarillo, llama a rechazarlo. [231] En febrero Virgilio Piñera pronuncia en el Lyceum una conferencia en la que se declara un muerto civil, pues la literatura cubana sólo existe en los manuales. Desde la generación de *Avance*, los escritores devinieron políticos, profesores, periodistas o libretistas radiales. Son "pura ganga". Incendiaria, angustiada y absurda, Piñera retrata una generación literaria abocada a una "situación dramática de fuerza mayor". "Queríamos entrar en la gran tradición de las grandes letras, pero ¿cómo ser reconocidos?"[232] *Ciclón* publica *Los siervos,* su farsa irónica contra el comunismo, entendido como «nikitismo». Cuando los hombres están comunizados, la plana mayor del Partido se estremece ante la noticia de que uno se ha declarado siervo, al asumirse como su opuesto, y ante la nueva teoría, se hace la comedia. A saber por sus cartas, Juan Guerra quiere montarla para el Instituto de Cultura. [233] De haberse estrenado de forma «oficial», en plena guerra fría, habría perdido la connotación que la posteridad le ha conferido a pesar de que fue una de sus obras rechazadas.

Rine Leal es más drástico: "¿Qué encontramos? Una serie de pequeñas salas teatrales, con algunas comodidades y un público aun escaso e inseguro pero que poco a poco se va reconciliando con la escena, donde los directores se preocupan, ahora en exceso, por buscar obras "que peguen" con el resultado de que exaltamos lo que ayer odiamos". Pero hasta el teatro fácil y de *boulevard* —escribe— era preferible a volver a la "raquítica" función mensual. Lo positivo era que el movimiento escénico se encaminaba a buscar un público estable. Respecto al Estado,

[231] El Director. "Cultura y moral". *Ciclón*. Vol. 1 no. 6 (noviembre 1955): s/p.
[232] Piñera, Virgilio. "Cuba y la literatura". *Ciclón* V. 1, no. 2. (marzo 1955): 51-55.
[233] Piñera, Virgilio. "Los siervos". *Ciclón*. Vol. 1 no. 6 (noviembre de 1955): 9-29.

"permanece completamente de espaldas a esta realidad [...] exceptuando el Patronato, que recibe una subvención mensual y forma parte del Instituto Nacional de la Cultura, "preferencias no compartidas inexplicablemente por las otras asociaciones". [234] La situación es compleja y los criterios tienen muchos matices. ¿Quieren los artistas a la altura de 1955, después de la ilegítima toma del poder de Batista que subvirtió la vida del país, aceptar la protección del estado corrompido? ¿Quieren someter sus planes, proyectos o ideas a un organismo ajeno y desprestigiado?

¿Es el repertorio frívolo de obras "que pegan" lo único permitido a los artistas para sobrevivir y continuar?

---

[234] Leal, Rine. "Teatro. 1955". *Ciclón* 5. Vol. 1: 61-64.

10. Cubanizar el texto

Vicente Revuelta despliega una intensa actividad en Nuestro Tiempo. Junto a Nora Badía fomenta tertulias, discusiones y estudios sobre historia de Cuba, marxismo y el método de Stanislavski. A su regreso de Europa, la Sociedad es un centro de debate sobre el teatro. Traduce tres capítulos de *Experiencia dramática,* de Roger Vailland, un descubrimiento de su viaje, para Cuadernos de Cultura Teatral, ediciones artesanales que copia e imprime en esténcils y ditto. [235] En julio de 1956 dirige en Atelier *Mundo de cristal* de Tennessee Williams –traducción de María Julia Casanova– con Adolfo de Luis, Juan Cañas y Eloína Maceira donde debuta su madre, Silvia Planas. Sin dejar de ser personal, fue muy fiel al libreto de Williams, escribió Amado Blanco. No he encontrado rastros del montaje del cual no habla en sus libros, pero sí sus artículos teóricos para *Nuestro Tiempo*. Su principal preocupación, la falta de autores. Ante la necesidad de fomentar la dramática nacional, repiensa la "adaptación en el teatro" acorde con el quehacer de Arena donde Fermín Borges adaptó varias obras, entre ellas *Recuerdos de Berta.* "Nuestro teatro necesita – escribe– la búsqueda del autor nacional [...] Imitamos creaciones teatrales extranjeras desde los decorados hasta los últimos gestos de los actores".

En "Notas sobre la adaptación en el teatro"(publicado en mayo de 1956), considera que el conocido resurgimiento, obras de tema erótico-sexual como sinónimo de "libertad teatral", se ha convertido en "moda caprichosa" y el público la abandona. De ahí que conjuntamente con Julio García Espinosa emprenda una cubanización de *Juana de Lorena,* de Maxwell Anderson, "trasposición completa del lugar donde se ensaya la obra", que trasladó desde Broadway "a un ensayo habanero, de noche, con actores fatigados que trabajan por amor al arte, llegan tarde y opinan que una obra debe montarse con mejores decorados que éstos". Al ubicarla en el presente, busca reencontrar su actualidad más allá de los

---

[235] Vailland, Roger. *Experience du drame.* Correa & Buchet/Chastel, Paris, 1953.

oropeles". [236] En una fase de aprendizaje, confía en que toda obra clásica o extranjera pasará por la "interpretación propia". Su artículo –con citas de Antonin Artaud, Gastón Baty y Henry de Montherland– intenta conciliar la situación del teatro y el declive de puestas cubanas, con una fórmula posible, apropiarse de textos universales mediante la actualización. Si Gastón Baty dijo que «una obra clásica no se diseca como un cadáver», la adaptación es legítima apropiación nacional. Quieren, escribe M.S., tomar en cuenta las necesidades del público "rebasando las limitaciones de las pequeñas salas y los entretenimientos de sobremesa". [237]

Revuelta y Julio García Espinosa, en las notas al programa, hablan de "cubanizamiento" (sic), una versión «libérrima» para "nutrir nuestra escasa producción teatral propia con adaptaciones acriollantes de materiales escénicos extranjeros". La revista *Nuestro Tiempo* sigue el proceso de reelaboración de cada uno de los aspectos de la obra con referencia a "nuestro país" de manera que en los descansos de los ensayos (el juego del teatro dentro del teatro alterna con la historia de la doncella de Orleáns) afloran sus problemas, "las limitaciones y atisbos de sus personeros" así como la "toma de conciencia como heroína del pueblo, como símbolo nacional, pasando de la fe ciega a la conciencia del deber". En un paralelo con Raquel Revuelta, la actriz que la interpreta, ésta confiesa que los actores reciben un soplo de aire fresco, ajeno a los «morbos» de la moda. "El mensaje pasa a operar así, observa Raquel, en nuestra época, en el escenario y dentro de la obra misma. *Juana de Loren*a ha sido adaptada para nuestros días, para nuestro público". Por los comentarios sobre la actualidad y la militancia izquierdista de Revuelta y Julio García Espinosa, a Vicente lo amenaza un esbirro del BRAC (Buró

---

[236] Revuelta, Vicente. "Notas sobre la adaptación en el teatro". *Revista Nuestro Tiempo: compilación de trabajos publicados*. Ricardo Hernández Otero, editor. La Habana: Letras Cubanas, 1989. 182-187. Originalmente en *Nuestro Tiempo* 11 (mayo de 1956).
[237] M. S. "Juana de Lorena: Una nueva experiencia en nuestro teatro." Originalmente en el no. 9, enero de 1956. En Hernández Otero, Ricardo. *Revista Nuestro Tiempo: compilación de trabajos publicados*. La Habana: Letras Cubanas, 1989. 151-158.

de Represión de Actividades Comunistas). La policía registra también la casa de Raquel Revuelta.

La adaptación, a saber, tiene dos partes, la primera, tres escenas: Ella encuentra una forma de hablar, Un poeta canta una profecía y Juana en Orleáns; la segunda parte, La coronación, Juana ofrenda su armadura, El juicio y La respuesta. De acuerdo con el musicólogo Orlando Martínez, el público siempre aplaudía a Raquel Revuelta, su protagonista, en "la ofrenda" de la armadura, el final.

Vicente y Raquel conocen a profundidad la obra, que dirigió en 1948 Eduardo Casado, primer esposo de Revuelta. De la misma manera que *La ramera...* empleó la *vedette* y explotó la sensualidad de Chela Castro –se ha dicho imitaba el *sex appeal* de Marilyn Monroe– la popularidad de Raquel fue un eje del espectáculo, mediante el contrapunto con la situación cubana. La actriz que despierta ante el llamado nacionalista. A Miguel Sánchez, Revuelta le contó cómo lo inspira el Teatro Nacional Popular de Jean Vilar, cuyas representaciones ve entre los años 52 y 53, especialmente *La nueva Mandrágora* de Vauthier, *El Cid* de Corneille y *El príncipe de Homburg*, de Von Keist, así como el delirio que sintió por Gerard Phillipe. En *Juana de Lorena* imitaba "todo lo que había aprendido con Jean Vilar, con la luz, con los movimientos, con toda una serie de cosas que era un estilo, que era una cosa muy egregia." [238] Ya no buscaba la actuación naturalista sino lo espectacular con el empleo de la luz, la protagonista de la obra, que refiere Rine Leal en su crónica. [239]

---

[238] Sánchez, Miguel. "Vicente Revuelta y el Teatro Nacional Popular de Jean Vilar". Entrevista. 27 de mayo de 2008.
[239] Leal, Rine. *En primera...* " Juana de Lorena". 246-248.

Raquel Revuelta en *Juana de Lorena*

Alfredo Guevara la recuerda como el "primer ensayo de politización y cubanización de una obra", ya que "convertimos a Santa Juana en Fidel [...] el SIM asistía a todas las funciones [...] el público se enardecía y aplaudía enloquecido las arengas de Santa Juana". [240] Estrenada el 27 de enero de 1956, el 5 de febrero el *Diario de la Marina* publica un reportaje gráfico del montaje y el 14, un texto poético, un diálogo con la actriz-doncella, titulado "Envío a Raquel de Lorena", de Orlando Martínez, ilustrado con una fotografía de estudio de Raquel con las manos alzadas en actitud de súplica. "¿Cuánto hay de Raquel en Juana y cuánto de Juana en Raquel [...] ¿Eres Raquel de Cuba o Juana de Lorena? se pregunta pero esquiva aludir a la actualidad de la obra. Nació el mito de Raquel de Cuba. [241] El estreno, en la sala inaugurada con *Hechizados*, era disonante en medio de una escena de escasa preocupación social, pero sin leer la versión es imposible aventurar cuáles eran las arengas o los comentarios

[240] Julio García Espinosa me ratificó él es su único autor. (Correspondencia con la autora, 2006). Desafortunadamente no he localizado el manuscrito. Guevara, Alfredo. *Tiempo de fundación*. Madrid: Iberautor Promociones Culturales, 2003: 349-350.

[241] El reparto lo integran Reinaldo Miravalles, Dulce María Farías, César Carbó, Naida Santi, Carlos Orihuela, Adolfo de Luis, Carmelina Banderas, Humberto García Espinosa, Pedro Martín Planas, Mario Fernández, Antonio Pardo y Raquel Revuelta. Coro del departamento de ópera del conservatorio Hubert de Blanck. Director de escena: Juan Guerra, música incidental de Gisela Hernández, musicalización de Jaime González e iluminación de Teresa Molé.

sobre la situación del país. Rine Leal cree que escogieron una obra inapropiada, porque la doncella de Orleáns es un fenómeno típicamente francés y se limitaron a cubanizar sólo una parte del texto. Celebra la actuación de Raquel Revuelta, "muy efectiva en esos papeles de corte poético" y la dirección de Vicente, el manejo de la luz y la capacidad total del director quien también diseña los trajes y el decorado, pero no señala en especial a ningún actor del reparto, que apenas brilló a su lado y estaba integrado por muy valiosas figuras.

Quisieron utilizar mi nombre en la televisión para el teatro, me dijo Raquel en una entrevista, hastiada de la televisión y del mercantilismo. Pero no se llamó a engaño: el teatro estaba vacío con su nombre y todo. "La obra tenía un concepto muy claro de desvirtuar la idea de una diva, qué era una gente popular, cómo se manipulaba, pero no tuvo éxito, si el público hubiese acudido sí hubiese sido importante." [242] Sin embargo, le vale en 1956 el Premio de la ARTYC como la mejor actriz del año y a su hermano en la dirección.

Rine Leal escribió: "[…] Juana de Lorena es, gracias a la familia Revuelta, una de las más puras experiencias teatrales que es dable ver en La Habana. En un ambiente entregado casi por completo al teatro comercial, la voz de la doncella de Doremy clama en el desierto. Aquellos que tengan oídos deben correr a la Sala Hubert de Blanck para salir con un poco de esperanza en el corazón". [243] El montaje clamó pero no encontró oídos receptivos.

[242] Boudet, Rosa Ileana. "Raquel con los pies en la tierra". *Revolución y Cultura* 5 (1985): 2-7. "Monólogo de Raquel Revuelta". *Revolución y Cultura* 34 (1975) :18-123.

[243] Leal, Rine. *En primera...Ob.cit. 148.*

Andrés Castro está en el camino de buscar un público. En Atelier dirigió *Picnic*, de William Inge como "cuadro realista de costumbres provincianas." [244] Para Júpiter (Gastón Baquero) es uno de los tres mejores directores del país. "Su dedicación al teatro es impresionante, por lo que ha tenido y tiene de sacrificio, de desinterés y de verdadero sentido de la misión teatral. Ha llevado su compañía Las Máscaras a los rincones más apartados de Cuba, reviviendo la auténtica vida del teatro. Ahora mismo se dispone a ofrecer una nueva temporada —en el salón Farseros— a partir del próximo día 30 de julio con el aliciente de obras desconocidas entre nosotros y ofrecidas en repertorio". [245] Sin el el brillo o el imán de Morín, menos conocido, su trabajo en Cuba apenas cubre una etapa de veinte años, pero en 1956 ha realizado decenas de montajes y recorrido Cuba con ellos.

¿Cómo se despertó su vocación?

Creo que siempre tuve vocación teatral, siempre me interesó mucho el teatro, aunque al principio como espectador. Pero, de una forma casual,

---

[244]Ichaso, Francisco. "Picnic es un cuadro realista de costumbres provinciales". *Diario de la Marina*. 14 de febrero de 1956. 20 A, 22 A.

[245] Júpiter. [Gastón Baquero] "Un joven director analiza la situación actual del teatro". *Diario de la Marina*. junio 24 de 1956. p. 15 D.

descubrí la vocación, cierta vez que un amigo mío se decidió a dirigir una obra, y me invitó a participar en ella como ayudante suyo, como ayudante de dirección.

-¿Cuál era esa obra?

Bodas de sangre. La primera vez que llegué al escenario, me di cuenta de que me interesaba de verdad el teatro, el teatro desde el punto de vista activo, profesional. Decidí que era mi camino. Y pensé que si me iba a dedicar a eso, lo lógico era prepararme lo mejor posible. Lo que verdaderamente me gustó del teatro fue la parte directora, dirigir y montar obras.

¿Cuáles fueron sus estudios?

Primero, en el interior de la república, fui asistente de dirección en dos obras con la directora Lorna de Sosa. Luego estudié dos cursos en The New York School en New York. Un curso comprendía no sólo dirección, sino actuación, escenografía, luminotecnia, hasta cierto punto historia del traje, en fin todas las ramas del arte dramático. Estudié dirección con Erwin Piscator y con Lee Strasberg. Aparte del estudio teórico, hubo una gran parte práctica: dirección de pequeñas obras, actuación, trabajos prácticos en el escenario. Un repertorio bastante extenso de obras clásicas y modernas, americanas y francesas: obras en un acto. Por ejemplo, yo trabajé en *Las moscas de Sartre* y *Auto de fe*, una obra en un acto de Tennessee Williams.

¿Su opinión general sobre la situación del teatro en Cuba? ¿Como lo ve actualmente?

Yo creo que el teatro en Cuba está al principio de una etapa nueva. Podemos decir, la etapa profesional. Creo que es indispensable que esa etapa se realice desde ese punto de vista del profesionalismo, para que verdaderamente pueda cuajar ese movimiento teatral. Porque no puede haber teatro, verdadero teatro, sino es desde un punto de vista de vista profesional.

¿Qué le parecen todas esas salas que están ahora funcionando?

Creo que esas forman precisamente parte de ese inicio de ese profesionalismo del teatro, porque debido a las salas pequeñas se puede hacer teatro diario con un costo relativamente reducido y se puede hacer teatro con taquilla abierta al público y no como se hacía antes, una sola vez al mes y con una sociedad. Esa fue la gran lucha mía cuando llegué a Cuba. No quiero decir solamente mía sino supongo que también la de muchas otras personas. Luché porque llegara a terminar la etapa del teatro de una sola función al mes y siempre para socios. Eso es lo que hay que evitar, y debe tratarse de salir de ello. Que no sea el teatro una cosa lujosa para un grupo. Y desde luego, las salas pequeñas han sido el principio de ese movimiento, porque se ha logrado desde el punto de vista económico, el poder dar funciones diarias.

¿Y el amateurismo ¿no se supone que es la cantera de dónde salen los actores?

Sí, como cantera, es magnífico, como laboratorio. Pero este movimiento de teatro que se ha iniciado, que tiene visos de profesionalismo, si no llaga a cuajar así, haría que el teatro se acabara, porque no es posible que los actores, directores, escenógrafos, etc. todos los que trabajamos en el teatro, tengamos que ganarnos la vida en otra cosa, en una oficina, en la televisión. Se pone al teatro en una situación desventajosa. Yo creo que el artista debe dedicar las veinticuatro horas del día a la profesión.

Hay como un círculo vicioso en este asunto. Se dice que el problema es que no hay público para el teatro porque no hay teatro, y también que no hay teatro porque no hay público que vaya al teatro. ¿Cuál es su criterio?

Yo creo que ya está en camino de salir del círculo vicioso, porque el público estaba esperando la oportunidad de que se pusiera un teatro relativamente bien interpretado y con fuerza dramática, y en lugares que tuvieran un mínimo de condiciones necesarias para poder disfrutarlas. No en teatros grandes, como el Auditórium donde la mayor parte de las obras –por su carácter más o menos íntimo– se perdían por completo, aunque estuvieran bien logradas, aparte de que como eran con ese carácter exclusivo o reducido de que antes he hablado, se alejaba también al público. Yo he podido comprobar en los seis años que llevamos trabajando que el público ha ido aumentando más año por año. Eso en nuestras obras. En otras obras también se ha notado mayor afluencia de público. Ha habido una curva ascendente desde el estreno de *Yerma* a la última temporada que hicimos en La Habana, habiéndose pasado de un máximo de ochenta personas por función a tener el teatro lleno, sábado tras sábado.

Sobre el gusto del público cubano, ¿cuál es su experiencia? ¿Cree usted que hay preferencia por obras frívolas o con apuntes más o menos fuertes de escabrosidad?

Si se habla de público como público en general, lo que yo entiendo por público, un público heterogéneo, [ilegible] depende de una obra buena y bien representada, toque o no toque ese problema. Hay una parte del público, la que va a las funciones de las doce en los cines, que acude donde quiera que se exponga ese espectáculo, por lo mismo que va a un teatro pornográfico o va a ver una película obscena. Dio la casualidad de que en el Patronato la obra *Té y simpatía*, con la que se inició su etapa actual, tocaba un problema, no voy a decir escabroso, pero sí llamativo. Era una obra interesante, estuvo bien representada, tuvo un éxito de público como lo tuvo más adelante *Gigi*, que tampoco la consideraría escabrosa. Y esta misma cuestión se ha planteado entre gentes de teatro: se decía que llevaba por eso el público al teatro. En cambio, *Lecho nupcial* ha tenido mucho éxito. Y hemos tenido obras sin relación con el problema sexual, es más, obras que al principio tenían mucho éxito por el gancho de un tema más o menos llamativo, y luego cuando esa cantidad de público así atraída la había visto, desaparecía el interés.

Se dice que para "pegar" una obra tiene que ser frívola o vodevilesca. ¿usted lo cree?

Creo que es una falacia, y la prueba está en que en ciudades como New York donde el teatro tiene un auge enorme, se pueden poner dos o tres veces al año obras como *La luna es azul*, etc., pero nada más y se dan temporadas como la de ahora, donde se ha puesto *La guerra de Troya no ocurrirá, El jardín de yeso, Una vista desde el puente, La casamentera,* que han sido grandes éxitos.

¿Cuál es en definitiva su experiencia sobre el gusto del público cubano?

Mi experiencia es la de que lo mismo hemos tenido muchísimo éxito con obras de mucha calidad como con obras consideradas de no tanta calidad. Da la casualidad que las dos obras de menos valor literario *Al caer la noche* y *La dama de las camelias* son las que menos éxito de público han tenido. Creo que el problema no es de mala calidad, sino que el éxito depende los valores dramáticos de la obra. Por muy buena que sea una obra, si no está bien construida, si no tiene fuerza, si teatralmente no está bien hecha, es difícil que tenga éxito. También puede tenerlo una obra mala.

La entrevista abunda sobre otros muchos temas, la ausencia de las grandes mayorías en el teatro y el riesgo que el público se aleje de él si se le brinda un teatro malo. "Un repertorio nauseabundo". Con respecto al actor, le preocupa la falta de profesionalismo, cómo la radio y la televisión son para los actores lo más importante así como el descuido de la dicción. Pero no cree que hay que sentarse a esperar por la ayuda oficial ni por el Teatro Nacional, ya que el Bellas Artes de México es un bonito edificio pero no ha redundado en un mejor teatro. Y después de intercambiar datos cultos sobre *Un fénix demasiado frecuente* y una traducción de Ballagas de *La escuela de las viudas*, para mayor desconcierto respecto al repertorio que elige, la pieza de sus sueños es *La anunciación de María*, de Paul Claudel.

En 1956 realiza una temporada en Farseros con *Las brujas de Salem* de Arthur Miller, *El caballero de Olmedo*, de Lope de Vega [246] y *Cándida*, de Bernard Shaw. María Antonia Rey, que comenzó con pequeños papeles en GEL, es ya protagónica y se llamará Antonia. ¿Cuáles son a juicio de Júpiter los otros directores más interesantes en estos momentos? ¿Pensaría en Centeno, en Morín, en Crusellas?

---

[246]Escenografía de Agustín Fernández y vestuario de María Helena [Molinet]. Antonia Rey, René Sánchez, Georgina Almanza y Silvio Falcón.

Roberto Blanco, Nena Acevedo, Sergio Corrieri y Lilian Llerena

Ichaso escribió que *La zorra y las uvas*, de Guilheme Figueiredo, puesta del Teatro Universitario, es un canto a la libertad. La pieza brasileña, basada en la fábula de Esopo, se centra en el poder del esclavo, quien "compensa la inferioridad de su condición servil con la poesía y la ironía, desde un espíritu superior al de su amo". Montaje de Baralt, contó con el desempeño de Nena Acevedo, Orlando Nodal, Roberto Blanco, Lilian Llerena, Samuel Ponseri y Sergio Corrieri, así como la música incidental de María Álvarez Ríos, "sugestiva y propia", basada no en la Grecia de las excavaciones sino en la de sus sueños. [247] Se ha dicho que su fuerte mensaje político, "un grito de desesperación para ser escuchado por un dictador", ocasiona el cierre del teatro con la intervención de la policía. La tensión política es muy aguda en la Universidad, pese a que las funciones no son en la escalinata, sino en el Aula Magna, pero el incidente lo coloco entre corchetes –la Universidad está todavía

---

[247] Ichaso, Francisco. "La zorra y las uvas, comedia brasileña en el Teatro Universitario". *Diario de la Marina*". 8 de febrero de 1956. 18A, 5B.

amparada por la autonomía– y la obra se repone en Atelier. Cuando estrena *La luna en el pantano* de Baralt, en el Aula Magna, con pocas funciones, nada se dice después del 27 de octubre de 1956, ni siquiera un aviso en la prensa. Rine Leal, a pesar de destacar que no hay en la obra criollismo fácil, sino tipos habaneros, "una comedia como ésta en 1936 con su escena de sueños, su casa de vecindad, sus personajes sedientos de vida y su poca acción moral, era ya un paso al frente en el teatro de nuestro país" critica la falsedad del personaje de Fachner, al "traicionar" la cubanía de la obra, por su obsesión de "escapar de su patria"."Nada tiene que enseñar a nuestros dramaturgos", concluye. El redactor novato no leyó el texto porque Fachner invita a Gisela a partir con él y escapar de las pestilencias del pantano, pero para ninguno de los personajes, la casa de huéspedes es la patria, sino un sitio de tránsito, casi de fuga. Pareciera que los veinte años transcurridos entre el ensayo de Ichaso y la nueva puesta, han sido en vano. [248] No hay referencia a su parentesco con *El travieso Jimmy* (1951), de Felipe, cuyo personaje es otro extraño y apenas descubre o intuye su simbolismo. Destaca a Roberto Blanco y Lilian Llerena –ya se había hecho notar en *Prometeo encadenado*– Rolando Díaz, Francisco Tejuca y Sonia Mata.

Vicente no repite otra adaptación. Su trayectoria está signada por quemar etapas en un tiempo breve, lo que le permitió buscar y experimentar a lo largo de su carrera con técnicas, estilos e influencias muy diversas. No sólo no «cubaniza» otra obra sino que apenas se interesa por los autores nacionales. Sus búsquedas teóricas de los cincuenta y su encuentro con Tania Balachova, Gerard Phillipe y Jean Vilar repercuten en sus puestas posteriores. En *Fuenteovejuna* (1963) trabaja los espacios vacíos y las figuras movidas en la inspiración de Vilar; *Tres hermanas* (1972) sitúa a Chejov en medio de las conmociones políticas del momento y su *Galileo* (1985) fuma cigarros populares increpado por un coro de jóvenes estudiantes. Pero la actualización no desaparece ya que las obras norteamericanas o europeas requieren de traducciones-versiones. María Álvarez Ríos, Cuqui Ponce de León, Carmen Bernal, Yolanda Aguirre, Mario Parajón y Hortensia Guzmán son algunos de sus traductores, aunque se utilizan ediciones mexicanas, argentinas o españolas.

---

[248] Ichaso, Francisco. "Ensayo sobre nuestra escena". *La luna en el pantano*. La Habana: Ucar García y Cía, 1936 : 5-39.

Cuba es uno de los pocos países de habla hispana que titula *El Living Room* la que en España fue "cuarto de estar". *Adolescencia*, de Samuel Taylor se estrena en Bellas Artes con un reparto estelar. El salón TEDA hace *La rosa tatuada* y *La gata en el tejado de cinc caliente*, de Tennessee Williams. Cuqui Ponce de León dirige en el Hubert de Blanck *Lecho nupcial (The Fourposter)* de Jan de Hartog, con Carmen Montejo y Eduardo Egea, un año después de la mexicana de Salvador Novo. La vida de un matrimonio a través de distintas épocas, desde 1890 a 1908, del esplendor a las desavenencias y al declive. *Un cuarto lleno de rosas*, (*A Room Full of Roses*) de Edith Sommer, gira en torno a las consecuencias del divorcio para una joven de quince años; *La malla* de Aldous Huxley, en el Hubert de Blanck, con Marisabel Sáenz, César Carbó, Griselda Noguera, Santiago García Ortega. Y Roberto Peláez dirige *Cordón de plata*, de Sidney Howard, en Talía, sobre una madre posesiva como el personaje de *La víctima* de María Álvarez Ríos.

En Atelier, *Las manos de Eurídice*, del brasileño Bloch, monólogo interpretado por José de San Antón, fue muy bien recibido. Vázquez Gallo dirige en Talía *La tercera palabra*, de Alejandro Casona, en la que destaca Loly Rubinstein, que hace exclamar al contenido Ichaso ¡Qué aplomo, qué finura, qué humana delicadeza en el papel de Marza! [249] Verónica Lynn la recuerda como la actriz ideal para la comedia elegante. Permanecer en cartel depende de la taquilla y los títulos se alternan o regresan, de acuerdo a la demanda.

Morín a contracorriente estrena *Delito en la isla de las cabras*, de Ugo Betti, el primero de sus autores italianos de posguerra, una pieza de enclaustramiento, pasiones, verbalismo y situaciones fuertes y controvertidas. Una solitaria viuda con su hija y una cuñada se enfrenta al instinto animal de un extraño. Es paradójico que cause consternación en muchos críticos, ya que seleccionar a Betti no era original, vigente en los repertorios de los teatros universitarios y estrenado en España por José Luis Alonso en 1954. [250]

---

[249] Ichaso, Francisco. "La tercera palabra de Alejandro Casona en el Patronato del teatro". *Diario de la Marina*. 20 de marzo de 1956. 14 A, 16 A.
[250] *Delito en la isla de las cabras*. Ugo Betti (10 de marzo-abril 1956). Teresa María Rojas, María Suárez, Ninfa Alonso, Manuel Pereiro, Eduardo Moure.

Eduardo Moure y Teresa María Rojas en *Delito en la isla de las cabras*

Los fanáticos, de Carlo Coccioli, italiano radicado en México, se anunció como estreno *mundial,* "el triunfo del espíritu frente a las graves incomprensiones, insidias y fanatismos". Publicada en 1959 por Tirso, no he podido localizar el libreto pero la nota de solapa la relaciona con el "planteo social de las dos Américas: la criolla y la rubia; cada una con sus fanatismos religiosos y económicos" y sobre ese fondo, "el tema de la homofilia, con esa dignidad en el tratamiento de la que Coccioli dio muestra en *Fabrizio Lupo.*" Morín la recibió de un emisario de nombre Sócrates.

Los fanáticos de Carlo Coccioli. (12 de mayo, 1956). Estreno mundial. Manuel Pereiro, Berta Martínez, Frank Catells, Juan Cañas, Helmo Hernández. Escenografía Andrés.

Llama viva, de John Steinbeck, sube al escenario el 14 de julio de 1956, todas en Prado 111, entre Refugios y Genio, bajos de Radio Caribe, con aire acondicionado, requerimiento esencial en la nueva etapa. [251] Y aunque parezca una locura, gracias a la invitación de Ezequiel Vieta y Beatriz Maggie, de la Universidad de Oriente, Morín se desplaza a Santiago de Cuba para formar a sus jóvenes actores, con los que monta, entre otros, *La moza del cántaro, Sonetos, El viejo celoso, Las aceitunas, Doña Rosita la soltera, La más fuerte* y *El avaro*. Integran el grupo, entre otros, ya que dispongo de muy pocos datos, Marta Farré, Tussy Caveda, Omar Valdés, Enrique Ramírez, Raúl Pomares y Silvia Carbonell.

En septiembre dirige *Un tal Judas*, de André Puget y Pierre Bost con Florencio Escudero, María Suárez, Berta Martínez, Manuel Pereiro y un extenso reparto. [252] Obra de ideas, centrada en la figura de Judas vista no como un cobarde sino un hombre rebosante de amor, que se sacrifica y "elige" ser traidor ante la historia. Morín debió basarse en la versión de Alberto de Zavalía publicada el año anterior en Argentina pero no he encontrado ninguna reseña.

En el programa mimeografiado de *Sangre verde*, de Silvio Giovaninetti, se advierte al espectador que "en este drama no hay neorrealismo", quizás ironizando sobre la popularidad del estilo (visitas de Zavattini) y el teatro de Fermín Borges. [253] José Massip en *Nuestro Tiempo* consideró carecía de "matriz social", no se podía ubicar en un contexto, sino se percibía lo simbólico y alegórico, la sociedad como un "leviatán que aplasta al hombre y contra la que es inútil toda rebeldía". La nota permite inferir cómo influían las pequeñas dimensiones de la sala en la percepción, los actores cerca con sus desgarramientos y latidos. Debuta Gilda Hernández, quien le sigue los pasos a su hijo Sergio Corrieri, actor en vías de imponerse. Aún insegura −el prejuiciado cronista se asombra que lo hiciese en su madurez− sustituye antes a Berta Martínez en *Un tal Judas*. Un detalle superfluo en opinión del crítico, hoy parece un hallazgo. Al empezar el tercer acto, los actores están inmóviles como al final del

---

251 Helmo Hernández, Manuel Pereiro, Eduardo Moure y Teresa María Rojas.

252 Miguel Quintero, Fausto Montero, Henry Santana, Rafael Cortés, Cecilio Noble.

253 9 de nov de 1956. Gilda Hernández, Helmo Hernández, Henry Santana, Berta Martínez, Lilian Llerena, Manuel Pereiro.

segundo. A medida que entran, el autor indica que se «fijan» (hoy se traduciría se congelan) en sus respectivos papeles. Morín va más lejos y radicaliza la propuesta de Giovaninetti, que califica su obra de "tentativa neorromántica". Con esos "efectismos", logró una impresionante plasticidad. [254]

Sangre verde es uno de los libretos fotocopiados que Morín conserva después de su largo viaje. Borrascosa y trágica, un científico se casa sin saberlo con una hermana perdida hace años y aunque intenta desafiar las leyes del incesto para imponer las de la naturaleza, anula su matrimonio, nunca lo consuma, y ante el imperioso reclamo de su esposa-hermana, finalmente se suicida. Los seis personajes se desdoblan en coro. Triunfa la tesis de que no existen afinidades sanguíneas porque la sangre se volvería maléfica, la sangre «verde» del título. Estrenada en Zurich en 1953, Victorio Gassman la hizo en Italia al año siguiente y en 1955 se representa en Buenos Aires.

La lección de Ionesco forma junto a *Juicio de Aníbal*, de Gloria Parrado, un programa conjunto (5 de septiembre en el Lyceum) seguido de *La soprano calva* un mes después, dirigido por Julio Matas con el grupo Arena. Gloria Parrado ubica la acción en el salón de un juzgado. Aníbal, acusado de asesinato, no aparece en un estrado o una celda, sino solo, fumando, en su casa. Dos testigos y la Viuda se contradicen en sus testimonios e introducen un elemento inesperado y onírico. El criminal se volatiliza y desvanece. Cuando el fiscal juzga a Aníbal sin haber declarado, éste toma la palabra. "Ese hombre vive. ¡Agoniza! Sí, es un hombre que agoniza, que se consume. Que se golpea a sí mismo. Claro que he de matarle. ¿Para qué quiere un hombre así seguir viviendo?" Y de espaldas al público se clava en el pecho un cuchillo con estas palabras: "¡Yo soy el asesino!"

Parrado teatraliza la conciencia de Aníbal, preso de una angustia que la obra consigue transmitir a los espectadores. La crítica le fue adversa. Leal señaló el «peligro» de importar una corriente "de un medio intelectualmente superior", lo que quizás explica el escaso florecimiento del absurdo si se le analizó como extraño y ajeno a nuestra tradición cultural.

---

[254] Massip, José. "Sangre verde". *Nuestro Tiempo* 15. enero-febrero. 1957. s/p.

Atelier repone *La soprano calva,* de Ionesco con *Antes del desayuno,* de O'Neill, interpretado por Elena Huerta, con un anuncio: "Delirante como el *rock and roll*", también programada por el Instituto de Cultura. Una aventura riesgosa por el gusto del público, según Rine Leal, gracias a su director Julio Matas, seis años después de su estreno en París. [255]

Ramón Antonio Crusellas

El Patronato llevó a escena en Talía una de sus más exitosas puestas cubanas, *Desviadero 23,* premio Luis de Soto, titulada originalmente *Lo verdaderamente nuestro,* de José Enrique Montoro Agüero, joven abogado de Pinar del Río, secretario de la audiencia Provincial. Mencionado también por *Tiempo y espacio,* (*Nuestro Tiempo* publicó el primer acto), Ichaso la calificó de realismo simple, sin estridencias ni búsquedas. [256] Una matriarca, Celia, interpretada por Adela Escartín, decide quedarse en la provincia con sus amarguras y sus renuncias. A Rolando Ferrer también le intrigó la falta de aspiraciones del personaje, negado a salir a la capital a un ambiente más mundano o intelectual, que se "sepulta" en una finca de Pinar del Río. Encontró acertada la dirección de Ramón Antonio Crusellas, sobrio a Alejandro Lugo –el político que vende votos y oprime a los campesinos– así como a Daniel Farías que "afiebró el tipo supliendo sus endebleces". [257] Representada en Bellas Artes, obtiene al año siguiente tres premios Talía, para el director, la interpretación de Alejandro Lugo y el diseño

---

[255] Parmenia Silva y Daniel Jordán son los únicos mencionados por Leal. Ob cit. 251-253. Intervienen Leonor Borrero, Rebeca Morales, Julio Matas, Rolando Ferrer. Escenografía de Julio Matilla.

[256] Ichaso, Francisco. "Triunfa una obra cubana en la Sala Talía del Patronato del Teatro" *Diario de la Marina.* 7 de septiembre de 1956. 16 A, 19 A. Con Adela Escartín, Alejandro Lugo, Daniel Farías, Naida Santi.

[257] Ferrer, Rolando. "Crítica". *Ciclón* 5. Vol.2. (septiembre de 1956): 55-57.

escenográfico de Andrés. A pesar de su aceptación, ninguna de sus piezas, ni siquiera *El cumpleaños de Lala Rumayor*, premio Teatro Estudio en los ochenta, se publica.

El Instituto de Cultura presenta en Bellas Artes a un nuevo autor, el cuentista Ramón Ferreira, con *Donde está la luz o marea alta* (1952). Nacido en Galicia en 1921, llegó niño a Cuba. Estudió fotografía y cine en Boston y Nueva York. Con varios cuentos premiados y mencionados, al obtener en 1951 el Hernández Catá con *Tiburón y otros* cuentos, gana pronta notoriedad. La obra dramática se localiza en un pueblo de pescadores ante la cercanía de un ciclón.

Sergio Doré y Adela Escartín

En una escena fuertemente crispada, violenta, de deseo sexual reprimido, machismo, culpa e insatisfacción, los personajes actúan de manera instintiva y animal. Se le critica el lenguaje. Aunque consigue apresar la "magia interna de la realidad cubana [...] el diálogo lamentablemente se hace falso a fuerza de pretender alcanzar el tono literario" escribió Leal. A pesar de sus imperfecciones y su "trama lenta y monótona", según González Freire, Ferreira intentó un paisaje diferente. "El público sólo aceptará lo cubano cuando vea su conciencia en escena", dijo en una entrevista. "Hay que mirar más allá del techo de guano, olvidarse del ajiaco y buscar debajo de la ropa. Buscar la realidad del espíritu." [258]

Publicada en *Ciclón,* de acuerdo a las cartas de su director José Rodríguez Feo a Virgilio Piñera, en Buenos Aires, quiso hacerla coincidir con el estreno. "Así le escamoteamos el triunfo a Zendeguito". Quiere triunfar contra "las hordas de Zéndegui", director del Instituto de Cultura. [259] Cuando el 22 de abril el *Diario de la Marina* publica la entrevista de Gastonete [Gastón Baquero] a Ferreira, llamado coloquialmente Ramona en las cartas, le comenta a Piñera que "su cinismo raya en la canallada". Júpiter, seudónimo de Baquero, acosa a preguntas a esta "promesa de los jóvenes" con una primera obra estrenada a bombo y platillo. [260] Todo el teatro que ha visto le parece "bastante malo" y más interesante "el teatro que se escribe pero no se pone"; le ha gustado *Calígula* de Morín y la *Yerma*, de Andrés Castro y fuera de Cuba, *Un tranvía llamado deseo* y *Un gato sobre el tejado de cinc caliente* y el teatro de Arthur Miller, a quien por cierto, ha visto muy mal puesto por el señor Petrone. Admira a Carlos Felipe y a Rolando Ferrer en su *Lila la mariposa.*

Preguntado por la *Electra* de Piñera, contesta: "Se nos pide que admiremos la obra porque tiene nombres griegos o una tradición griega pero no aporta nada nuevo a la tragedia". Sobre los llamados "grupos". "No creo que existen", contesta. Orígenes se ha pasado ocho años poniendo pies de grabados a las obras de otros y *Ciclón* es Rodríguez Feo

[258] Citado por González Freire. p 128.
[259] Piñera, Virgilio. *Virgilio Piñera, de vuelta y vuelta. Correspondencia 1932-1978.* Ediciones Unión, 2011. p.148.
[260] Júpiter. [Baquero, Gastón]. "Donde está la luz, primera obra de Ramón Ferreira en el Instituto Nacional de Cultura". "*Diario de la Marina.* 22 de abril de 1956. p.13 D.

y su libreta de cheques. Para éste la entrevista fue un *boomerang* ya que el estreno se pospone para el 27 de abril y *Ciclón* habrá salido antes. Comisiona a Niso Malaret "que sabe mucho de teatro" para que le de un buen palo. Crítico y autor dramático con *Anuncia Freud a María*, escribe una sobria y puntual reseña. Emplea, escribe, las herramientas del cuento corto para el teatro y logra un segundo acto "terso, conciso, dominante, arrastrando la protagonista y su *foil* a un clímax firme, estimulante, vigoroso, inevitable".[261]

Ichaso destaca el impacto de la obra y compara a Ferreira con las figuras del teatro de Unamuno que "parecen flotar en una atmósfera sin ubicación y sin tiempo". [262] Con objeciones menores a la dirección de Carlos Piñeiro y pocas alusiones a las actuaciones (Adela Escartín, Maritza Rosales y Sergio Doré), la opinión más sensata es la de Júpiter quien escribe que la obra "tan preocupada por la moral como una obra de Benavente o de Pemán", es "teatro viejo". En septiembre pareciera que Virgilio ha leído la entrevista referida en las cartas cruzadas, pues contesta: "no concibo que se puedan decir tantas pavadas". [263]

Después de estrenar en marzo *La Medium* y *El teléfono* de Menotti en la Sala Hubert de Blanck (dirección musical de Paul Csonka y artística de Ramón Antonio Crusellas), Rita Montaner repite la experiencia, esta vez en un rol dramático, en la misma sala, en agosto, con *Mi querido Charles* de Alan Melville. Se comenta su versatilidad y su chispa. Cada frase de la actriz produce una carcajada por lo que los diálogos se demoran en espera de que el público haga silencio. [264] Es lo que Graziella Pogolotti recuerda como "teatro comercial, digestivo y reconfortante". Una lectura de *Madre Coraje*, de Brecht, dirigida por Juan Guerra –asistente de dirección de Vicente Revuelta en *Juana de Lorena*– con su Teatro Triángulo en el Lyceum, el 27 de septiembre de 1956, precede las

[261] Malaret, Niso." Donde está la luz". *Ciclón* 3 (mayo de 1956): 55-56.
[262] Ichaso, Francisco. "Donde está la luz, obra cubana en el Palacio de Bellas Artes". *Diario de la Marina*. 1ero de mayo de 1956. 20 A y 22ª.
[263] Piñera, Virgilio. *Virgilio Piñera, de vuelta y vuelta. Correspondencia 1932-1978*. Ediciones Unión, 2011. p.171.
[264] "Gran éxito de Rita Montaner en Mi querido Charles". *Diario de la Marina*. 16 de agosto de 1956. 14 A.

cronologías del alemán en Cuba. Intervienen Marisabel Sáenz, Paco Alfonso, José A. Insua, Orlando Nodal y Sergio Corrieri.

Al terminar el año, abre otra salita con un "juguete cómico" vodevilesco de André Roussin. Farseros estrenó antes su *Nina*. Con *La pícara cigüeña* comienza una sala de doscientas cincuenta butacas, agradable y acogedora, cuyo dueño es Paco Alfonso, fundador de Teatro Popular. Está situada muy cerca de la Universidad. [265] Junto al Hubert de Blanck, permanece abierta hoy.

¿Cómo es posible que ninguna sala lleve el nombre de Baralt se pregunta el sagaz Rafael Suárez Solís? "La Cueva, aunque inexistente, cegada, debiera tener el significado que para el arte tiene las de Altamira" pero no lo tiene. Ninguna salita del pasado llevó su nombre aunque el teatro cubano haya salido de una cueva y se interne en el sótano de un edificio de apartamentos. [266]

---

[265] Ichaso, Francisco. "Inauguración del Sótano con un juguete cómico de Andre Roussin." *Diario de la Marina*. jueves 20 de diciembre de 1956 20 A, 22A
[266] Suárez Solís, Rafael. "La Cueva". *Diario de la Marina*. 25 de agosto de 1956. 4 A.

11. Frivolidad y picardía

En enero de 1957 muchos títulos se mantienen en cartelera por semanas y hasta meses. Entre los que continúan, *El cuarto lleno de rosas*, de Edith Sommers, puesta de Cuqui Ponce y La *voz de la tórtola*, de John Van Druten, en Talía, dirigida por Ramón Antonio Crusellas, con la pareja del momento, Minín Bujones, la actriz bisoña enamorada del soldado, Pedro Álvarez, su compañero en *La muchacha de la vía Flaminia*, actor exclusivo de CMQ y de la firma Regalías el Cuño. Minín estrenó la obra de Druten en Farseros (1947), autor que no tuvo miedo de escandalizar la moral establecida. [267]

Pedro Álvarez

Lecho nupcial se despide después de semanas en cartel. En el Hubert de Blanck, V*idas privadas*, de Noel Coward –con Adela Escartín– y la adaptación de *La dama de las camelias*, con Gina Cabrera y Pedro Álvarez realizada por María Julia Casanova. En Talía, *El diario de Anna Frank* en la versión de Goodrich y Hacktell, protagonizada por una joven de quince años, Josefina Montes, dirigida por Reinaldo de Zúñiga. Suárez Solís la alienta por sus condiciones, pero aprovecha para hablar de su padre, José López Montes, mencionado por *Chano,* de quien no se supo más, como de Sánchez Varona o Felipe Pichardo Moya, arqueólogo instalado en un puesto en el Tribunal de Cuentas, Juan Domínguez Arbelo con *Sombras del solar* y él mismo con *Barrabás,* primera oleada de autores

---

[267] Ichaso, Francisco. "Brillante reposición de La voz de la tórtola". *Diario de la Marina.* diciembre 21 de 1956. 20 A, 22 A.

premiados en los treinta. Para Ichaso, el *Diario...* fue "un gran suceso teatral." [268]

Por sus complicaciones técnicas relativas a los cambios del decorado de Andrés, las funciones se suspenden unas semanas. Suárez Solís solicita un

"Elena vuelve a casa" o "La alegría de vivir", en la Sala Talía

Ilustración de Andrés

teatro que no esté para frivolidades, picardías, malicias ni alegre intrascendencia.[269] Otros montajes son *La alegría de vivir,* de André Roussin, que aunque no tiene la preferencia de Rine Leal, se estrena mucho en La Habana. La pieza actualiza el mito de Helena desde el vodevil con enredos, diálogos de salón y situaciones esperadas. Centeno enfatiza "la caricatura, lo risible y la gracia forzada", a pesar de los bellos escenarios y trajes de Andrés, del que nunca he leído una nota desfavorable. La actuación fue lastimosa por lo lejana que parecía la protagonista Rosita Lacasa, actriz española del Teatro Lara, con sus

---

[268] Ichaso, Francisco. "Estreno en Cuba del Diario de Anna Frank, un gran suceso teatral". *Diario de la Marina.* 6 de febrero de 1957. 16 A, 18 A.
[269] Suárez Solís, Rafael. "Aguja de marear." *Diario de la Marina.* 29 de enero de 1957 4.

"latiguillos" y sus "frases-trampa". En medio del mediocre espectáculo, destaca "la bellísima presencia" y el "temperamento siempre dispuesto a saltar a flor de piel" de Lilian Llerena, "la verdadera estrella de esta Helena". [270] Centeno revisita *Un tranvía llamado deseo*, más polémica que su puesta anterior. A juicio de Leal fue un error concebirla como comedia, pero para Ichaso fue notable, con María Brenes, Fela Jar, Jorge Félix y Enrique Almirante, entre otros, y la escenografía de Rubén Vigón, ganadora de un premio Talía.

24 rosas rojas en Arlequín

Después de probar con los teatros de sobremesa, Teatro 53 y 54, Vigón abre una nueva sala, Arlequín, en la calle 23 entre N y O, en la Rampa, con *24 rosas rojas,* de Aldo Benedetti como Asociación Pro-Arte Dramático. Violeta Casal se aventura en la comedia junto a Alejandro Lugo. Le sigue *Complejo de champán,* de Leslie Stevens, con Ofelia D'Acosta y Alejandro Lugo, que alcanzó 152 funciones y después *Fiebre de primavera,* de Noel Coward, adaptada al teatro y dirigida por Vigón

---

[270] Leal, Rine. *En primera...* pp. 262-264.

con Rita Montaner –que accede a volver a una pequeña sala– Alejandro Lugo, Adrián Cúneo, Pedro Martín Planas y Parmenia Silva. Permanece cuatro semanas en cartel y aunque la crítica fue adversa, pues la mayor parte de las reseñas coinciden en que se hacía a sí misma y distaba de los requerimientos del personaje, es un respaldo al teatro y un regalo al público que la admira y acude a ver la que sería su última actuación. [271] Violeta Casal y Parmenia Silva intervienen en *Espíritu burlón,* traducción-versión de Carmen Bernal a partir de *Blythe Spirit,* también de Coward. Desde 1947 la prensa repara en Vigón, a quien Nora Badía entrevista cuando aún era estudiante de diseño de Donald Oenslanger en Yale por sus innovadoras ideas sobre la imagen escénica y la producción teatral.

Gina Cabrera premiada por Gigi

El Little Theater of Havana, acostumbrado a presentar actores norteamericanos, invita a Gina Cabrera a protagonizar en inglés *Witness for the Prosecution* (Testigo de cargo) de Agatha Christie en su sala de la

[271] Fajardo Estrada, Ramón. *Rita Montaner. Testimonio de una época.* La Habana: Casa de las Américas, 1997. pp. 399-407

calle 26 no. 3008, en las alturas de Miramar. A pesar de su popularidad y éxito en la televisión, disciplinada y concentrada, –habla varios idiomas y estudia ballet– se somete a la prueba, deseosa de aprender. Sus compañeros de reparto son Charles Todd y Fred Oliver, bajo la dirección de John Snook.

Adela Escartín lleva a su sala de Prado 260 entre el 1 y el 7 de junio de 1957 *Donde está la luz,* de Ramón Ferreira, interpretada por Sergio Doré, Olga Lidia Rodríguez y José Díaz Lastra, dirigida por Carlos Piñeiro. Se publican fotografías del propio autor. [272] Andrés García ofrece su versión ilustrada (el 2 de junio de 1957) mientras en Nueva York se hace otra obra suya *Un color para este miedo.* Aparte de dos puestas seguidas una de otra, *El mar de cada día* recibe el Premio Tirso de Molina del Instituto de Cultura Hispánica de Madrid. En agosto, en la misma sala, *El caso de la mujer asesinadita* de Miguel Mihura y Álvaro de la Iglesia reúne a Julia Astoviza, Helmo Hernández, Olivia Peña, Magali Boix, Lolita López, Elsa Nima González y Darío Cañas.

Carlos Manuel Suárez Radillo con su grupo Juglares estrena en El Sótano *Evocación a García Lorca,* programa educativo para las escuelas, en el que participan entre otros Leo Brouwer y Lita Romano con escenografía de Fresquet y música de Nilo Rodríguez.

Morín, desentendido del repertorio que lleva público a las salas, hace *El fuego mal avivado (Le feu qui reprend mal)* de Jean Jacques Bernard, del repertorio del Nuevo Teatro Libre de Antoine, a principios de enero, con Ernestina Linares, Eduardo Moure, Caridad Méndez y Rafael Cortés. Quizás es la versión de Farseros, dirigida por Miguel Llao, criticada por Morín en el primer número de *Prometeo.* Su argumento es muy simple. Mientras Andrés, el marido de Blanca, soldado, está prisionero en Alemania, su mujer aloja por obligación a un oficial norteamericano y aunque Blanca es fiel, los celos de su esposo provocan busque al ausente, mientras duda si aceptar una invitación para ir con él a Norte América.

En *Réquiem para una monja de* William Faulkner (12 de febrero de 1957), adaptación de Albert Camus, trabajan Berta Martínez, Jorge Luis Castro,

---

272. "Donde está la luz". *Diario de la Marina.* 25 de mayo de 1957.

Manuel Pereiro, Carlos de León, Florencio Escudero y Helmo Hernández, pero no he encontrado comentarios críticos.

Graziella Pogolotti tradujo *El mal corre*, de Jacques Serafín Audiberti (1 de junio de 1957), a su juicio una de las mejores del grupo, interpretada gráficamente por Andrés para el *Diario de la Marina*. [273]

"EL MAL CORRE" farsa de Jacques Audiberti, se estrenó anoche en la sala teatro "Prometeo". El gran dibujante Andrés nos ofrece una versión gráfica de la deliciosa farsa de Audiberti, que se encuentra triunfando de nuevo en París en estos momentos. Bajo la dirección de Francisco Morín, con decorados y vestuarios del propio Andrés, figuran en el reparto Teresa María Rojas, Roberto Blanco, Manuel Pereiro, y otros jóvenes actores. El grupo de artistas reunido en "Prometeo" merece la más ciudadosa atención y respaldo a su esfuerzo, porque se trata de un verdadero culto al teatro, con un repertorio excepcional, y con un desinterés desde el punto de vista económico, que constituye una honrada oblación al arte.

El mal corre ilustrado por Andrés

Entre los papeles de Morín, Fernando del Castillo Jr. opina en su crítica que el director escogía obras de indudable calidad, pero le dejaban enormes pérdidas. "Él no desmaya, persiste en hacer buen teatro –teatro profesional– porque es un romántico del teatro. Los artistas no van a él engañados, sino para aprender y en busca de una buena crítica, pero es de lamentar que con ese gran talento y esa capacidad creadora, su teatro no de mayores frutos". La audiencia se quedaba perpleja, no sabía si reír como en un vodevil debido a escenas muy "reales". Si *La alegría de vivir* descubre a Llerena para la crítica, aquí se revela Teresa María Rojas "cuyo patético rostro" expresó "agonía, pasión, cinismo, remordimiento,

[273] Teresa María Rojas, Roberto Blanco, Manuel Pereiro y Caridad Méndez.

venganza, deseos, emoción... poniendo en juego su boca, ojos, cejas y músculos faciales, lo mismo en los momentos de gran ternura que en los de suma crueldad e intenso dramatismo". [274] El reparto se completa con Cecilio Noble en el cínico Cardenal arrancando aplausos del público, Roberto Blanco, que no debió concebir el personaje como un tonto sino como un «amanerado sutil», así como el discreto Helmo Hernández en el Sr. F., entre otros.

Una reacción unánime de la crítica obtiene *El difunto señor Pic* (19 de julio de 1957), de Charles Peyret-Chappius, dirigido por Berta Martínez-Morín ya que éste elabora un "diseño de dirección", viaja a Europa y deja la dirección en las "buenas manos" de Martínez. [275] Cuando regresa, no le gusta. Berta "la había colocado en la cuerda de su propia sensibilidad y una deliciosa comedia se transformó en un drama familiar" pero sí a la crítica. Nació la gran directora. Ichaso valoró la creación de un ambiente exasperante, sórdido y mezquino, al que colaboró la habitación tapizada de rojo del diseño de Andrés y las actuaciones, sobre todo, de Ernestina Linares, que "insinúa su soterrada sensualidad morosa". Reparto "fulgurante" califica Rine al grupo de actores, sobre todo, a Ernestina, "concebida en fuego y aire como un alambre al rojo vivo con una violencia sin par". Y en el otro extremo, Berta "acerada hasta el máximo, moviéndose como una experta y usando un abanico negro cual si fuera el instrumento de su propia expresión. Entre ambas conjugan el más apetitoso, violento y descarnado juego escénico que La Habana ha visto desde enero de 1954, en una especie de solo a dos voces, una sonata apasionada, un dúo llevado al agudo y que por un verdadero milagro no desborda sus propios límites hasta alcanzar el paroxismo visual". [276] Si como dice Eric Bentley y cita Rine, cada arte tiene la crítica que se merece, *El difunto...* alcanzó su justa medida por la aceptación de la crítica.

El Instituto de Cultura programa *Sangre verde* y *El difunto* ... en Bellas Artes. Y gestiona o produce *La anunciación a María*, de Paul Claudel, bajo

[274] Castillo, Fernando del. "De todo un poco". Sin fecha. Papelería de Morín.
[275] Ichaso, Francisco. "El difunto señor Pic, un señalado acontecimiento de la sala Prometeo". *Diario de la Marina*. 24 de agosto de 1957. 12 A, 14 A. Diseño de Andrés García. Alberto Vila, Fausto Montero, Gliceria Soto, Ernestina Linares, Manuel Pereiro, Esperanza Muñiz, Ana Luisa O'Burke y Berta Martínez.
[276] Leal, Rine. *En primera persona...* pp. 256-258.

la dirección de Roberto Peláez, con María Suárez, Sergio Corrieri, Carmen Bernal, Rosa Felipe y Raúl Selis; *Baltasar,* de Gertrudis Gómez de Avellaneda, dirigido por Ángel Cuadra; *La casa de los tres reyes,* de Víctor Ruiz Iriarte, por Erick Santamaría y *Antes del desayuno* y *La soprano calva,* por Julio Matas. Y otros títulos más tradicionales como *El manto de terciopelo,* de André Puget y *A las seis en la esquina del boulevard,* dirigido por Juan Armando García, quien continúa con *El pobrecito y el embustero* y *Juego de niños* de Víctor Ruiz Iriarte y *La casa de Bernarda Alba,* de Federico García Lorca. De la misma manera que el Instituto promueve el curso de Lezama Lima "La expresión americana", algunos directores dirigen con mejores recursos y alguna remuneración.

Una delegación, auspiciada por el Instituto, acude al Congreso de Teatro Panamericano en México (Ramón Ferreira, Rubén Vigón, Minín Bujones y José Manuel Valdés Rodríguez) cuya actuación se califica de "brillante". [277] Revuelta dirige *Las medallas de la señora Ana,* de James M. Barrie, con Nena Acevedo, que ha contado lo que sufrió antes de lograr sentarse en las piernas de Pedro Álvarez, el galán de moda. La maquillaban de rojo como un payaso mientras el decorado de María Julia Casanova era amarillo. Se logró un raro equilibrio entre público y calidad a partir de una "movida y apeladora dirección que logra su cometido: va más dirigida al corazón que a la mente" así como la sinceridad y flexibilidad de Pedro Álvarez, una sorpresa con relación a anteriores actuaciones. [278]

Andrés invita a Revuelta a dirigir en *Prometeo, Dr. Knock o el triunfo de la medicina,* de Jules Romain, durante la ausencia de Morín, de viaje en Europa. Vicente experimenta con la cadena de acciones físicas, cuenta que el personaje se lavaba las manos, «con jabón y todo», algo que le iba a la obra. No he encontrado críticas, ni siquiera un comentario de Morín, salvo que estuvo muy poco tiempo en cartelera.

[277] Piñera, Walfredo. "Brillante actuación de la delegación cubana al Congreso de Teatro en México". *Diario de la Marina.* 23 de octubre de 1957. 12 A.
[278] Espinosa Domínguez, Carlos. "Ser actriz, una suerte y un privilegio". Entrevista a Nena Acevedo. *La Ma Teodora.* no 2. enero-marzo (1999): 38-43. Leal, Rine. *En primera...* pp. 254-256.

En el Sótano, después de *La pícara...*, se estrena *La mujer que tiene el corazón pequeño*, de Crommelynk, [279] *Se solicita un papá*, de Hart y Braddell, *Sombra querida*, de Jacques Deval con Marisabel Sáenz y Sol Luque, *Jezabel*, de Anouilh, con la argentina Ana Lasalle como actriz y directora. La más notable, *Espíritu maligno*, de François Mauriac, dirigida por Orlando Nodal, según Leal, donde el hasta ahora secundario Sergio Corrieri "resalta lleno de bondad y gracia". *Nosotros, ellas y el duende*, de Carlos Llópiz es la última del año con Miguel Navarro —premiado por *Cordón de plata*— junto a Ana Viña, en una agradable comedia de corre-corre y astracanada. Paco Alfonso y Orlando Nodal dirigen y protagoniza la esposa de Alfonso, María Ofelia Díaz. Ramiro Guerra representa allí con su grupo danzario *Llanto por Ignacio Sánchez Mejías* con Graciela Mas, Silvia Dubrocé y Osvaldo Prado.

Las Máscaras inaugura su sala el 27 de septiembre de 1957, en un edificio de quince plantas situado en Primera y B, en el Vedado, con parqueo, aire acondicionado y decoración interior de Tomás Oliva. *Mesas separadas*, de Terence Rattigan abre con gran éxito junto con *Yerma*, ahora interpretada por Antonia Rey. [280] "Hacía mucho tiempo que Las Máscaras no brillaban con tal clara luminosidad, con tal ritmo, con tan suaves matices" escribe Rine Leal a propósito de *El amor castigado*, de Anouilh, gracias a la obra y a la labor de conjunto ("María Antonia Rey lució más bella que nunca, matizando bien, llena de intención, de fraseo, de espíritu"). Castro era responsable con Prometeo de los mejores repertorios. [281] Tan es así, que el crítico se asombra con *El jardín de yeso*, de Enid Bagnold, una selección de buen gusto y erudición del director, en Broadway dos años antes con la estupenda Georgina Almanza, la eficiente y juvenil Carmen Bernal, el caricaturesco y desmadejado Vicente Revuelta, los inteligentes y sobrios Antonia Rey y René Sánchez, adjetivos con los que ironizo, pues

---

[279] Gliceria Soto, Pepe Camejo, Orlando Nodal, Vivian de Castro, Carmelina Banderas.

[280] Inaugurado el Teatro Las Máscaras. *Diario de la Marina*. 1 de octubre de 1957. Antonia Rey, René Sánchez, Carmelina Banderas, Eloísa Álvarez Guedes, Georgina Almanza, Carmen Bernal, Silvio Falcón, Antonio M. Torres, Lidia Diez, Marta Feliú.

[281] *En primera persona...* "El amor castigado", 267-269. "El jardín de yeso". 270-272.

uno de los chistes preferidos de Leal, era "patentar" una máquina de escribir para críticos holgazanes.

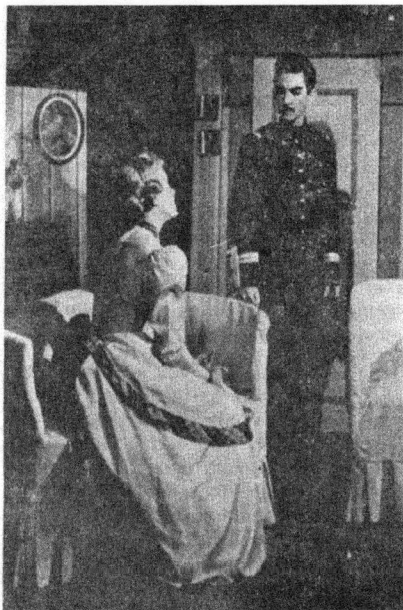

Eloína Maceira y Adolfo de Luis

Después de acoger el programa "absurdo" de Julio Matas con *La soprano calva*, Atelier presenta *Un día de octubre*, de Georg Kaiser, con Eloína Maceira. Adolfo de Luis actúa, diseña y dirige. En octubre se muda para el Atelier «grande» en Galiano 258 entre Neptuno y Concordia con *Los pájaros de la luna*, de Marcel Aymé, traducción de Eva Fréjaville, con un reparto numeroso y una temática rayana con el absurdo o lo que en el programa se llama "la corriente de irracionalidad con la que los públicos buscan mundos distintos donde evadirse". [282] Atelier es un centro creativo. La personalidad explosiva y entusiasta de Adolfo –quien todavía

---

[282] Ángel Toraño, Juan Bradman, José Ramírez Julián Betancourt, María del Carmen Rodríguez, Rebeca Morales, Osvaldo Álvarez, Julio César Mas, Adolfo de Luis, Visi Argudín, Gloria Parró, Silvia Planas, Eloína Maceira, Martica Labatut, Adolfo Llauradó, Marcel Vega, Hipólito Suárez, César Torres, Arnaldo Villar, Leonor Borrero, Eugenio Domínguez, Manuel Bachs.

en los ochenta regalaba como recuerdo boletos de su sala *Atelier*– atrae a jóvenes como Severo Sarduy. (En el apéndice).

Nuestro Tiempo arremete contra el teatro frívolo de alcobas, farsas y vodeviles y las obras "miserabilistas", "existencialistas" y "pesimistas" de 1957, clara alusión a Morín. Muy pocos comprendían que elegir a Peyret-Chappuis o a Betti era una apuesta por educar al público y el *Feu Monsieur Pic* que conmovió a París, aunque amarga, rehúsa la frivolidad y se instala en la tragedia. Pero los izquierdistas de Nuestro Tiempo aspiran a otro repertorio. ¿Cuál? Reminiscencias del velorio del señor Pic, abogado prominente, con el que se inicia la obra, cuya capilla ardiente está en los altos, con sus sobrevivientes aves de rapiña, como la señora Pic, la madre perversa que despedaza a su nuera igualmente malvada, aparecen en algunas de las piezas escritas a finales de los cincuenta y estrenadas después. A distancia es posible observar que estos violentos juegos de agresión y deseos reprimidos, hitos desde 1954, configuran imágenes de los textos cubanos, no porque los dramaturgos las copien, sino porque la escena vivida los nutre e influye. Mientras los personajes se devoran unos a otros, la silueta de una prostituta se avizora en la calle. Un muerto solo, arriba, reaparece en *El vivo al pollo*, de Antón Arrufat como en los pisos superiores ocurren las acciones del teatro temprano de José Triana, para esas fechas vinculado al grupo Dido en Madrid. Pocos respaldan este repertorio de tinieblas y oscuridad. La sala está casi vacía. A veces trabajan para un solo espectador.

En junio un jurado vota unánimemente por la obra de una desconocida, Francisca (Paquita) Madariaga, para el premio Luis de Soto con *El príncipe destructor*, quien revela en una entrevista sus muchos intereses y lecturas, de Aldous Huxley a Nietzsche, pero nadie ha sabido qué fue de la obra, lo que demuestra el relativo desapego por el premio. En el programa de *El águila de dos cabezas*, se dice que Escudero iba a protagonizarla pero fue suspendida por la situación política. ¿Es una obra de ideas?

Ni siquiera estremece la rutina de la vida teatral una noche de absurdo con *Falsa alarma* (1948) de Virgilio Piñera y *El caso se investiga*, de Antón Arrufat, representadas en el Lyceum (28 de junio de 1957), dirigidas por Julio Matas. Arrufat la escribió en una semana a petición de Piñera. Ninfa Infante realizó la escenografía, un escenario aforado en negro con la estatua de la justicia para una, y unos muebles de mimbre alquilados a Le

Chateau para la otra. Los trajes eran de la casa de disfraces Finzi, (Ánimas 208, sastrería teatral) de cuyos escaparates van y vienen vestuarios para muchas obras, ha contado con nostalgia Antón Arrufat, poeta de veintidós años. No costó más de cincuenta pesos que intentan recuperar Virgilio y él ocultos en los matorrales del jardín, ofreciendo boletos a un peso a los distraídos o a los solidarios porque en el Lyceum la entrada era gratis. [283] Ignacio Gutiérrez, asistente de Matas, ha contado lo mismo. En 1994 dijo que fue "rotundo fracaso de público y crítica", estuvo tres días en cartel y el público y los profesionales reaccionaron de forma adversa "con estupor e incomprensión".

En *Cámara de amor* se incluye la nota de Luis Amado-Blanco con frases lapidarias: "El teatro se ha hecho para emocionar, para divertir, para inquietar, para evadir, para alucinar, para corromper, para salvar, etcétera, etcétera. Pues bien, ninguna de estas positivas metas ha sido alcanzada por el señor Arrufat con su pieza". *El caso...* "se extravía en una larga serie de peripecias verbales". [284] A Rine Leal le parece "alargada y a ratos aburrida" y no muestra mucho entusiasmo.

A finales de noviembre comienzan los ensayos de *La boda*, de Piñera en Atelier, en medio de dificultades varias que amenazan con interrumpirla. En diciembre Piñera le narra a Arrufat, en Nueva York, los estrenos del "anciano" en el Mes del teatro cubano, la reposición de *Electra Garrigó*, por Morín con un nuevo elenco y *Los siervos*, por Juan Guerra en El Sótano. Se burla de sí mismo ya que "no tiene tiempo para tantos ensayos, para tanta gente que lo llama", pero no deja de recordar que se estrenó *Un color para este miedo*, de Ferreira, que llama despectivamente "No hay color para esta mierda" y compara con "El derecho de nacer". Hay una carta demoledora del 21 de diciembre de 1957. Virgilio se amiga con Andrés García después de siete años de mutismo, pero al parecer discrepa con Guerra y se niega a hacer *Los siervos* en el Instituto de Cultura. De acuerdo con Morín, sólo Andrés y él confiaron en *Electra...* en el 58. Piñera escribe:

[283] El testimonio de Arrufat en Espinosa Domínguez, Carlos. *Virgilio Piñera en persona*. Miami: Cincinnatti: Término Editorial, 2003. 148-155.
[284] Arrufat, Antón. "Las piezas y yo". *Cámara de amor*. La Habana: Letras Cubanas, 1994. 5-27.

Pero te digo que cambié la vaca por la chiva pues los recursos teatrales de esa gente, son los de siempre, todo *rabougri*. El escenario para *Electra* es irrisorio y el patio de lunetas, más irrisorio todavía. Las actrices y los actores bien malos. En cuanto la *La boda* hay una lucha a muerte con las artistas porque temen decir la palabra Tetas. ¡Qué van a decir sus padres! [285]

Cuesta mucho pensar que en la intimidad –en carta a Humberto Rodríguez Tomeu– alguien que conoció la miseria tan cerca, no reconozca cuánto sacrificio requirió el teatro. Morín trabaja ocho horas en la oficina de los Ferrocarriles y Adolfo de Luis pone su dinerito para la producción de *La boda*. Para ninguno de los dos el teatro fue un negocio, lo hicieron por amor al arte. Es difícil leer que no halla valores en ninguno de los actores del reparto. Espinosa Domínguez cita la carta en extenso y transcribe "artistitas", mucho más a tono con Piñera. Las "artistitas" se negaron a decir tetas, la palabra más repetida de *La boda*. A saber fueron Marta Valdivia, «cocotte trasnochada», que abandonó el papel como Rebeca Morales hasta que lo interpretó la bellísima y liberada Julia Astoviza. [286]

Marisabel Sáenz se entusiasma con *Ladrillos de plata*, de Carlos Felipe, para ser estrenada por el Instituto de Cultura dirigida por Martínez Aparicio. No hay desde 1954 una obra suya en cartelera (la anterior *La bruja en el obenque* fue pensada para la televisión). Aunque escrita de acuerdo a las necesidades de los teatros de bolsillo (pocos personajes, escenario único) no encaja en la concepción pacata del Instituto de Cultura cuyo director la califica de inmoral y se cancela. En el mundo hipócrita y recatado de la buena sociedad, Lisia regresa en busca del amor de sus hijos a la casa burguesa que abandonó por un jardinero. Establecida en Nueva York como estilista de peinados, su llegada amenaza la estabilidad de su antiguo hogar pulcro y decorado, así como el futuro de todos. Lisia, caótica e irrefrenable, vuelve a sus sueños, atraída por un albañil que en lenguaje "chuchero" –Escarpanter– la ama como el cemento a la mezcla y la invita a fundir su soledad con la suya. Lisia los abandona. La metáfora de la arena y el cemento, las referencias a la Empresa Urbaniza-

[285] Piñera, Virgilio. *Virgilio Piñera de vuelta y vuelta*. Ob.cit. p.180.
[286] Espinosa Domínguez, Carlos. Ob.cit. p.153.

dora de La Habana hacia el Este y el muro edificado por Guillo, reflejan el auge constructivo de La Habana a finales de los cincuenta, contrastantes con el desenfreno y el instinto primitivo de Lisia de romper con las normas sociales y vivir en su apasionado "deslumbramiento". [287]

[287] Escarpanter, José A. "Prólogo". Felipe, Carlos. *Teatro*. José A. Escarpanter y José A. Madrigal, eds. Boulder: Society of Spanish and Spanish American Studies, 1988: 9-62.

12. Un mes de teatro cubano

Cuando se inicia 1958 Rubén Vigón ha consolidado una fórmula efectiva en su pequeño teatro. *Complejo de champán*, de Leslie Stevens, es un éxito y *Espíritu burlón*, de Noel Coward –traducción de Carmen Bernal– alcanza 152 funciones con un reparto integrado por Violeta Casal, Adrián Cúneo, Berta Sandoval, Parmenia Silva, entre otros, a la que sigue *El baile*, de Edgar Neville. Las otras salas transitan por el mismo derrotero. *Escápate Isabel*, de Charles Armstrong, en Hubert de Blanck, otra comedia banal dirigida por Cuqui Ponce; *Una noche deliciosa*, por Centeno en el propio teatro y aunque ni TEDA ni Farseros continúan, hasta los propios cronistas reconocen que el teatro es un negocio, no se puede perder dinero y ello asegura una «industria teatral». En El Sótano la comedia de Carlos Llópiz *Nosotros, ellas y el duende*; en Talía, *La vida privada de mamá*, de Víctor Ruiz Iriarte, dirigida por Armando Soler «Cholito». Hasta Atelier escoge *La cabaña*, de Andre Roussin y Las Máscaras, *La vida con papá*, versión de Lindsay y Crouse a partir de la obra de Clarence Day.

Con un concepto muy distante del común denominador de las salitas, se funda Teatro Estudio el primero de febrero. Unos días después alerta en un Manifiesto "... Nuestra escena puede extraviarse por caminos equivocados" ya bien por la carencia de una tradición teatral, por su incipiente desarrollo o por la inexperiencia. Por ello, quieren "contribuir a su justo encauzamiento" y escoger las obras "por su mensaje de interés humano". Concluye: "Esperamos crear una conciencia apropiada en nuestro público; hablar a nuestro pueblo como él espera y tiene todo el derecho de exigir, de sus necesidades, de sus alegrías y tristezas, en fin, de sus intereses, ya que es con él con quien hemos de dialogar necesariamente. Por eso y por la alta responsabilidad de nuestro empeño, sabemos que podremos contar con el concurso de todos aquellos que se detienen a pensar y saben que una obra merece la mejor acogida y respaldo." Firmado por Ernestina Linares, Raquel Revuelta, Rigoberto Águila, Pedro Álvarez, Sergio Corrieri, Héctor García, Antonio Jorge y Vicente Revuelta. [288] Procedentes de distintas experiencias, cuando se habla de taquilla, público y negocio, Teatro Estudio se dirige al pueblo como en la década anterior, Teatro Popular. Nadie pudo anticipar la permanencia y repercusión del grupo recién creado que de inmediato y con pocos recursos –como era habitual– alquila un local en Neptuno 510 (altos) y establece su Academia de Actuación. "Las salitas, recapitula Vicente, no producían grupos sino producciones, eran como un pequeño Broadway. Algunos actores dejaron a Morín porque no había nada que los amarrase a él". Mientras era el director-demiurgo, autoritario y en soledad, Vicente desea crear un grupo. Es el primero no en trabajar con un elenco fijo (Las Máscaras lo hace) sino con el concepto de colectivo, célula creativa, unión de aspiraciones y coherencia de ideas.

Mientras algunos, muy ligados a Prometeo como Ernestina, se alían al magisterio de Vicente Revuelta, los jóvenes del Teatro Universitario, cerrado desde noviembre de 1956, se unen a Morín. De esos años hay una anécdota, esos cuentos fabulados que recorren el teatro, quizás tergiversados, «morinadas». Dicen que un día Lilian Llerena le pregunta a Morín cómo se siente cuando sus hijos lo han abandonado. Y él le contesta. "No me importa, Prometeo soy yo". No le falta razón porque no hubo empresa o experiencia que tuviese una impronta tan personal como su teatro, que sus padres ayudaron a gestionar como taquilleros y promotores.

De manera paradójica, a pesar de que en la Sierra Maestra, la ofensiva del ejército Rebelde libra sus últimas batallas contra el régimen, el país celebra, con entusiasmo, el Mes de Teatro cubano, a juicio de Leal, "debilitado" porque los únicos estrenos son *La boda*, de Piñera, *La víctima*, de María Álvarez Ríos y *Gracias doctor*, de Enrique Núñez Rodríguez.

---

[288] Piñera, Walfredo. "Manifiesto de Teatro Estudio en el mes de teatro cubano". *Diario de la Marina*. 11 de febrero de 1958. 20 A.

Gastón Baquero lo informa en su columna. [289] Las vitrinas de Fin de Siglo muestran escenografías de los montajes y un anuncio reúne la celebración con la nueva colección de ropa juvenil.

> Existe ya una corriente de interés y de sacrificio en favor de la creación de un sólido ambiente teatral. Se multiplican las pequeñas salas que en todos los países mantienen viva y al día la producción de obras teatrales, y cierto público se va haciendo ya a incluir entre sus entretenimientos de la noche una visita semanal por lo menos a la sala o la obra de su preferencia. [...]

> No podemos lamentarnos en cuanto a la rapidez con que son dadas a conocer las obras de éxito en París, Londres o New York.

Se debate entre proporcionar medios al teatro para "asegurar protección cierta y eficaz" sin "trazarle normas e imponerle criterios" o pensar "aunque esto sea doloroso y suene cruel, en que el destino de la grandeza espiritual y artística, está reñido [...] con el aplauso de las mayorías, debiendo someterse quien aspire a ser un cultor de la auténtica grandeza al papel de incomprendido, hambreado, solitario y hasta mendigo. En el mundo que nos ha tocado vivir, parece que no hay sitio para la seguridad económica y la jerarquía artística".

> Hay sin embargo, numerosos problemas por resolver para asegurarnos de la consolidación del movimiento teatral. El público, ante todo, no concurre todavía en la proporción mínima, necesaria para asegurar lo indispensable en el orden económico. Se sostienen las salas por la maravillosa capacidad de abnegación de los artistas, directores, escenógrafos y técnicos.

En su crónica siguiente "Teatro cubano y teatro a secas", no escribe sobre ningún autor o director participante en la iniciativa, salvo los costumbristas –con los que hasta esa fecha se identifica lo cubano– y ofrece la dramaturgia de Florencio Sánchez como pauta para nuestra América, por "la actitud del autor con su medio, vital e incambiable" ya que "el mejor medio de superar el costumbrismo superficial y perecedero" es "hundirse en el mundo propio con la verticalidad y el apasionamiento de un cadáver seguro de resucitar en cuanto toque de

---

[289] Baquero, Gastón. "En el mes del teatro cubano". 7 de febrero de 1958. *Diario de la Marina*. A4.

veras el corazón de la tierra".[290] En ambas crónicas menciona el teatrico de Morín.

> Parece que en el cubano hay condiciones magníficas para la escena, y que la mano de un director diestro, es capaz de extraer actuaciones admirables en jóvenes que no habían pisado un escenario jamás. Ahora mismo, en una sala reducidísima y de escasos recursos económicos, se está presentando una *Medea, la encantadora*, de José Bergamín, con una actuación sorprendente. Una joven que ha aparecido pocas veces en la escena, Ernestina Linares, bajo la dirección de uno de los pocos directores de veras que hay entre nosotros, Francisco Morín, ofrece un trabajo a la altura de quien mejor pueda hacerlo en cualquier parte. Y este resultado ya no va produciéndose por milagro o por casualidad, sino que surge con frecuencia mayor cada vez.

Prometeo estrenó el 17 de diciembre de 1957, *Medea la encantadora*, de José Bergamín, quien le entregó en París la pieza a Morín. Trabajaron junto a Linares, Sergio Corrieri y Gilda Hernández. Es la segunda puesta en América Latina del español –exiliado por el franquismo– después de la del Teatro del Pueblo de Montevideo en 1954 dirigida por José Estruch con Dahd Sfeir. Morín me dijo que Lezama Lima lo llamó para felicitarlo y le prometió una obra teatral que estaba escribiendo. Antes de la reposición de *Electra...* tiene en cartelera *El amor de Don Perlimplín con Belisa en su jardín*, de Federico García Lorca.

Casi todas las salas se unen al proyecto del Instituto de Cultura. Arlequín no baja de cartel *Espíritu burlón*, "atrevido y peligroso" pero no "ofensivo". Y en Prado 260, el mismo día que un titular informa sobre los "rumores de fuertes combates en la Sierra Maestra", Rafael Suárez Solís estrena *La rebelión de las canas*, su "alarma dramática entre cuatro paredes", una comedia que, a juicio de Leal, era de lo mejorcito que se ponía en La Habana por la calidad del diálogo. El español, muy arraigado en el país, escribía, sin embargo, un teatro ajeno.

Un color para este miedo, de Ramón Ferreira, tiene bastante más propaganda, el *Diario de la Marina* publica notas y fotografías realizadas

---

[290] Baquero, Gastón. "Teatro cubano y teatro a secas." *Diario de la Marina* 8 de febrero de 1958. A4.

por Ferreira. Con un reparto integrado por Carlos Paulín, Elvira Cervera, Anisia Díaz y Adela Escartín, dirigida por Carlos Piñeiro, el tratamiento del tema racial es melodramático, influido por *Imitation of Life* de Douglas Sirk, cuya versión televisada fue un hito de Rita Montaner.

Sin casi divulgación, *Electra Garrigó*, de Virgilio Piñera, sube en Prometeo, en Prado 111 entre Refugios y Genio, el 14 de febrero y al día siguiente, en Atelier, *La boda*, dirigida por Adolfo de Luis. Esa semana, ya en marcha el mes de teatro, siete obras se encuentran en cartel de autores nacionales aparte de las dos de Piñera y quizás más, ya que el 2 de febrero se anuncia *El chino*, de Carlos Felipe, por el Instituto de Cultura, dirigido por Julio Martínez Aparicio, que después no se estrena. [291] Una reposición de los cuarenta, *Lo que no se dice*, de Isabel de Amado-Blanco y Cuqui Ponce de León, en Hubert de Blanck y *Tembladera* y *La recurva*, de José Antonio Ramos, dirigidas por Juan Guerra, en el Lyceum, donde es presumible se presentaría *Los siervos*. [292] Patronato, bajo la dirección de Zúñiga, estrena una mención de su concurso. Se repone *La mariposa blanca,* de Luis A. Baralt, en un programa dirigido por Helena de Armas con *La vendedora de pájaros* y *El peluquero del rey,* de Jorge Ibargüengoitia y el 23 de febrero *Ya no me dueles luna*, de Paco Alfonso, por lo que la cifra de estrenos y reposiciones cubanos es de más de siete.

Baquero titula su crónica "una invitación a concurrir".

> ...escribir una obra de teatro es, ni más ni menos, un hecho tan arriesgado y sometido a lo baldío como escribir un puñado de poemas o pergeñar una discreta novela. Terminado el trabajo ¿a quién interesa? [...] Hay que ver todas las obras, tomar el pulso a los autores y a sus fantasías, dialogar con sus diálogos y pensar con sus pensamientos, que en definitiva no somos sino lo que los autores teatrales van radiografiando de nuestra intimidad y poniendo en cueros sobre los tablados...

[291] "Así serán las obras del Mes de Teatro Cubano". *Diario de la Marina.* Febrero 2 de 1958. 49.
[292] Rafael Ugarte, Roberto Rodríguez, Alicia Fernández, Carlos Rafart, Mario Martín, Ramón Jorge.

Invita a "acompañar" a los autores, a una peregrinación por las salas donde se ofrecerán "raciones de entrañas y bálsamos de fantasía." [293] Suárez Solís señala sus "limitaciones" ya que las salas suprimen "factores de teatralidad tan convenientes a la representación como el ancho, la profundidad y la altura del escenario; el tramoyista, las mutaciones, el derecho de autor, el sueldo del comediante y otras bicocas que dan ambiente, expresión y prez a la obra y atractivo al público". Habla por la herida como autor sobre la necesidad del mecenazgo y el peligro de dar al público "las satisfacciones de su apetencia", "aunque la obra teatral, como expresión de la cultura llegue a ser un trapo". [294] Para interesar al público, hay un círculo vicioso: se busca "cualquier" risa, cualquier melodrama, por no decir licencia para *mayores*. Vodeviles arriesgados, piezas taquilleras con alusiones al sexo y la intimidad a lo *Complejo de champagne* (*The Champagne Complex*, 1955) cuyo personaje se desnuda para librarse de su trauma. Incluso la popularidad de *Gracias, doctor*, de Enrique Núñez Rodríguez, entre otras, se atribuye a la atracción de hablar sobre la visita al siquiatra.

Nuestro Tiempo señala que el mes tuvo una arrancada lenta, pero finalmente se colmaron las salas "no siempre de la calidad que ese público merece" pero se mostró eufórico pues había un "apetito de teatro cubano insospechado". [295] Mientras, por esos días, en las cartas de Piñera, hay frases que remiten a la escritura de *Aire frío*: "El tema de estos días acá es el frío. Verás por el recorte que te adjunto que el frío bajó a diez grados" le escribe a Humberto Rodríguez Tomeu en enero de 1958 y días después le envía el manuscrito de "El filántropo". A su regreso de Buenos Aires, al llegar a su casa y observar los muebles detenidos en el tiempo, comienza a escribirla. El 13 de enero, atareado con los ensayos de ambas obras, se desentiende de *Electra*... "Que Morín haga lo que quiera" mientras aquí o allá hay alusiones a su obra monumental, cuando el despertador le juega una mala pasada y no puede llevar a su padre a la Liga contra la Ceguera. A Morín le vino bien, quería librarse de Virgilio en los ensayos. Respecto a *La boda*, tiene problemas con el director ("la

---

[293] Baquero, Gastón. "Por el mes de teatro cubano: una invitación a concurrir". *Diario de la Marina*, 12 de febrero de 1958. p.4 A.

[294] Suárez Solís, Rafael. "Teatro cubano en febrero". *Diario de la Marina*. 7 de enero de 1958. A4.

[295] "Mes del teatro cubano". *Nuestro Tiempo* 22 (marzo-abril 1958): 4-10.

negligencia de Adolfo es mayúscula") pero está contento porque salen fotos suyas en *Carteles* y la revista *Gente*. Esperó el año en Atelier, haciendo *Phedre* con Eva [Fréjaville] como Enosa y Adolfo [de Luis] como Hipólito. "Con la cortina negra y oro, Celeste [Alomá] hizo un traje griego que lucía bien", práctica repetida en las tertulias en casa de Eva, recordadas por Julio Rodríguez Luis.[296]

Morín conoció el manuscrito de *Aire frío*. Fue en 1958 o tal vez en el 59, Virgilio le enseñó el primer acto y conversaron. "Le dije que me pareció muy largo" apunta. "Me dijo que quería que Adolfo de Luis hiciera el Oscar" y él le contesta "Tú sabes que con Adolfo no trabajo más" ya que quedaron enemistados en *Calígula*. Distanciado de Pepe Rodríguez Feo que le propina sus desplantes, Piñera se ilusiona en colaborar con *Carteles* –le han propuesto escribir cuentos y artículos– mientras se queja de la sustitución de Niso Malaret en *La boda* por Eugenio Domínguez y de "una chusmería horrible" en los ensayos. El 15 de febrero se estrena. *El Diario de la Marina* –bastante proclive a Atelier– lo publica.

¡No se alarmen los puritanos! Habrá boda.

O no habrá. ¡Quién sabe!... Porque nuestro Virgilio Piñera ha creado una obra original, que amedrentará a los púdicos y llamará la atención de los estudiosos de las nuevas corrientes dramáticas que conmueven al escenario nacional. Unos "senos caídos", servirán de físico pretexto para un drama de frustraciones y críticas humanas. Aunque el autor niegue todo intento de filosofar o hacer malabarismos sicológicos.[297]

Muchos años después, Adolfo de Luis dijo a Bárbara Rivero que la eligió no porque fuera *epatante*, sino porque le atrajo como obra cubana que podía funcionar como un "catalizador" con el público en un Mes de teatro cubano que quiso incentivar la dramática nacional en medio de una de las crisis más profundas del país.[298] La elección fue más que acertada. Morín, Matas y de Luis son los únicos directores que aquilatan la teatralidad de Virgilio y no temen a las reacciones de un sector de la

---

[296] Rodríguez Luis, Julio. "Recuerdo de Virgilio". *Revista Hispano cubana* 18, 2004.
[297] Citado por Espinosa Domínguez p. 154.
[298] Rivero, Bárbara E. "La boda: una conversación a tres voces". *Tablas* (julio-diciembre) 1994: 27-31.

crítica. El público no es el mismo de 1948 y a Atelier lo apoyan varias generaciones de la minoría culta. (Ernst Rudin cita una nota de Marcelo Pogolotti en el programa). [299]

Pero la puesta no reconcilia a Virgilio con la crítica. José Massip en *Nuestro Tiempo* la considera "vulgar y obscena", de un "pirandelismo demasiado forzado", "nacionalidad amorfa" y personajes que "carecen de ciudadanía"[...] "la mejor interpretación no hubiese podido rescatar *La boda* del cieno en que la quiso sumir su autor. Piñera ha escrito una obra "reprobable" no por el *shock* a que es capaz de someter a la sensibilidad más soñolienta, sino por los medios utilizados. El autor se ha apoyado en una palabra vulgarísima, ha convertido la vulgaridad y la obscenidad en "finalidad". No puede considerarse una pieza cubana legítima. Massip se indigna porque Adolfo de Luis permitió intercalar [como en el Alhambra] menciones comerciales a manera de morcillas ya que "el necesario beneficio pecuniario que con ello se busca, hay que pagarlo a un alto precio de dignidad artística".[300] La palabra repetida, tetas, convulsionó el atildado mundo de las salitas. Mientras las vidrieras de Galiano y San Rafael celebran el teatro, los críticos crucifican a Virgilio. ¿Cuánto hay en la ríspida nota de incomprensión hacia la *boutade* y el gesto de *epatar*, romper las normas del convencionalismo burgués y el teatro comercial? ¿Cuánto de cierto en la "inseguridad" de los actores la noche del estreno, sometidos a tantas dificultades, incluida la amenaza de cerrar por deudas?

El 17 le escribe a Humberto "Noche tormentosa", ya que un apagón de hora y media retrasó el comienzo de la función. Acerca [de *Electra...*] encontró aceptable a la actriz que hace Clitemnestra [Elena Huerta] cuya sobresaliente actuación destaca la crítica. Con un nuevo reparto, en los personajes principales además de Huerta, Lilian Llerena, Helmo Hernández, Roberto Blanco y Fausto Montero. [301] Andrés concibe el

---

[299] Rudin, Ernst. "Broadway y la revolución cubana: teatro norteamericano en La Habana 1956-1961."

[300] Massip, José. "Atelier: La boda". *Nuestro tiempo* 22 (marzo-abril 1958). Hernández Otero, Ricardo. *Revista Nuestro Tiempo: compilación de trabajos publicados.* La Habana: Letras Cubanas, 1989. 307-309.

[301] Lilian Llerena, Elena Huerta, Fausto Montero, Roberto Blanco, Omar Valdés, Assenneh Rodríguez, Clara Luz Noriega, Germán Barrios, Reinaldo Infante, Sergio Cabrera, Francisco Tejuca y Manuel Pradas. Diseño de escenografía y vestuario de Andrés.

vestuario a partir de la "bata" cubana y evoca el Partenón en su diseño. Entró por los ojos, me ha dicho Morín. Francisco Tejuca cantó las décimas. Pero las imágenes que han sobrevivido deben ser de la puesta de 1960 pues los personajes no visten la bata cubana o si lo hacen, es la interpretada por Andrés. Por los recuerdos de Morín, esta imagen se corresponde a la puesta de 1958. [302]

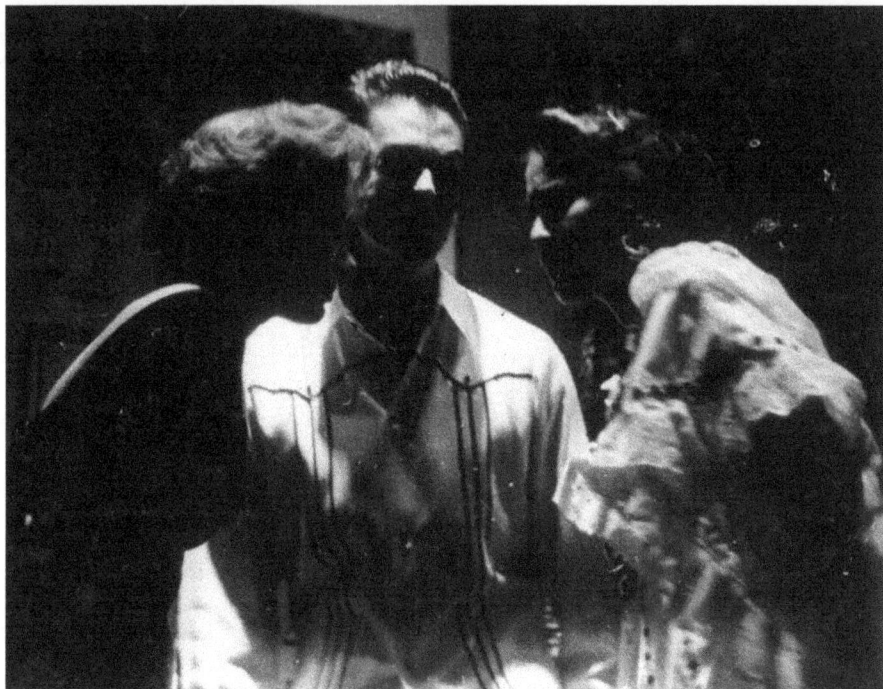

Llerena, Hernández y Huerta en la Electra de 1958

Luis Amado-Blanco, uno de sus más ácidos críticos en 1948, rectificó su juicio.

> Hace diez años *Electra Garrigó* nos lució una pieza interesante, de muy dura contextura literaria, pero de muy dispersa contextura dramática. Hoy, nos luce una obra metálica en una y otra dimensión, contra la que se puede golpear para sacarle las bellas estrellas del forjador de luces. Ignoro totalmente si han sido los años –mis años– transcurridos. Si se ha hecho alguna sabia poda

[302] Se incluye completa en el apéndice.

en el texto original, o si los años de Morín y su constante aprendizaje han obrado este milagro de transformar los panes en peces, y los peces en panes, aunque la cantidad y calidad de unos y otros sean exactamente iguales.

En el contexto de teatro fácil, obras banales y comedias para divertir, sobresalió este "teatro de arte" frente al teatro comercial, "que de seguro –aquí como en todas partes– procura una mayor afluencia de público, aunque sea municipal y espeso", comenta Amado-Blanco. García Mesa, en *Nuestro Tiempo,* sin embargo, discutió el trillado tópico de la cubanía de la obra, para afirmar que el autor seguía con su "evasión" de la realidad. Suárez Solís, indiferente en 1948, opina que la obra de su predilección pertenece a un dramaturgo a quien personalmente no conoce y de quien personalmente también, no es crítico, ensayista, ni siquiera persona de su agrado.

Con un tema tan antiguo, Virgilio Piñera consiguió, a mi parecer, la obra más moderna del teatro cubano en aventura. Con una sola escenografía –y aquí un elogio para el escenógrafo Andrés– logró, al igual que en el escenario de Atenas sin tramoya la intimidad de una época. El tema resiste los contrastes del vestuario, que el dicho corriente tiene bien declamado a la manera de la estrofa coral, que la frase elocuente halle réplica llana en el habla de germanía, que "La Guantanamera" valga por anti estrofa. Esto parecerá anacrónico a los acostumbrados a una representación escueta: dramas entre cuatro paredes. En el teatro importa la teatralidad. [303]

De no haberse cancelado *Los siervos,* Piñera hubiese tenido tres representaciones en 1958. El 23 se anuncia con *La boda* una charla del Dr. Virgilio Piñera sobre autores y directores cubanos.

Vigón inicia sus premios Arlequín de dramaturgia. *Función de gala,* de Clara Ronay, *Luna de miel,* de Mario Martín, *Próxima parada: Venus,* de Adelaida Clemente y *Edipo Rey* de Arturo Vilela. [304] Comienza sus Lunes

---

[303] Suárez Solís, Rafael. *Carteles.* "Recado a Electra Garrigó". [Lamentablemente sin fecha].

[304] Piñera, Walfredo. "Entregan el 24 el premio Arlequín. Teatro cubano en el Lyceum". *Diario de la Marina.* 22 de febrero de 1958.

de Teatro Experimental con el montaje de *Las sillas* y *La lección*, de Ionesco. El Patronato da a conocer el fallo del Luis de Soto, que recae en Adelaida Clemente con *Casandra* así como las dos menciones.

En Madrid, Carlos Miguel Suárez Radillo estrena a los jóvenes autores con Los Juglares en el Colegio Mayor Guadalupe, asistido por Humberto López Morales. Alfredo Marquerie reseña en *ABC* la que podía haber sido y no fue, referencia para el teatro de los sesenta. Tres sesiones con la colaboración escenográfica de Guillermo Trujillo. [305] *Scherzo*, de Eduardo Manet es un "juego escénico de índole poética y simbólica" con alusiones sarcásticas en su desenlace, que oscila entre Maeterlinck y Shaw. *Funeral*, de María Álvarez Ríos, le hizo pensar en un teatro poético a la manera de Eliot, pero deriva hacia "un recuerdo ibseniano", complicado con la teoría mendeliana de la herencia, sin trivialidad y facilidad mientras mantiene su tensión dramática sobre la base de monólogos femeninos. Su autora tiene cultura, preparación, temperamento y puede abordar la creación escénica en más amplia escala. La segunda sesión presentó *Parque Bar*, de Raúl González de Cascorro, boceto dramático cuyo único defecto consiste en "la repetición continuada de escenas de dos personajes, tan usual en los noveles, pero refleja muy bien el ambiente cubano". Por su ambición y tensión, le recuerda la gran novela habanera de esta época, *La trampa*, de Enrique Serpa, que "por su trémolo de angustia, por la sencillez directa, viva de su diálogo, por la humanidad de sus tipos", se inserta en el teatro social de Elmer Rice, Miller y Saroyan. En la tercera, *Mañana es una palabra,* de Nora Badía, parecida a *Antes del desayuno,* con fértil imaginación y dominio del diálogo. *Una vieja postal descolorida*, deliciosa estampa evocadora y sentimental, habanera, de Fermín Borges, que "dentro de su levedad de apunte y diseño descubre en su autor excelentes dotes de observación y aguda intuición escénica".

Pero una representación madrileña no influye en un mayor conocimiento de las obras o los dramaturgos. El evento (calificado de "gran éxito por sus organizadores") es un gesto solitario del valioso investigador. *Funeral* nunca se publica, tampoco las piezas de Borges, quien denuncia en su "Manifiesto de un dramaturgo cubano" leído en Nuestro Tiempo –por el

---

[305] Marquerie, Alfredo. "Teatro Cubano en el Colegio Mayor Guadalupe". *ABC*. 26 de marzo de 1958. p. 61, "Segunda sesión de teatro cubano" (28 de marzo de 1958, p. 59 y 30 de marzo de 1958, p.85.

rescate de los bufos– que entregó su pieza en tres actos a diferentes salas por el Mes de Teatro Cubano y ninguna la quiso representar. *Pequeño homenaje a los comediantes cubanos* (1958), también el nombre de su grupo teatral, se inspira en ese legado.[306] Álvarez Ríos estrena y publica *La víctima,* sobre una madre tiránica y posesiva, a punto de tronchar la vida de su hijo, pero la crítica la considera teatro comercial *made in Cuba.* La prensa no habla de su obra dramática sino de su programa de televisión.[307]

En marzo Adela Escartín inaugura su academia privada de actuación y Suárez Solís –a quien ha puesto en escena– lo celebra con una crónica en la que la llama "artista, artesana y maestra".[308] Adolfo inicia sus clases en Atelier y continúa con *La boda* que el 2 de marzo se anuncia como "la más divertida del momento" o en otras ocasiones, la más audaz.

Pero cuando actores y críticos, convocados por el Lyceum, se reúnen en una mesa moderada por Lillian Mederos de Baralt, no parecen satisfechos con el resultado del mes de teatro cubano. Enrique Santiesteban y Nena Acevedo hablan de la formación del actor, de su capacidad de sacrificio y la necesidad de asumir su responsabilidad mientras Ichaso, del papel de la crítica que en Cuba saltó etapas, ya que sin vivir el clasicismo, se enfrentaba a obras existencialistas "y hasta ciertas extravagantes de último minuto". Valdés Rodríguez lo resume: "Hagan teatro sencillo y directo, lisa y llanamente teatral. Hay que sentar las bases para un teatro cubano por el ambiente y por los tipos pero universal en las pasiones, en lugar de imitar lo que se hace en París o Nueva York". La obra de último minuto parece aludir a *La boda.* [309]

Casi al mismo tiempo comienza su campaña por la "agradabilidad", a propósito de *Alta política,* de Louis Verneuil, sátira de las costumbres de los políticos norteamericanos, traducida por María Álvarez Ríos y puesta por Patronato. Su divisa, que las ideas y la calidad estén secundadas por la

---

[306] Cf. "Dos obras y un manifiesto". CF. Digitales de Ediciones de la Flecha.
[307] "María Álvarez Ríos comienza un programa en el canal 7". *Diario de la Marina.* 7 de septiembre de 1958. 3D.
[308] Suárez Solís, Rafael. "Adela Escartín: artista, artesana y maestra". *Diario de la Marina.* 8 de marzo de 1958. P. 4
[309] Ichaso, Francisco. "Balance de una mesa redonda sobre teatro en el Lyceum". *Diario de la Marina.* 25 de marzo de 1958. 18 A.

amenidad. Dirigida por Roberto Peláez "con esmero y con justo ritmo", destaca la labor de Ángel Espasande, "actor de carácter lleno de naturalidad y humor, secundado por Eva Vázquez y Griselda Noguera que, aunque bisoña en el teatro, se nos reveló como una actriz de agradable presencia, de finos gestos y acertada dicción". [310] Su preferencia crítica por ese tipo de pieza, llega hasta diciembre con la comedia *Cupido se llama Johny*, de Arturo Vilela, puesta del Instituto de Cultura, que por la descripción trata de *viejoverdismo, happy ends y flirts*. También auspicia en Bellas Artes *El difunto señor Pic*, uno de los éxitos de Morín-Martínez.

En el Sótano, *La cigüeña dijo sí*, de Carlos Llópiz. Se estrena *El deseo muere con los años*, de suspenso para dos personajes (Carmen Montejo y Minín Bujones) escrita por Daniel Sala, seudónimo de Rosario Vázquez. En su estreno mexicano se habla de su arrollador éxito en La Habana.

Gracias, doctor, de Enrique Núñez Rodríguez, mención en el concurso Luis de Soto, con Minín Bujones y Eduardo Egea, tiene mucho público en Talía bajo la dirección de Reinaldo de Zúñiga (Lina Brando, Fausto Montero y Eloísa Álvarez Guedes). Se anuncia como "obra simpatiquísima, desternillante" con un reparto estelar. Se reestrena, por enfermedad de Berta Martínez, *7BXC*, de Matilde Muñoz, "hilarante, fantástica y atrevida" en Talía, dirigida por Centeno, con Adrian Cúneo y Ana Saínz, cuatro años después de la muerte de su autora. Como las salas cambian el cartel, en julio abre en El Sótano, *Un drama en el quinto pino*, dirigida por Orlando Nodal, con María Ofelia Díaz, Manolo Coego, Paco Alfonso y Orlando Rossardi mientras que en Arlequín *Una noche deliciosa*, de Jacques Deval, se presenta como una comedia frívola. La sala ha impuesto un "teatro agradable para pasar el rato", tanto que Walfredo Piñera considera "polémico" que se trate así una obra de fondo cínico y cruel pero disculpa a Modesto Centeno y responsabiliza del malentendido a los hados de burbujas creados por la publicidad. [311] Se impone el repertorio de entretenimiento.

El 23 de agosto se celebra, en la capital de México, el Festival de Teatro Panamericano con grupos de Perú, Estados Unidos, Chile, Venezuela, El

---

[310] Ichaso, Francisco. "*Alta política*, deliciosa comedia de Verneuil en el Patronato del Teatro". *Diario de la Marina*, 6 de mayo de 1958. 20 A, 22 A.
[311] Piñera, Walfredo. "*Una noche deliciosa*, una pieza polémica en la Sala Arlequín". *Diario de la Marina*. 20 de julio de 1958. 4C-5C.

Salvador, Argentina y México. Fue el primer acuerdo del congreso del año anterior. Talía acude en nombre de Cuba y "como es un teatro para un público que paga" integran su repertorio "comedias agradables y fácilmente digeribles", escribe Armando de María y Campos en Novedades. *Alta política* trajo dos actrices "envidiables para cualquier país de habla hispana": Eva Vázquez, que "actúa con ribetes de la antigua escuela española, pero mientras pisa la escena la llena" y Teresa María Rojas, "de igual excelencia, aunque de diferente matiz. [...] Cuando la menudita y gentil Teresa María Rojas está en escena, esclaviza al espectador de buen gusto por la ligereza y profundidad de su actuación, dentro de una línea sobria y expresada siempre con claridad y precisión". El reparto, integrado además por Homero Gutiérrez, Ángel Espasande y Luis Oquendo, actuó con profesionalismo y la puesta se ganó al público. Armando de María y Campos no fue muy favorable a *Un color para este miedo*, una mixtura de fuentes clásicas, Strindberg y Cocteau pero de "arquitectura teatral deficiente" aunque destacó el lucimiento de Adela Escartín, así como le intrigó como a mí se escribiese en el programa que la obra estuvo meses en cartel en Nueva York.

Dos jóvenes camagüeyanos escriben al *Diario de la Marina* para criticar la representación de Cuba en el Congreso. Manuel Villabella y Raúl González de Cascorro (mención del concurso Luis de Soto del 58 con *Árboles sin raíces*).[312] "Nuestro banderín de lucha será el teatro cubano" dice Adela Escartín y se apresura a aclarar que no recibe ayuda oficial y que cuatro de las siete obras representadas por Prado 260 son cubanas. Luz María Cáceres, Annia Díaz, Adela Escartín y Carlos Piñeiro, su director, aparecen en las páginas sociales.[313]

---

[312] Jaume de P. Nespereira, Adela. "Dos cartas de autores teatrales cubanos". *Diario de la Marina*. 2 de octubre de 1958. 16 A.
[313] "Nuestro banderín de lucha será el teatro cubano". *Diario de la Marina*. 2 de octubre de 1958. 11A, 14A.

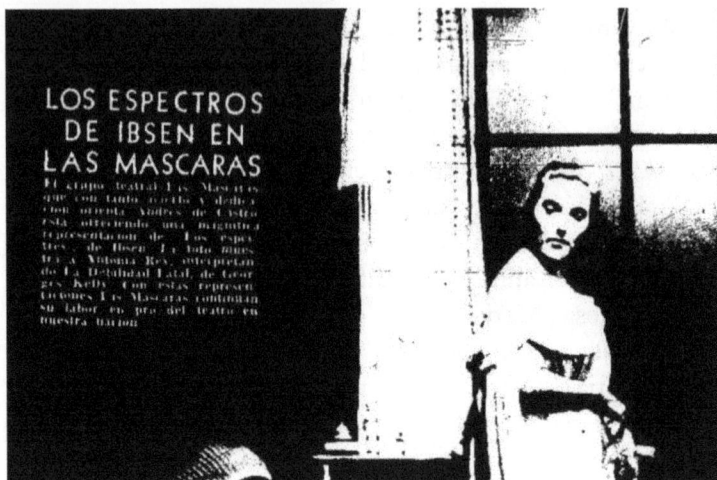

LOS ESPECTROS DE IBSEN EN LAS MÁSCARAS

Antonia Rey

Las Máscaras estrena *Algo salvaje en el lugar* de Tennessee Williams, "una verdadera llamarada de pasión", con Antonia Rey y Carlos Alberto Badía bajo la dirección de Andrés Castro. En septiembre tiene muy buena acogida *Espectros,* de Ibsen. Antonia Rey aparece en una impresionante fotografía de Crucet. [314] Morín escoge una obra que trae de su viaje, *Rencor al pasado,* de John Osborne (19 de abril o 2 de mayo de 1958) traducida por Roberto Blanco sin crédito porque no poseían los derechos. [315] "La dirección de Morín es apretada y segura, y en los cuadros finales llega a una exaltación y vigor aplastantes" escribe Leal. La «estrella» fue Roberto Blanco, "natural, nada afectado, con gran dominio y en plena posesión de su papel. En cuanto a Marta Ferrani... se mueve con naturalidad y peso escénico". Le sigue *Beatriz Cenci,* de Alberto Moravia, (21 de junio 3 de julio 1958), una obra sin grandes virtudes para el espectador, porque el teatro es algo más que placer auditivo. [316] Rine Leal escribe:

> A Prometeo se entra como quien penetra en el sagrado recinto de un templo. La sala está casi siempre vacía, las sillas son tan

314 *Diario de la Marina.* 9 de septiembre de 1958.
315 Leal Rine. *En primera* ... 272-274. Helmo Hernández, Yolanda Arenas, Marta Ferrani. Escenografía de Andrés.
316 Leal Rine. *En primera...* 277-280. Berta Martínez, Florencio Escudero, Helmo Hernández, Yolanda Arenas, Manuel Pereiro y Omar Valdés.

incómodas como los duros bancos de las iglesias y el ambiente tiene la modestia, la pobreza y el sentido místico que conocieron los primitivos apóstoles. Las pocas gentes musitan más que conversan, se conocen entre sí y miran a los recién llegados como intrusos de la sagrada majestad de un recinto órfico. El tiempo se alarga cada vez más y muy cerca de las diez de la noche el telón se abre en medio de un silencio sepulcral: la función de arte va a comenzar. Prometeo exhibe sus parches y remiendos con el mismo orgullo de quien dice frente a los palacios de la aristocracia: "Soy pobre pero honrado".

No puedo dejar de incluir este fragmento, uno de los más bellos que se han escrito sobre el teatro cubano. Morín convierte *Beatriz Cenci* "en un espectáculo depurado, estirado hasta los nervios e inteligente." Para Luis Amado-Blanco, sigue fiel a la tendencia de proporcionar obras angustiosas, pero cada vez "más sobrio, más directo, más austero. Ni un fallo. Una riqueza esplendorosa, válida, desde el comienzo hasta el fin, aunque al final mismo, ya sin nadie, no haya tenido, en la noche de nuestra asistencia, un tempo justo de cierre de cortinas." [317] De nuevo se destacan Berta Martínez, Helmo Hernández y Florencio Escudero.

Vuelve *La lección*, de Ionesco y *Juicio de Aníbal*, de Gloria Parrado e *Imaginemos* de Ángel Lázaro. Luis Amado-Blanco recomienda *El baile*, de Edgar Neville en Arlequín, con Miguel de Grandy y Adrián Cúneo. *Buenos días tristeza*, de Francois Sagan, se representa en El Sótano –con Ignacio Lanza, Miriam Gómez y Nidia Ríos– y con la apertura de su nueva sala el 4 de octubre de 1958 y el anuncio de "un espectáculo de arte en un teatro confortable y refrigerado" empieza en Galiano 258, decorada por Andrés García en un estilo colonial, una nueva etapa para Prometeo. *Carina*, de Fernand Crommelynck. El programa de mano agradece a Andrés *dotar* a Prometeo de una sede para continuar su "teatro de arte". Morín me ha dicho que Andrés se volvió loco y pagó los arreglos de la sala que Atelier dejó en julio de 1958, asfixiado por las deudas y la situación política.

El escenario se agrandó, se colocó un eficiente aire acondicionado –la otra era calurosa– y cómodas lunetas en un ambiente exquisito. "Con un

[317] Amado Blanco, Luis. "Retablo. Beatriz Cenci". *Información*. s/f. Papelería de Francisco Morín.

desprendimiento digno de imitación, escribe Luis Amado-Blanco, Andrés ha puesto todo su caudal a la insegura carta del teatro". Se refiere al "diálogo crudísimo, pero no por eso debajo de la mano de la belleza" que "entraba como soñoliento y alucinado en la notación de los puros acontecimientos de un modo estilizante y simbólico", a pesar de que hubo comentarios sobre la inmoralidad de la obra, que en otra nota se llamará "Hermosa alegoría del sexo". [318]

Mientras, Graziella Méndez, secretaria de ARTYC, abunda en las bondades de la sala y califica la anterior de pequeña e inhóspita. Pero cree Morín abusó de la plasticidad, ya que a veces parecía un ballet. Muchos la consideraron inmoral y obscena —se censura en Buenos Aires— pero Renée Potts la defiende por su valor simbólico. Las Carinas se alternan (Yolanda Arenas y Teresa María Rojas) y Assenneh Rodríguez debuta en un pequeño papel. Mientras Méndez ve a Arenas débil, tan sin fuerza, Potts cree que Rojas fue la "insuperable" Carina, labor maravillosa que comparte con Roberto Blanco (Federico) y las escenas de amor "son verdaderos cuadros de belleza, estampas de amor de un arte exquisito". [319]

[318] Teresa María Rojas, Roberto Blanco, Yolanda Arenas, Raúl Xiqués, Tussy Caveda, Julia Astoviza, Ana Viña, Omar Valdés, Silvia Brito, Anaís Callado, Julio Riera, César Torres y Assenneh Rodríguez.
[319] Méndez, Graziella. "Carina, manifestación poética de Crommelynck en la nueva Sala Prometeo". Potts, Renée. "Carina en el prograna inaugural de la nueva Sala Prometeo". Sin fecha y sin otros datos. Papelería de Francisco Morín.

Lida Triana, Yolanda Arenas y Assenneh Rodríguez

Se destaca Raúl Xiqués, auténtica estampa de actor, "que sabe hasta donde debe llegar sin sobrepasarse", dice Amado-Blanco. Teresa María Rojas me ha contado que Yolanda Arenas la sustituía los viernes. "Yo hacía un programa de televisión, Cachucha y Ramón, la sobrina poetisa de esos dos personajes. Cuando terminaba, corría a Prometeo y me sentaba, siempre celosa, en la última fila, a morderme las uñas y a sufrir porque la pobre Yolanda usaba mi vestido, decía mis líneas, besaba a Roberto Blanco y los más insoportable para mí: era rubia de verdad y no usaba peluca. Rine acribilló la obra, pero, recuerdo que dijo algo muy bonito de mi Carina. Con esta pieza abrimos la salita frente al cine América. Siempre estaba llena, pero en el entreacto, la mitad del público se iba, conmigo o con Yolanda. Dicen que era muy larga y tediosa, pero por ella dejé propuestas de cine y televisión en México y tres proposiciones de matrimonio".

Al fin, el viernes 10 de octubre, Teatro Estudio estrena su única obra antes de 1959. *Viaje de un largo día hacia la noche*, de O'Neill cuyas gacetillas anuncian: "Magistral la representación de Ernestina Linares, Pedro Álvarez, Helmo Hernández y Sergio Corrieri". En comparación con la rapidez con la que las salitas cambian el repertorio, sin oportunidad para largos periodos de ensayos –Morín no ensaya mucho ni hace trabajo de mesa, el actor viene con la letra aprendida y él hace indicaciones sobre la marcha ya que tanto actores como directores y técnicos trabajan en otros oficios– Revuelta dedica a la puesta siete meses de estudio, como antes Morín como excepción, once meses a *Las criadas*.

José Manuel Valdés Rodríguez la calificó de "máxima experiencia dramática en la actualidad teatral habanera". Rine Leal la describe con más detalles. Se ha representado "gracias a la tenacidad, fe y esfuerzo del grupo Teatro Estudio, salido de la cabeza de Vicente Revuelta como Minerva de Júpiter, es decir, el milagro de la inteligencia sobre la improvisación, de siete meses de ensayos y estudios con la devoción de un culto a la escena" y frente a "tanta tontería, estupidez y mediocridad", le devolvía al crítico "un margen de esperanza sobre el futuro del movimiento teatral".

Aunque elogia el trabajo de conjunto, le gusta en especial Ernestina Linares, quien hizo antes dos apariciones "históricas" (*Las criadas* y *Medea, la encantadora*) cuya entrada al final como "una Ofelia de locura y dolor es uno de los instantes teatrales a recordar en muchos años." Sergio Corrieri consiguió una actuación toda humildad y Pedro Álvarez fue tan sincero y convincente que uno llega a olvidar el factor cronológico y "no puede apartar la vista de ese anciano decrépito que en un solo día ve

desaparecer la felicidad de su vida barrida por un aire trágico". [320]
Encomia la escenografía de María Julia Casanova, una de las dueñas de la
sala donde se representa: Hubert de Blanck. Poco tiempo después se
estrena *La espera*, de Gloria Parrado, en la que dos presidiarios–el mulato
Ramón y el haitiano Gilbert– en una celda, viven obsesionados por la
misma mujer. Uno añora los cuentos que hace el otro de la visita de su
esposa hasta que lo asesina para ocupar su lugar. Pero ésta nunca llega.
Según David Camps, era el "símbolo de libertad" aplazada dentro del
ambiente carcelario del país.

De nuevo en Buenos Aires, Virgilio Piñera, en marzo, reanuda su
relación con Pepe, a quien le pide rescatar cinco libretos de *La boda*. Vive
en una pensión con once personas, extraña Guanabo –con sus fuentes
cantarinas– recuerda a los que pasan frío, como Julio Matas en Boston y
Arrufat en Nueva York. Desesperado, en un cuchitril, no le llega el
cheque de *Carteles*, tiene ganas de volver a Cuba y escribe a su hermana
Luisa: "Siento que tengo algo en mi pecho, lo más importante, que
todavía no he puesto en mi obra. Sé que pasarán largos días sin poder
expresarlo, y sé que esto es lo único que me queda. Hasta ahora he
escrito con la soberbia y espero ese día glorioso y amargo en que escribiré
con la humildad". [321] Cuando finalmente regresa, le cuenta a Pepe, de
visita en París, que encontró una clase de muertos más apestosa que los
muertos verdaderos: los muertos en vida, clave definitiva de *Aire frío*.
"Teatro malo, films pésimos, mucho Sarita Montiel y Pedrito Rico". El
21 de octubre del 58 le anuncia a Arrufat su artículo acerca de Jarry,
sobre el que insiste en varias cartas y finalmente no publica *Carteles*
porque Cabrera Infante lo creyó "inconveniente" pero le narra su obra
"Pigmalión Pérez", sobre una *lady* inglesa que obligada por las
circunstancias, se «chusmiza». En octubre 27 narra vio *Viaje de un largo día
hacia la noche*, de O'Neill, dirigida por Revuelta, pero le dice "No sé si por
la mala calidad de los actores o por lo desmesurado de la pieza o porque
O"Neil (sic) me «ataca», el caso es que me aburrí de lo lindo". [322] Ello
explica su insistencia en 1960 en que *Aire frío* no le debe nada al señor

[320] Leal, Rine. *En primera persona...* 284-287.
[321] Piñera, Virgilio. *Virgilio Piñera de vuelta y vuelta. Correspondencia1932-1978.* La
Habana: Ediciones Unión, 2011: 196.
[322] Ibid. p. 207.

O'Neill, al que conoce traducido porque en la misma carta confiesa que le cuesta mucho leer el idioma de Shakespeare.

El 4 de noviembre de 1958, relata su encuentro con dos amigos en la esquina de 23 y 12. Ramón [Ferreira] y Agustín [Fernández] le gritan "Cucaracha" y lo amenazan que no podía asomarse al barrio. Por miedo, Virgilio lo cuenta a Collado, siquiatra esposo de Fréjaville, quien le dice que era una "explosión de envidia" de Ramón por el fracaso de su obra en México. Efectivamente *Un color para este miedo*, no tiene buena crítica, se la comparó con *El color de nuestra piel* de Celestino Gorostiza y su planteamiento racial fue ajeno a los mexicanos. [323]

La novia, de Horacio Ruiz de la Fuente, interpretada por María Brenes, en tres actos para un solo personaje, fue "una vibración patética, aleatoria, casi irreal, a un trazado de truculencia que debe ocupar un lugar de honor en los anales de la necrofilia morbosa". [324] Empieza el grupo Anate de Bebo Ruiz, en el local de Radio Caribe en Prado 260 y se inaugura la sala La Comedia de Calzada y E con *Del brazo y por la calle*, del chileno A. Mook con Elsa Nima González y Manolo Coego. Vuelve *La vida con papá*, en Las Máscaras con Antonia Rey, Orlando Calvo y Pilín Vallejo. El año está a punto de terminar con el anuncio, con gran fanfarria, de la visita de la compañía española de Alejandro Ulloa.

Mujeres, de Clare Boothe, en versión de María Julia Casanova, dirigida por Cuqui Ponce de León, con canciones incidentales de Olga de Blanck con el conjunto de Mario Romeu y cuarenta y cinco modelos de Kasana, abre el 11 de diciembre de 1958 en la sala Hubert de Blanck y se representa hasta después de enero de 1959, la obra más taquillera de las salitas. [325]

El 27 de diciembre, "la fórmula amorosa que tiene loca a la Habana" es *Días felices*, "escandaloso" éxito de Arlequín con Carmen Bernal, María Martín y Ninfa Alonso. Un día cualquiera después de los clamorosos éxitos de taquilla de *Espíritu burlón*, Violeta Casal desaparece.

---

[323] Cf. Armando de María y Campos. Ob.cit.

[324] Piñera, Walfredo. "La novia, una excelente faena interpretativa de María Brenes". *Diario de la Marina*. 19 de octubre de 1958. 4C.

[325] Protagonizada por Loly Rubinstein, María de los Angeles Santana, Rosita Lacasa, Nena Acevedo, Manela Bustamante, Lola Vilar, Ofelia D'Acosta, Raquel de Olmedo, Trini Ligueri, Maragarita Pérez, Araceli Fernández Monzón, Barbarita González. Sombreros de Luis Cruz, muebles de Evelio Pina.

¿Qué sucede con los dramaturgos? Roberto Bourbakis no estrena desde *Survey* (1952) y Fermín Borges, cuyos cuadros de la vida cotidiana, la ciudad nocturna y la desesperanza, estrenados en 1955, interesaron, no encuentra en 1958 quien quiera montar su nueva obra. Rolando Ferrer está en silencio desde el estreno de *Lila, la mariposa*, como Carlos Felipe, después que el Instituto de Cultura cancela *Ladrillos de plata*.

Enrique Montoro Agüero con *Desviadero 23*, Enrique Núñez Rodríguez con *Gracias doctor* y la cubanización de *Aniversario de bodas* y Raúl González de Cascorro con *Parque bar* (1957) y *Árboles sin raíces* (1958), premios y menciones del concurso Luis de Soto del Patronato logran estrenar y situarse como dramaturgos. Ramón Ferreira es el autor cubano de las salitas: dos puestas, atención de la crítica y representaciones en México y los Estados Unidos. Piñera, a pesar de dos puestas (*Electra...* es una reposición) ya que por decisión propia aplaza *Los siervos*, es un islote en medio del rechazo y la incomprensión que sufren Gloria Parrado, Antón Arrufat, Ezequiel Vieta y Niso Malaret, con estrenos y/o publicaciones en esos años.

No se desarrolla la comedia feminista. María Julia Casanova adapta *Mujeres*, de Claire Boothe, María Alvarez Ríos es premiada por varias obras inéditas y alcanza algún reconocimiento con *La víctima* (1958) mientras se reponen *Lo que no se dice de* Isabel de Amado-Blanco y Cuqui Ponce de León y de *7 BXC*, de la española Matilde Muñoz.

Si recorremos las obras escritas a partir de *Jesús*, de Piñera (1950), el asesinato del humilde barbero, negado a aceptarse como salvador, profundiza de forma insistente en el tema de la muerte y el exceso. Lila, dueña del taller La Mariposa en la obra de Rolando Ferrer, se incrusta unas tijeras puestas en su camino de desesperación por vernáculas parcas. En *Donde está la luz*, de Ramón Ferreira, el crimen es pasional y la pauta, el melodrama, pero en *Una paloma para Graciela y Árboles sin raíces*, de González de Cascorro, se asocia con la posesión de la tierra y su reparto, mientras en *Cañaveral*, de Paco Alfonso, con la lucha por los derechos de los trabajadores. Son deudoras de una forma de hacer anterior y no portadoras de una nueva escritura.

En 1951, Matías Montes Huidobro logra estrenar *Sobre las mismas rocas*, donde un inválido caracteriza la indefensión y la angustia de la sociedad. Pero la más interesante producción teatral se escribe pero no se estrena.

Hay un muerto en la calle (1954), la obra expresionista de Abelardo Estorino, se engaveta (no se publica hasta el 2012 y nunca se escenifica) y no tiene continuidad ni en su propia obra, pues con *El peine y el espejo* (1956) comienza sus "variaciones machistas" de tanta aceptación. Su primera obra, en la que hay tantas claves para entender los cincuenta, se relega. [326]

En un concentrado único acto, y en un solo lugar, un café habanero en el año 1950, alcanza su pleno sentido cuando ya se ha cerrado su magnífica obra y caben tantas preguntas. ¿Por qué su negativa a publicarla? Intensa y esencial, es una breve imagen de la ciudad nocturna. Pareciera escrita como el destello de un anuncio lumínico que alumbra la escena de forma intermitente. Sus trece personajes son una lacerante estampa de la otra Cuba, no la que acude a las comedias picantes en boga o los teatros de sobremesa y boulevard sino los seres sufrientes que carenan delante del mostrador, la victrola y la máquina traga níquel, como la prostituta Palmolive –borracha y andrajosa–parecida a la Coreana de José Milián unos años después, con sus monstruos salidos del océano y su aversión al mar, los amenazadores matones, los campesinos que improvisan décimas y pasan el cepillo, ayude a un cubano necesitado, el camarero indolente y el niño al que enseñan guapería, machismo y bajarse los pantalones, en el que veo al futuro autor observar con horror las ocurrencias como una película de acción. Si Palmolive es casi un desecho, todavía la otra Mujer enciende velas a la virgen. No se parecen a las de *El peine y el espejo,* tienen su sufrimiento pero no la resignación. Y está Sendo, que ve morir a su padre durante el machadato –ultimado por apapipio– y continúa la saga como una maldición, pero al no ejecutar el crimen encomendado, cae igual que él en la calle, en la tras-escena, en la venganza. Sendo amó las tumbadoras y tuvo pasión por los cueros, pero las cambió por una pistola y en su trazado se entiende mejor al personaje del mismo nombre en *Morir del cuento* y todos los personajes de Estorino, consternados ante la sangre. Influida, según dijo a Abel González Melo, por la muerte del líder ortodoxo Eduardo Chibás, bordea la política como insinuación. Cuando Sendo dice a la Mujer en 1954. "Compra jabón y frazada. Y mucha agua para espantar las moscas" y se compara con el parlamento de Esteban en *La casa vieja* (1964) "Deja que entre el

---

[326] Estorino, Abelardo. *Teatro completo.* La Habana: Ediciones Alarcos, 2012.

agua y nos arrastre, que nos barra o que nos limpie, pero que acabe con toda esta inmundicia..." se comprende que *Hay un muerto...* inicia su viaje ético a las cicatrices de la ferocidad.

Desde otra perspectiva, José Triana, en Madrid, concibe *El Mayor general hablará de Teogonía*, emparentada con Montes Huidobro por su diálogo denso y no marcado por el afán coloquialista. Otra disección de la violencia. Dos hermanas y el esposo de una de ellas esperan a un general al que desean asesinar. "En esa época, había dos generales en el poder, Francisco Franco en España y Fulgencio Batista en Cuba" ha dicho Triana. [327] Amenaza, intimidación y miedo se instalan en la dramaturgia. Será conocida en el sesenta, pero desde el punto de vista del tema y el estilo se corresponde con las necesidades del teatro de cámara, pocos personajes, y un acto, que según el autor, es clave para comprenderlo y está influida por su estancia como actor en el grupo Dido de Madrid.

Si *Hay un muerto...* reaparece en el estilo de *El tiempo de la plaga* (1968) en la primera obra de Triana están los elementos centrales de sus futuras estructuras. Entre éstas, la preparación de una "fiesta", la desintegración del trío familiar, la casa como laberinto, la entrada ralentizada del General, incluso el cuchillo como arma de muerte, como en *La noche de los asesinos*. Pero estas obras tienen cerradas las puertas.

El 29 de noviembre, Morín estrena *La reina y los insurgentes*, de Ugo Betti, con Roberto Blanco, Lilian Llerena y Lilo Yarson, entre otros, que resultará a la distancia de tantos años, una alegoría de la revolución triunfante ya que los actores —no el gobierno revolucionario— la consideraron inoportuna y aunque se reanuda después del primero de enero, baja pronto de cartel. El domingo 21 de diciembre el *Diario de la Marina* publica cuatro fotografías del montaje y anuncia se pospone el estreno de *Anphitrion 38*, de Jean Giradoux. El 10 de enero de 1959, unos días después de la caída de Batista, se publica este suelto:

> Ya tocan a su fin las representaciones de la monumental obra, de palpitante actualidad mundial, de Ugo Betti que durante varias semanas ha colmado de público la nueva sala teatro Prometeo de Galiano 258 altos entre Concordia y Neptuno. Todos bajo la

---

[327] Connor, Olga. "José Triana: Memorias de su vida y su dramaturgia". *El Nuevo Herald*. 26 de abril del 2012.

hábil y firme dirección de Morín. El hermoso marco escenográfico es de Andrés realizado por Roberto Rovira. *La reina...* plantea un interesante problema de superación espiritual, el encuentro de sí misma de una prostituta en un ambiente de lucha civil cuando, al verse rodeada de intrigas y de rencores indescifrables, decide tomar el puesto de la reina en desgracia, que perdió su reinado por debilidad y falta de carácter y en un súbito arranque de voluntad, nacido de una extraña responsabilidad interior, llega a sacrificar su propia vida con estas hermosas palabras en sus labios: "Indudablemente ésta es una residencia para reyes y debemos vivirla como tales". Localidades 1.20. Informes 3-6529.[328]

Cuando abre *El águila de dos cabezas*, de Jean Cocteau, dirigida por Roberto Peláez, en Talía, la más burguesa de las instituciones, publica esta nota en el programa. [329]

El Patronato se une al regocijo del pueblo cubano en estos momentos de absoluta libertad y envía por este medio su más cordial saludo al honorable señor presidente de la república doctor Manuel Urrutia Lleo y al paladín indiscutible de la Revolución, el líder continental, Dr. Fidel Castro Ruz. ¡Viva Cuba libre!

Para anunciar que *La reina y los insurgentes* termina el 1ero de febrero, se presenta con su título original *La reina y los rebeldes*, (el anterior se usó para "pasar la censura") y porque era "menos comprometido". Se aclara que el clima de la revolución de la obra es "muy diferente al nuestro" y eso "nos permite aquilatar las ventajas de un movimiento revolucionario que cuenta con la cooperación de todas las clases sociales." [330]

---

[328] Además Cecilio Noble, Antonio Jorge, Francisco Tejuca, Migdalia Diez, Orquídea y Videlia Rivero, el niño Alfedito Mulkay, Lyda Triana, Carlos Martí, Jorge Luis Castro, Emilio Rodríguez y Jorge Mena.
[329] Berta Martínez, Alicia Fernández, Miguel Navarro, Florencio Escudero, R. E. Pedro Pablo Astorga.
[330] El título de la Editorial Sudamericana de Buenos Aires es *La reina y los insurrectos.*

LA REINA y LOS INSURGENTES

Desde el día 29 del pasado mes de noviembre se viene presentando con gran éxito en la Sala Teatro "Prometeo" la obra del famoso dramaturgo italiano Ugo Betti titulada "La Reina y los Insurgentes", bajo la dirección de Francisco Morín y la escenografía a cargo de Andrés, con Lilian Llerena, Lilia Yaniura y Roberto Blanco en los papeles estelares.

Con la presentación de este drama en cuatro actos la Sala Teatro "Prometeo" se ha anotado un nuevo éxito, el cual posiblemente dilatará el estreno de la obra que tienen en preparación, "Anphitrion 38", de Jean Giradoux.

En esta página ofrecemos cuatro escenas del aplaudido drama "La Reina y los Insurgentes"

(Fotos de Emilio Molina)

La reina y los insurgentes en el Diario de la Marina

Aunque el año 1959 está fuera de los límites de este libro, por miedo o anticipación, los actores se adelantan a un fenómeno hasta ahora inexistente: cómo sería interpretada esta reina impostora y si el público sabría diferenciar a los rebeldes de Betti, vestidos de manera muy parecida a los barbudos de la Sierra.

Helmo Hernández y Roberto Blanco se niegan a hacer *Anphitrion 38*, de Jean Giradoux y Morín repone *El mal corre*. Pero como apunté en *Teatro cubano: relectura cómplice*, las carteleras no cambian de inmediato. *Mujeres* llega a las doscientas representaciones el 2 de octubre de 1959 y continúa. Patronato estrena, entre otras, *Amor entre tres*, de Carolyn Green, dirigida por Modesto Centeno, con Griselda Noguera, Manolo Coego y Ángel Toraño, mientras Cuqui Ponce, *Nacida ayer*, de Garson Kamlin, con Ofelia D'Acosta. Y todavía se inaugura la sala Idal, propiedad de Idalberto Delgado, a principios de enero, con *Menta para el visir*, de Felipe San Pedro. Para mantener la sala abierta mientras Morín trabaja en

Santiago de Cuba por crear el Teatro Universitario, se alojan dos montajes que no son de su tendencia, *Parada de ómnibus*, de William Inge, dirigida por Ramón Antonio Crusellas y la adaptación «cubana» de Enrique Núñez Rodríguez de *Aniversario de bodas*, de Chodoray y Field, dirigida por Zúñiga, con Fela Jar y Pedro Álvarez, varios meses en cartel. Prometeo que en los años anteriores no paga anuncios en la prensa, mantiene una gacetilla. Pero aunque todo parece tranquilo, ocurren señaladas polémicas. *El hombre inmaculado*, de Ramón Ferreira, estreno de Arlequín, dirigido por Rubén Vigón, interpretado por Alejandro Lugo, está en la mira por el retrato de un "hombre fuerte" del régimen anterior, torturador y asesino que el autor presenta como símbolo de la inacción y la indiferencia a la dictadura, pero la mayoría interpretó como justificación o exaltación. Para Mirta Aguirre es inaceptable porque se corresponde con los "los 'matones' de la época machadista" y describe "una situación terrible desde el ángulo de los victimarios y no de las víctimas".[331] González Freire cree que hiere la sensibilidad del público:

> Representa a uno de los famosos esbirros de Batista, el cual andaba siempre vestido de blanco como para borrar de su persona los horribles crímenes que lo ensangrentaban [...] Quizás como caso patológico, Ventura pueda ser atrayente para un dramaturgo, pero para el pueblo es un ser despreciable. Está aún muy reciente la herida para pedir al público que la sufrió, que justifique sus asesinatos.[332]

Rine Leal la analiza como una obra artificial, "un intento de pintar al hombre en abstracto, con sus pecados de siempre" [...] porque todos somos un poco Inocencio".[333] Si la imagen del verdugo trae opiniones encontradas —*Lunes de Revolución* la discute—[334] es comprensible produzca desasosiego cuando la temática social irrumpe en una sala que acostumbra un repertorio banal. Walfredo Piñera ve la "irresponsabilidad de una generación traidora que no supo ni oponerse al crimen ni orientar

---

[331] Aguirre, Mirta. "El hombre inmaculado". *Nueva Revista Cubana* (oct-dic 1959): 171-173

[332] González Freire. ob.cit. 163

[333] Leal, Rine. *En primera...* p.111.

[334] "Cinco opiniones en busca de una obra". Entrevistas a Ramón Ferreira, Rubén Vigón, Alejandro Lugo, Fedora Capdevila y Xonia Benguría. *Lunes de Revolución* junio 1 1959: 12-14.

a la juventud que se alzó" en la figura de la ciega y acomodada madre, pero cree "es una obra desequilibrada", sin objetivos claros. [335] Tampoco es bien recibida *El flaco y el gordo*, de Virgilio Piñera, dirigida por Julio Matas, su primer estreno después del 59. Para el público fue aburrida pero para críticos como Leal, en cambio, "alucinante". La circularidad de la situación absurda, (el gordo se come al flaco y éste, convertido en un nuevo gordo, devora a su compañero de cuarto en el hospital donde convalecen) es similar a la estructura de *Los siervos*, el *ritornello* de muchas obras absurdistas hispanoamericanas. Considerarla sólo a partir del tema del hambre, como sugiere Thomas F. Anderson, es imposible en 1959, un patrón equivocado. [336] Poco interesa que la visión del autor fuese partidaria de los flacos– él mismo es un oprimido y ninguneado– ya que el sentido último de su experiencia dramática no es denunciar la existencia de gordos y flacos, explotadores y explotados, sino revelar el mecanismo de la dominación y la autoridad que convierte al hombre en un devorador de sí mismo. La mayoría de la crítica fue negativa otra vez y se presenta muy pocos días en el Lyceum junto a *La jovencita casadera*, de Ionesco. [337]

Vicente Revuelta

La tercera ocurre con *El alma buena de Se Chuan*, de Brecht, en la Sala de Bellas Artes, dirigida por Vicente Revuelta, en medio de la controversia

---

[335] Piñera, Walfredo. "El hombre inmaculado, otra obra cubana de Ramón Ferreira en Arlequín". *Diario de la Marina* 9 de junio de 1959. 12 A, 16 A.
[336] Anderson, Thomas F. "Hunger and Revolution: A New Reading of Virgilio Piñera's El flaco y el gordo". *Latin American Theatre Review*. Spring 2005: 23-38.
[337] Elena Huerta, Leonor Borrero, Eugenio Domínguez, Jaime Soriano, Carlos Fernández, Carmelo de Paula, David Camps.

generada por la visita del director argentino Pedro Asquini, invitado del Che Guevara, cuyos malentendidos ocasionan resquemores entre los teatristas. Revuelta habla poco de ella, pero señala que Mirta Aguirre salió a la palestra calificando lo ocurrido de "marejada". No he hallado la crítica, pero recuerdo vagamente la puesta en escena –tenía doce años– y el aguador de Silvano Suárez atravesando los pasillos con sus cubos, que entraba y salía por el patio de butacas, sin dudas era original como la lograda interpretación de Raquel Revuelta como Chen Té y Chui Ta. Llega Brecht para quedarse, dirigido por Vicente, el director que con más inteligencia lo vincula con el espectador cubano.

Morín sigue en Santiago de Cuba. En Las Máscaras, *La oscuridad al final de la escalera*, de William Inge [338], mientras que *Nacida ayer*, de Garson Kamin se anuncia como obra "revolucionaria". Manuel Pereiro estrena en la Sala de Bellas Artes una adaptación de *Las manos de Eurídice*, de Pedro Bloch, bajo la dirección de Dumé. Alejandro Ulloa apuesta por El Sótano donde estrena *Crimen pluscuamperfecto*. Idal, por *Litro y medio de pasión*, de Felipe San Pedro, con Ofelita Núñez e Idalberto Delgado. Abre un Teatro Católico con *María Goretti*, de Tony López. *Libertad o muerte*, versión de *Montserrat* de Emmanuel Robles, en el Auditórium, dirigido por Sara Guasch.[339] Rubén Vigón imparte en Nuestro Tiempo un cursillo de producción teatral. Piñera publica su artículo sobre Jarry.

Lunes de Revolución da a conocer a los autores. *Aire frío,* de Piñera, "Función homenaje", Los próceres" y "La taza de café", de Rolando Ferrer y "Los acosados" de Montes Huidobro, entre otras obras. Paco Alfonso estrena *Cañaveral* como homenaje al Ejército Rebelde con la presencia del comandante Camilo Cienfuegos. *Con la música a otra parte* de Fermín Borges con Los Comediantes Cubanos recauda fondos para las víctimas de la guerra civil. [340] Terminada en 1958, tiene tres actos y "plasma el sentimiento más cruel que domina al hombre cubano; su fuga frente a una realidad agresiva, reflejo nuestro de la angustia del hombre contemporáneo. Sus nueve personajes, nueve hombres y mujeres,

---

[338] Pilín Vallejo, Millín Márquez, Enrique Almirante, Charito Sirgo.
[339] Néstor de Barbosa, Ángel Espasande, José de San Antón, Ángel Toraño.
[340] Joaquín Ortega, Blanca Alonso, Magdalena Sorás, R. López, Víctor Hugo, Julio Batista.

arrancados de nuestra clase más representativa, se evaden por miedo, de su realidad, hacia otros mundos creados por sus sueños."

> *Con la música a otra parte,* por su raíz que nace en lo más profundo de nuestro pueblo, por basarse en nuestra hermosa tradición teatral, por su nueva forma de expresión escénica y por sus valores estéticos y humanos, es la obra que plasma el inicio del teatro nacional. [341]

Punto de partida se estrena en mayo para iniciar las actividades culturales del 26 de julio. Su ego o inmadurez ¿inicio del teatro nacional? asusta a los teatristas y las obras de Borges nunca se publican en libro. Junto con Rolando Ferrer impone el modelo del bufo renovado –como "La taza de café"–y aunque la mayoría de sus obras se pierde o se reescribe (*Con la música...* no es una pieza nueva) ejemplifica cómo el pesimismo pervive en la celebración y los autores de los cincuenta no se reinventan de la noche a la mañana. Un mes después está al frente de la sección de Artes Dramáticas del Teatro Nacional que dirige Isabel Monal en obras desde 1952. Por otra parte la escena busca otros espacios. En el anfiteatro de La Habana y el de Marianao empiezan funciones a veinticinco centavos. José Antonio Ramos se repone. Adolfo de Luis hace *Mariana Pineda* con Gina Cabrera. Violeta Casal baja de la Sierra Maestra, de verde olivo, voz de la emisora clandestina Radio Rebelde. Su apellido empieza a escribirse con ese al final. *Mujeres* sigue en cartel a teatro lleno, aunque en septiembre Loly Rubinstein escribe al *Diario de la Marina,* de vacaciones en los Estados Unidos donde se establece.

En 1959 comienza otra historia y otro teatro y la etapa que lo antecedió se olvida en la vorágine de unos días cargados de esperanza para la mayoría. El 12 de junio por decreto se disuelve el Instituto de Cultura. La euforia es patente: Rine Leal escribe:

---

[341] Borges, Fermín. "Manifiesto de un joven dramaturgo cubano" (II). *Revolución.* La Habana, lunes 19 de enero, 1959: 15.

La revolución sorprendió al teatro en el mejor de los mundos con diez salas funcionando y un público estable. Seis meses después el Estado ha movilizado sus recursos a través del municipio, el Ejército Rebelde y la dirección general de cultura de Educación y el público ha ascendido a varios miles de espectadores mensuales...[342]

Cuando finaliza el año, *Aniversario de bodas* tiene más de cien representaciones. La obra dirigida por Zúñiga se mantiene casi un año en Prometeo. En diciembre Morín hace los entremeses de Cervantes en Bellas Artes. Todavía se cuenta con las salitas. Hasta aquí un registro, no un enjuiciamiento. Puede argumentarse que no produjo una estética ni propició una dramaturgia. Puede decirse, con Walfredo Piñera, al retomar su columna el 7 de enero de 1959, que el anterior fue "el año más tenebroso de la historia de Cuba", pero nadie se molestó en leerlo y nunca sufrió la censura.[343]

Puede consignarse que a partir de 1947 se estrena a Rolando Ferrer, Carlos Felipe, Virgilio Piñera, Gloria Parrado, María Álvarez Ríos, Enrique Montoro Agüero, René Buch, Roberto Bourbakis, Enrique Núñez Rodríguez, Eduardo Manet, Antón Arrufat, Cuqui Ponce de León, Isabel de Amado-Blanco, María Julia Casanova, Fermín Borges, Dysis Guira, Rine Leal, Jorge Antonio González, Silvano Suárez, Marcelo Pogolotti, Matías Montes Huidobro, Jorge del Busto, Paco Alfonso y Luis A. Baralt y son premiados algunos otros. Que la línea hacia una comedia cubana se paraliza. Puede mencionarse la paradoja que *Ladrillos de plata* se cancela pero se estrena *La boda*, dos apuestas contra el teatro burgués. Los "precursores" citados en estas páginas se atrincheraron en sus salitas como el cronista en sus comentarios.

[342] Citado por Miguel Sánchez. Ob. cit. p. 46.
[343] Piñera, Walfredo. "Los dos primeros espectáculos de 1959: un año para grandes tareas". *Diario de la Marina*. 7 de enero de 1959. 12 A,14 A.

Apéndices

Prometeo: la revista

En octubre de 1947 comienza a publicarse en La Habana la revista *Prometeo* (1947-1953) "de divulgación teatral". Sus entregas periódicas llegan hasta 1950 cuando sus salidas se hacen erráticas y espaciadas, cambian su formato y diseño hasta que deja de existir. Será un intento más por dotar al movimiento teatral de un órgano de prensa y el primero concebido no sólo para abordar el fenómeno literario sino la puesta en escena en su totalidad. *Teatro cubano* (1919-1920), dirigida por Salvador Salazar, divulgó obras dramáticas y artículos relacionados con la cultura; *El Teatro Alegre* (1911-¿1918?), editada por Mario Sorondo, se ocupó de la escena popular y *Comedia* y *El Arte del Teatro* (1914-16) tuvieron una vida efímera como *Artes* (1944), órgano del Teatro Popular de Paco Alfonso, que aunque contó con firmas de intelectuales de muchas disciplinas y abarcó música, artes plásticas y hasta una sección sobre decoración interior, no sobrevive tres ediciones.[344]

Fue *El Teatro Alegre*, "semanario jocoso-teatral", la más permanente. Publicó fotografías de actores, entrevistas, artículos, gacetillas, la sección "Palos y bombos", tuvo corresponsales en otras ciudades (Félix B. Caignet en Santiago de Cuba) y cultivó las relaciones internacionales, sobre todo con Chile. Si la descontamos porque el teatro popular es desgraciadamente un aparte, insospechada es la relativa longevidad y regularidad de *Prometeo*, que alcanza ¿veintiocho? ediciones. Pero —casi contemporánea de la mítica *Orígenes*— carece de estudios especializados y nadie ha compilado un índice bibliográfico. Salvo un excelente artículo de Esther Sánchez-Grey, [345] ignorada y huérfana de análisis, es casi una asignatura pendiente. Concepción Alzola se lamentó de la escasa atención

---

[344] *Teatro Cubano* publicó textos de Julián Cuevas Zequeira, Gustavo Sánchez Galarraga, Ramón Sánchez Varona, N. Vidal Pita, López Blanco, Francisco Ichaso y Guillermo R. Martínez Márquez, entre otros. *El Teatro Alegre* (1911) se publica durante siete años con una tirada de cinco mil ejemplares y *Comedia*, dirigida por C. Caravallo Miyeres, alcanza quince ediciones entre enero y abril de 1914 y acompañó una temporada animada por Enriqueta Sierra.
[345] Sánchez–Grey Alba, Esther. "Importancia cultural de la revista teatral Prometeo". *Círculo. Revista de Cultura* (XXII 1993): 111-118.

que han recibido los «prometeicos». [346] Y es sorprendente que casi nadie reparara en la que, según Jorge Mañach, era una "pequeña revista de teatralerías, llena de ardor juvenil". [347]

Fuente indispensable, no sólo para estudiar el grupo creado por Francisco Morín, sino el trabajo de otros actores, dramaturgos, directores y técnicos. Su interés trasciende sus páginas y artículos para abarcar «los años» de creación del teatro de arte, en los que se pretenderá una escena vital, actualizada y relacionada con el mundo. Testimonia la sensibilidad del momento y las preocupaciones que subyacen en el camino mientras se configura el «modelo» teatral que superado o negado, recibe la generación que empieza en 1959. Entre éstas, el deseo de estimular a los nuevos autores que surgen en los concursos. Comienza también el ideal de crear un público, aunque no logren rebasar la función mensual para su minoría de abonados. Si se quiere saber cómo fueron las puestas de *El chino* y *Capricho en rojo*, de Carlos Felipe; *Electra Garrigó*, de Virgilio Piñera; *El Cristo*, de Jorge del Busto o *Ensayando*, de Jorge Antonio González, entre otras muchas, hay que acudir a *Prometeo*.

Con escasas páginas (entre veinte y treinta y dos), su ejemplar se vendió a 10 centavos y su suscripción anual a un peso. Aumenta a quince en el número 9, llega a costar 20 mientras la suscripción se eleva a dos pesos. Al principio se imprimen cien ejemplares en la Editorial Lex, sita en la calle Amargura. Según Francisco Morín, su director, la tirada costaba cuarenta pesos, luego sesenta y ya en la última época, ciento noventa y cinco, suma impagable para su modesto sueldo de taquígrafo en los ferrocarriles.

Sus portadas tienen un sello distintivo. El cabezal del título –letras de caja de más de una pulgada– se impone sobre un papel de color. Y siempre tiene una viñeta. La primera es de Andrés, con los años un habitual colaborador de Morín, diseñador de *Carteles* y reconocido artista gráfico. Los pintores que contribuyeron con viñetas son Portocarrero, María Luisa Ríos, Servando Cabrera Moreno, Osvaldo Gutiérrez, Mirta Cerra,

---

[346] Alzola, Concepción. [Arzola, Conchita] "De Brand a Peer Gynt". *Prometeo*. Año II (17) junio–julio 1949:10-11. Morín, Francisco. *Por amor al arte. Memorias de un teatrista cubano*. 1940–1970. Miami: Ediciones Universal, 1998.
[347] Mañach, Jorge. "Agonía del teatro en Cuba". *Carteles* 49. 31 de diciembre 1950: 67, 91.

Rubén Vigón, Margarita de Mena, Cundo Bermúdez, Zilia Sánchez, Vicente Revuelta, ¿René? Martínez, Raúl Martínez, Sabá, J. M. Mijares y Jorge Rigol, entre los identificados pues hay colecciones a las que falta la portada, firmada con iniciales o con la firma casi ilegible.

En su segunda etapa –«prometígena» según Guillermo Cabrera Infante– publica cuatro números (1951-1953), muy parecidos a *Orígenes,* cambia formato y diseño (cartulina blanca con tipografía de color); Mario Parajón y Francisco Morín son sus editores, se imprime en Úcar y su redacción se encuentra en Misión 208, la Habana Vieja, la casa de Morín.

Mientras la modesta revista de la primera época es única, responde al movimiento teatral, comparte sus intereses y publica sus avatares, a partir de 1951 es un híbrido bastante desangelado, como la pariente venida a menos de *Orígenes.* Mi cronología tiene el solo objetivo de estudiarla y desde luego, es arbitraria. La revista contó sus años a partir de octubre de 1947 y en marzo de 1952 publica su última entrega, la número 28 del año VI.

Como se anuncia en su editorial, no fue de las revistas que mueren al nacer –como *Artes*– sino una publicación relativamente estable, que carecía de patrocinios públicos y era costeada por su director. En el primer número figura un consejo directivo integrado por Carlos Felipe, Nora Badía, Miguel A. Centeno, Rodolfo Martínez, Francisco Morín y Andrés García. A partir del número dos, Morín se consigna como director, Manuel Casal como subdirector, Nora Badía como administradora y se suman Rodolfo Díaz y Berta Maig al consejo de redacción. Como vocales, Leonor Borrero, Rodolfo Díaz, Adolfo de Luis y Jorge Alexander. Más adelante se integran Eduardo Manet, Jorge Antonio González y Miguel Centeno, aunque su participación es inestable y errática.

Orígenes (1947-1952) y *Prometeo* se editan en una misma ciudad, pero carecen de puntos de contacto, dos polos de la vida cubana. Una materializa el espíritu poético y la fundación mítica de la cultura nacional y la otra, la construcción real de la escena moderna. Las dos edifican, por caminos opuestos, cimientos de una continuidad. *Orígenes* sale en cada estación, a la europea (en un país donde no hay cuatro estaciones) mientras *Prometeo* es más o menos puntual, aparece todos los meses o a veces cada dos, intenta ser un vehículo de cohesión entre actores, autores, directores y escenógrafos y se preocupa por señalar las carencias y apetencias de un teatro bastante silenciado por la clase intelectual. No imagino a ningún origenista interesado en leer "Vasconcelos informa", recuento de las necesidades más urgentes del teatro como la carencia de escenarios apropiados y el estado de su economía precaria y trashumante.

Aparte de textos teóricos relacionados con la escena (Stanislavski, "Nuestro arte", de Sarah Bernhardt y "Aspectos de la personalidad de Sarah Bernhardt", "Propósito del comediante", de Louis Jouvet, "El actor o el pelele", de Leslie Howard y "El actor y el teatro de la vida", de Max Reinhardt), historiografía como "El duque de Meiningen", capítulo de *Los creadores del teatro moderno,* de Galina Tolmacheva; "El ideario de Shaw", de *Panorama del nuevo teatro,* de José María Monner Sans; "Descubrimiento de Shakespeare", de Daniel Halevy; "Lope de Vega", de Alfonso Reyes; "Talma", de S. Ignatov y Vicentina Antuña sobre "El teatro en tertuliano". Hay bastante sobre danza, sobre todo, la moderna y varios trabajos, crítica y entrevistas a Alicia Alonso ya que el nacimiento de la revista coincide con el del ballet. "El Centro focal del bailarín", de Martha Graham y acerca de Balanchine, Noverre y el ballet *Giselle.* Carmen Rovira en "Hacia un ballet cubano" se pregunta cuándo se darán los primeros pasos para la consolidación del Ballet Nacional, en una nota ilustrada con la fotografía de *Concerto,* coreografía de Alberto Alonso con Pro-Arte Musical. Sorprenden la tesis de Clara Roche "Breve ensayo de coreografía" y las colaboraciones de Ramiro Guerra Suárez –muy ligado a los grupos teatrales y coreógrafo de *Yerma,* dirigida por Andrés Castro– sobre danza moderna, que destacan el aporte africano. Manuel Casal tiene una sección de crítica teatral y Adolfo de Luis sobre "El teatro en el mundo"; Eduardo Manet escribe sobre teatro y cine y colaboran de forma asidua Eva Fréjaville, Roberto Bourbakis y Carlos Malgrat, entre otros.

Figuras de la escena fue una sección escrita por Bertha Maig: breves fichas biográficas con comentarios del entrevistado y apreciaciones muy sensibles. Empiezan en el número 3 con Rosa Felipe, Luis A. Baralt (4), Eduardo Egea (5), Marisabel Sáenz (6), Luis Márquez(7), Isabel Fernández de Amado Blanco (8), Ángel Espasande (9), Violeta Casal (10), Modesto Centeno(11), Gina Cabrera (12), Reinaldo Zúñiga (13), Minín Bujones (14), Ramonín Valenzuela (15), Ana Saínz (16), Gaspar de Santelices (17), Cuqui Ponce de León (18), Carlos Felipe (19), Raquel

Revuelta, (20), Antonio Machado (21), Miriam Acevedo (22), Rubén Vigón (23) y Carmen Montejo (24).

Los editoriales permiten seguir la inconformidad o preocupación de los artistas al abordar problemas colectivos o aspectos de la relación del teatro con las instituciones o el gobierno. El primero se titula "Iniciación" y corresponde a octubre de 1947. El número 2 (noviembre, 1947) "Teatro sin escenario" se dedica a las condiciones materiales de los espacios, como la sala Valdés Rodríguez, pequeñísima, que no servía a las necesidades de las puestas de ADAD como tampoco la escalinata era siempre el marco más apropiado para el Teatro Universitario, por lo que abogan por un teatro municipal. [348] En el número 3, cuando se empieza a edificar el Palacio de Bellas Artes, en la antigua Plaza del Polvorín y se rumora la creación de un Ministerio de Cultura. En el cuarto, celebran una función memorable, *Hamlet*, dirigida por Luis A. Baralt, pero se preguntan "¿Permitir que desaparezca [el teatro] quizás definitivamente por su propia incapacidad para sostenerse y por la apatía de quienes tienen en sus hombros la responsabilidad de luchar por el mejoramiento del país? [...] No existe teatro nacional ni Municipal donde nuestras agrupaciones puedan realizar su cometido a plenitud, no se fomenta un plan de ayuda oficial para evitar la desaparición de las existentes que cualquier día corren la suerte de Theatralia y Teatro Popular" (no 4. enero–febrero, 1948). El número cinco se publica en el espacio del editorial el artículo de Piñera ¿¿¿Teatro??? [349]

Ya en el número 6 (junio, 1948) en "Habla la revista" aparece en capitulares "Prometeo languidece" con la solicitud de a ayuda a sus socios por las «apreturas económicas» y «terribles tormentas» por las que atraviesa. En el 7 comentan la labor de la Sociedad Pro-Arte Musical (1931) que sólo ha traído a la compañía de María Guerrero con un repertorio de pésima calidad, así como recuerdan su antiguo cuadro de declamación. "Tal parece que durante todo el tiempo transcurrido, aislados en su local, han querido negar el avance y la superación a que han llegado nuestros grupos teatrales. La concha del apuntador, abolida

---

[348] El Teatro Municipal era un viejo anhelo de los miembros de la ARTYC que se reúnen en 1946 con Supervielle, el alcalde de La Habana. Cf. Aguirre, Mirta "Hacia un teatro municipal". *Hoy*, jueves 5 de septiembre de 1946.

[349] Piñera, Virgilio. ¿¿¿Teatro???. Prometeo 5. Año I (abril-mayo, 1948): 1,27, 28

hace años en los escenarios prestigiosos del mundo, aún conserva su posición dictatorial en las representaciones de la institución" ("Pro arte y el teatro", 1948, 7). El 8 se dedica a "La función a beneficio de Prometeo" de *Ligados*, "una obra difícil y arriesgada". En el número 9 (septiembre, 1948) se constituye Acción Teatral de Autores (ATA), que integran Carlos Felipe, Nora Badía, María Luisa Ríos, René Buch, Modesto Centeno, Rolando Ferrer, Roberto C. Bourbakis, Jorge Antonio González y Carlos Sánchez Núñez, que no es "una organización más de literatos soñolientos". En el número 10 el editorial se dedica al "Primer aniversario" con la representación de *Electra Garrigó*, de Virgilio Piñera. Cree que "ha mantenido la pureza de sus intenciones y la integridad de su entusiasmo y ha ofrecido sus páginas "a toda voz, a toda opinión responsable que quiera aportar su experiencia. Del teatro al ballet, *Prometeo* ha dado una información constante y veraz de los últimos acontecimientos artísticos y ha hecho conocer, más allá del contorno de nuestra isla, el nacimiento de un arte cubano y la existencia de un espíritu inquieto y atormentado de superación en este adormecedor clima del trópico. Ha sufrido, Prometeo, desde su inicio, terribles sacudidas, pero con dolorosa tenacidad, a través de la noche y el frío hostil, mantiene su llama con la esperanza de hacer llegar su haz a todos los hombres."

Puerta abierta a la esperanza se califican "Los concursos" en el número 11, noviembre de 1948, como labor social de trascendencia. El 12 se dedica a "Nuestra posición" con relación a la retractación que la ARTYC (Asociación de Redactores Teatrales y Críticos Cinematográficos) exige a *Prometeo*. La revista expresa que "no puede hacer causa con las opiniones vertidas por Piñera", pues "considera a la crítica como elemento constructivo de la realización artística, en su labor orientadora, en su trabajo de fijación histórica de toda la producción escénica y como requiere la ética profesional, acogemos con imparcialidad las objeciones que, con parejo rigor intelectual, salgan al paso de cualesquiera de nuestros artículos". [350]

El 13 se consagra a "El teatro ADAD" que "por espacio de cuatro años [...] ha venido presentando a sus socios y al público en general, en funciones mensuales, las más escogidas obras del repertorio universal" y es «horno escénico» del incipiente teatro nacional. Y se solidariza con la

---

[350] "Nuestra Posición", Año II (12) diciembre de 1948: 1.

nota que ésta envía a sus asociados al cancelar la obra del mes –el director José Parés renuncia por desavenencias con los intérpretes Raquel Revuelta y Eduardo Casado– y ADAD suspende sus funciones. [Se ensaya *Muertos sin sepultura*, de Sartre]. "Con pesar *Prometeo* cree que el público responderá como ADAD espera".

El 14 a "Realidad del teatro cubano", sobre las tres instituciones que mantienen su apoyo al teatro: Teatro Universitario, Teatro ADAD y Patronato del Teatro, pero que "a pesar de la maravillosa y fecunda labor realizada", están "vencidas, agotadas por su carencia de recursos, hace tiempo que permanecen como en estado estacionario. Es necesaria una eficaz y rápida ayuda oficial." En el número 15 "La UNESCO y el teatro cubano" recuerda la invitación para integrar el IIT (siglas en francés del Instituto Internacional del Teatro) que presidía Armand Salacrou, para "unir en mutua ayuda a todas las instituciones y hombres de teatro del mundo entero". Celebrarán una asamblea general para constituir el centro cubano. Al reproducir un artículo de Mariano Grau ("La UNESCO invitó a Cuba a fundar su Instituto Internacional del Teatro"), se intenta integrar a Cuba a la comunidad internacional. Las vicisitudes por crear el Centro del ITI recorren los siguientes números hasta que se funda un comité provisional presidido por José Manuel Valdés Rodríguez y Morín como secretario.[351]

Las Misiones Educativas de la Academia Municipal de Artes Dramáticas, creadas por Julio Martínez Aparicio, reciben palabras de aliento en el Editorial del número 16 (mayo, 1949): "Un pequeño milagro en nuestros escépticos días hechos al avión y a la atómica". En el número 17 (junio-julio 1949) en "Hacia un teatro Guignol cubano" se reconoce a Violeta Casal, Rosa Felipe, Eduardo Manet, Ana Saínz, Nena Acevedo, Sara Talavera, Vicente Revuelta, Andrés Castro y Armando Soler, amantes del Teatro de Guiñol, centro del editorial de esa entrega. Por un error de numeración hay otro número 17(en realidad 18) en el año II (agosto) cuyo editorial se titula "El gobierno cubano y el teatro": "El Presidente de la República, Dr. Carlos Prío Socarrás, se interesa por el porvenir del

---

[351] "Centro Nacional del Teatro", por Nora Badía, destaca en el número 15 que escribieron a París y recibieron la Carta Magna, algunos de cuyos capítulos traduce Matilde Muñoz. En los números 17 y 18 hay referencias al segundo Congreso del ITI.

teatro cubano". Prío solicitó a Ramón Vasconcelos, ministro sin cartera de su gabinete, un informe sobre el estado del teatro pero "las masas populares han permanecido ajenas a esta evolución del teatro entre nosotros. Hay un enorme cansancio en todos, realizadores y público, y se refleja en el estatismo que presenta en los últimos meses nuestra escena. El estado actual de nuestros grupos teatrales es agónico. Por eso esta naciente preocupación gubernamental por el teatro cubano se ofrece como la única ancla de salvación."

En el número 19 saludan la llegada del segundo aniversario "con el mismo entusiasmo, la misma fe y mayor experiencia con que hicimos la primera salida". Recuerdan que desde octubre de 1947 "nuestra revista ha acogido el movimiento del teatro cubano y a través de sus páginas lo ha hecho llegar a los círculos de Europa, los países del norte y Suramérica" y de igual manera que *Electra Garrigó* se estrenó por el primer aniversario, Francisco Morín escoge *El cristo*, de Jorge del Busto, para el segundo. La obra, de muchísimo interés, se burla del tema bíblico, pero también de los procedimientos escénicos y el juego del teatro en el teatro.[352]

El 20 "Teatro en el interior", sobre proyectadas giras a Matanzas y Cárdenas del recién creado Pro-Arte Teatral. El 21 (enero, 1950) se dedica a GEL (Grupo Escénico Libre) cuyas dos primeras funciones en el Palacio de los Yesistas (Xifré y Maloja) fueron notables, ya que capta a un "público nuevo" por sus precios populares.

El número 22 (febrero-abril 1950), se publica el resultado del primer concurso de *Prometeo*. El jurado estuvo integrado por Luis Amado Blanco, Aurelio Boza Masvidal, Leandro García, así como Morín. En el número 23 (mayo–julio de 1950), el editorial "Crisis teatral" manifiesta que "el panorama ha cambiado bastante. El Patronato del Teatro y el Teatro Universitario han continuado sus funciones, el primero ante el pavor de sus integrantes que ven tambalear sus cimientos y el segundo, limitándose a la reposición de obras estrenadas y a las tareas de su seminario. ADAD ha hecho mutis. Grupo Escénico Libre suspendió en pleno ensayo su última velada y por último, la temporada popular de teatro que realizaba *Prometeo* con la cooperación de Nueva Generación

---

[352] Cf. *Teatro cubano: relectura cómplice*, de Rosa Ileana Boudet, para un análisis más profundo.

fue terminada ante el imperativo de no tener local en que trabajar, cosa que ha visto con singular indiferencia, el Dr. Raúl Roa, que había prometido..." Y en el 24 (agosto–octubre de 1950), con motivo del tercer aniversario, se felicitan por la permanencia de la revista y creen que el único camino es persistir. A pesar de ese llamado, a *Prometeo* no le queda mucho tiempo de vida: escasos cuatro números. Se sienten satisfechos de no haber "patrocinado capillas ni cónclaves tendencionistas". En su lugar, han preferido en lugar del "odio pequeño de los resentimientos, el criterio abierto y una verdadera confraternidad entre la gente de teatro".

La segunda época empieza con la revista 26 (junio de 1951) Año III no. 2 seguida del número 26 (octubre de 1951) del Año V donde se rectifica que el número anterior debió ser el 25 del año IV; la de julio de 1952 (27) del año V y la número 28 en marzo de 1953 del año VI, aunque en el interior aparece 1952. Aparece en tres partes *Jesús*, de Virgilio Piñera; a partir del número de junio para concluir en el 27 de 1952. El estilo y la naturaleza de los artículos son muy diferentes. Algunos de ellos al azar: "Contorno del teatro de Claudel" de Cintio Vitier, "La comedia improvisada italiana" de Augusto Boza Masvidal, "El teatro de Pirandello" de Regina de Marcos, "El teatro de José Antonio Ramos", de José Juan Arrom, "Nietzsche y la tragedia del superhombre", de María Zambrano y "La poesía de Racine", de Benedetto Croce y en la 28, *Mañana es una palabra,* de Nora Badía, que tan buena acogida tuvo en 1948 y los "Apuntes de un director teatral", de Vermel, "En torno a Scribe y sus fórmulas escénicas", de Mario Parajón, así como la traducción de Eva Fréjaville a "Los disfraces de sexo en los personajes de Shakespeare", de su padre, Gustave Fréjaville. Entre 1951 y 1952-53, la revista publica números aislados. La periodicidad es caótica y mayúsculos los descuidos. Morín sintió mucho la salida de Nora Badía de la revista, a todas luces clave para su sostenimiento material y espiritual. El cambio es sustancial, se reducen los colaboradores que ahora provienen no del ámbito de los teatristas sino de los estudiosos, eruditos y poetas. Se transforma el tono de la crítica. La mayoría, sin firma, se dedica a seis estrenos del Patronato, uno de Las Máscaras y otro de Prometeo. Lo más sobresaliente, la publicación de obras completas y artículos de corte ensayístico sobre temas varios y también poesía. Manuel Casal ya no colabora. Muchas críticas se ocupan sólo del texto y no del espectáculo como era habitual. Es natural que lo que gana en profundidad, lo pierde en identidad.

Nuestro Pueblo

Por Carlos Felipe [353]

En el Auditórium de la Escuela Valdés Rodríguez tuvo lugar el hecho artístico más trascendental de la temporada: la presentación de *Nuestro pueblo*, de Thornton Wilder, por los alumnos de la Academia Municipal de Arte Dramático bajo la dirección de Rubén Vigón, artista que surge en el campo de la dirección escénica con potencia extraordinaria. Con el criterio de que esa representación suponía un "ejercicio de debut" para los principiantes, la dirección de la Academia efectuó el acto en condiciones acertadamente discretas, sin darle un aspecto de función regular que, en este caso, hubiera resultado improcedente. No obstante ello, el estreno de *Our Town*, resultó un espectáculo digno de la mayor atención, por lo que esperamos que la dirección de la Academia, en aprecio a la estimación ganada, le de la difusión que merece.

El que asistió los días 6 y 20 de septiembre al Valdés Rodríguez, atraído por la curiosidad de conocer a nuestros futuros actores, recibió, sorprendido, un encuentro con el Arte. Que no es poca cosa. El formidable mensaje poético de Wilder llegó al público, plena, vigorosamente, a través de la personalidad de un artista macizo: Rubén Vigón. Cierto tipo de directores puede permitirse el lujo de prescindir de actores; aquellos que poseen el don de la creación escénica en términos de excepción. Son pocos. A él pertenece Rubén Vigón. Su *Our Town* resultó impecable. Su concepción, en conjunto y detalle de la difícil pieza, es perfecta y perfectos, exactos, los procedimientos utilizados, tanto en el orden verbal como en el plástico. Una identificación absoluta con la idea de la obra y un firme y amplio conocimiento de la misma, tanto en su aspecto técnico como en su ubicación genérica en la literatura dramática, permitieron a Rubén Vigón, jugar la matización escénica más exquisita que hemos visto en los últimos tiempos. Obra que rompe todo convencionalismo teatral , y que se asoma, atrevida, al espacio infinito de la irrealidad, ofrece *Our Town* en cada pasaje, en cada escena, el peligro de la desorbitación, el exceso, pero Rubén Vigón con pulso firme, se ha sabido mantener en los justos términos del buen gusto, y aprovecha los

---

[353] *Prometeo* Año I (1) octubre 1947: 7.

novedosos procedimientos de Wilder exactamente a los fines propuestos, sin exhibicionismos ni sorpresas. He ahí su mayor acierto: brindar con ritmo, mesura, sencillez y claridad meridiana, la obra más desvertebrada y confusa, técnicamente hablando, del teatro americano. Justo es consignar que a esta peraltada labor directriz ayudaron eficazmente la traducción de Teté Casuso y el elemento mecánico utilizado: los actores. Sobre éstos, muchos comentarios halagadores pueden hacerse. Por muy buen director que sea, no se logran escenas como la del entierro de Emily, paradigma de la composición, si no se cuenta con el material propicio. Los alumnos de la Academia Municipal de Arte Dramático lo han demostrado, en estas dos representaciones, que poseen las virtudes básicas en la carrera elegida y lo que es más importante, que son ya ricos en el sentido de la responsabilidad, la disciplina y el entusiasmo, que sólo se adquiere, no hay duda de ello, cuando se ha estado sometido a una severa vigilancia pedagógica y se ha observado, sin vacilaciones ni rebeldías intolerantes, las normas señaladas el aula. Si quisiéramos mencionar a los más destacados intérpretes, tendríamos que enumerarlos a todos en una larga lista, encabezada por Vicente Revuelta, el alumno que interpretó la parte del Narrador.

El chino
Por Manuel Casal [354]

Por fin, el 11 de octubre de 1947, la ADAD, puso proa al norte, un autor cubano. No importa en qué barca estremecida: la aguja magnética apuntaba certera.

Carlos Felipe, para realizar su obra, supo rodearse de los elementos que necesitaba. En primer lugar hizo un protagonista, un verdadero protagonista con fuerza suficiente para hacer girar a su alrededor toda la acción, sin que ésta perdiera su autonomía. Desde la primera escena empieza Palma a realizarse, a la vista del público, y continuará haciéndolo hasta la escena final. En realidad la obra no tiene actos ni escenas. Está toda concebida en un tiempo justo actual y un tiempo justo histórico que ocurren paralelamente. Palma protagoniza ambos y crea a los demás. Su neurosis se nutre de símbolos que utiliza, a manera de báculos, para ascender en la búsqueda de su personalidad. Palma no busca ni quiere hallar en José el mexicano un amor, ni un hombre que marcara su adolescencia. Está fijada en una noche que se componía de parque, posada, risa, gritos. Por eso reedita todo aquello. Por eso José el mexicano pudo desaparecer otra vez sin interrumpir la noche. Y al cerrarse la cortina, puede presentirse para Palma, en esa vida especial del personaje de teatro, una vez terminada la obra, como su línea demencial desemboca en un círculo vertiginoso de símbolos, en el que un «chino» sonríe maliciosamente. El valor esencial de esta obra está en lo "puramente teatral" y a esto tuvo que cuidar la dirección de Modesto Centeno y Julio Martínez Aparicio, quienes lo lograron magistralmente, a pesar de las dificultades que presentaba. La escenografía, algo convencional, pero así lo requería el desarrollo de la obra, y sentado esto, irreprochable. Por primera vez se logró un conjunto de actores que más o menos desempeñaran sus funciones sin desentonar demasiado. En primer lugar Alberto Machado, que oral y plásticamente realizó en Robert la labor más perfecta de la noche. Marisabel Sáenz le dio a Palma lo mejor de sus facultades artísticas: dominio físico del personaje, dicción y proyección. Subjetivamente la interpretó como "neurótica muy hecha". Hubiera sido

---

[354] *Prometeo.* Año I (2) noviembre 1947: 12–13.

más poética o que gradualmente lo diera hasta el frenesí. Pero, desde luego, es cuestión de interpretación. A Gaspar de Santelices le tocó montar uno de los personajes más espinosos: Sergio. Caricatura de diplomático corte inglés, irónico, y naturalmente, amargo. Lo realizó con sobriedad, marcando levemente su nota dolorosa, con muy buen gusto. Rosa Felipe en Renata la silenciosa, papel corto, pero intenso, demostró una vez más que el verdadero actor no necesita largas parrafadas para sostener su categoría en la escena, siempre que cuente con otros vehículos tan nobles y humanos como la voz, para definirlo. Santiago García Ortega hizo "El chino" visto a través de Palma: misterioso, sarcástico, definitivamente oriental. Cobró con ello poesía y teatralidad. Alejandro Lugo en José el Mexicano. Físicamente, el personaje parece hecho para él y en lo demás lo sobrellevó bastante, quizás un poco desmayado en momentos que requería más intensidad. [...] Muy discreta Dulce Velasco en Nena la Rubia y Luis López Puentes en Santizo. En conjunto fue una interpretación correcta, como pocas veces se ha logrado en obras en que intervienen tantos personajes. Un triunfo para la ADAD, para Carlos Felipe y para nuestro teatro. Que ya era hora.

La importancia de llamarse Ernesto
Por Adolfo de Luis [355]

Hablar de Oscar Wilde y su obra resulta harto baladí, si tenemos en cuenta que es sumamente raro el amante de teatro que no haya disfrutado la sutil ironía y la "profunda superficialidad" de sus comedias. No vamos pues a tratar en estas cuartillas sobre un tema tan divulgado y pasemos sin preámbulo a exponer nuestro juicio acerca de la presentación que de *La importancia...* nos brindó el conjunto teatral Farseros. En primer lugar, hablemos de la dirección. A Modesto Centeno le fue encomendada esta difícil tarea, de la cual salió una vez más, airoso, debido a su fina percepción artística, demostrada a través de toda la pieza por él dirigida en el especial cuidado que pone en los "detalles", tan significativos en toda representación. Logró ritmo y tono, lo que de por sí basta para enjuiciar favorablemente cualquier trabajo de esta índole.

En cuanto a los intérpretes, el elemento femenino estuvo muy por encima del masculino en actuación, sino también en proyección de los personajes. Marisabel Sáenz en Lady Bracknell –uno de sus mejores trabajos– vivaz e intencionada; dijo con gracia y compuso el tipo desenfadadamente, dentro de lo que admite el pomposo título de Lady. Sólo nos disgustó en ella su excesivo mirar a la platea. Gina Cabrera estuvo deliciosa en la Susana, no obstante el modo en que hizo ciertas inflexiones, que a veces resultaron excesivamente nasalizadas. De fina sensibilidad, belleza y frescura, delineó físicamente el personaje por ella interpretado. De Minín Bujones diremos que a pesar de sus pocas actuaciones en nuestros escenarios –como comediante se entiende– estuvo desenvuelta y dijo con seguridad y riqueza de matices, cobrando además su delicada figura, en la escena, mucha prestancia. Lástima que tienda a mover tan desatinadamente la cabeza. Esperamos que con estudio y dedicación, se logre la magnífica actriz que en ella vislumbramos.

[355] *Prometeo* Año I (2) noviembre 1947: 14.

Alicia Agramonte, muy simpática y bien caracterizada en el rol de Miss Prism. Su falta principal estriba también en el tono tan agudo que emplea algunas veces al hablar; lo que da falsedad a lo dicho ante las candilejas.

De los hombres, el más destacado fue Eduardo Egea, en el Ernesto Gresford, teniendo en cuenta la "ñoñería" que dio indebidamente a su interpretación. Pedro Pablo Prieto, en el Archivaldo, no superó sus anteriores labores escénicas. Estimamos que su juventud, al menos la que proyecta en la escena, no es la relativa al tipo que le adjudicaron, causa tal vez en esa inclinación suya, al desdoblamiento interpretativo.

José de San Antón, nos dio la sensación de no interesarle el personaje a él encargado, estando su actuación desprovista del calor que siempre pone en su trabajo. Un detalle que hemos observado a lo largo de todas sus presentaciones y que debe a nuestro juicio evitar, es la tendencia a subrayar, accionando, cada frase; lo que provoca repetición de gestos innecesariamente. Discretos Pedro Martín Planas y Luis Monterrey, en sus respectivos caracteres. Realizó la labor escenográfica Oscar Hernández, quien en otras oportunidades, ha dado muestras de su conocimiento en la materia. Esta vez no estuvo tan afortunado en cuanto a la compaginación de ciertos detalles. Por muy arbitrarios que seamos, hemos de seguir la línea hipotética que enlaza el ambiente, época y situación de una obra. El acto mejor logrado en este aspecto, fue el primero, si bien antes declaramos que hubo exceso de cortinaje rojo, a más de la columna estriada sirviendo de pedestal a una maceta, que se hallaba a la izquierda de la escena, cuyas líneas estilizadas están muy de moda, según los magazines de decoración interior para una pieza del ochocientos. El tercero, francamente, nos pareció más bien un *boudoir* moderno, que la sala de una casa inglesa de provincias. A pesar de los defectos aquí señalados, que lógicamente y dado las circunstancias ambientales hemos de hallar en cuantas representaciones se lleven a cabo por nosotros en el momento, *La importancia...* sobrepasa en mucho con las demás obras puestas por Farseros –tanto en la presentación como en interpretación– a todo lo hecho con anterioridad por distintos conjuntos en La Comedia. La labor de este entusiasta y desinteresado grupo de artistas cubanos, es digna de toda alabanza y apoyo por parte del público y autoridades de la nación, por cuanto de progreso cultural encierra.

El cristo, de Jorge del Busto

Por Mario Parajón [356]

A través de la penumbra de los siglos, se distinguen las formas olvidadas de los dioses en quiebra. Como no pueden morir se refugian lejos del Olimpo a rememorar glorias pasadas. Así sucedió a Venus, que en las honduras de una roca, según cuenta Heine, se entregaba a los placeres del cuerpo dorando sus labios al fuego del amor de un italiano. Pero la diferencia está en que al mito pagano sucedió el mito cristiano y se tejieron leyendas hermosas sobre los desterrados. Y el caso es que al mito cristiano no ha sucedido ningún otro, al menos hasta ahora, y el hombre, cuando se ha visto proyectado en dirección eternal, no le ha quedado más remedio que eludir el tema y declararse ser intrascendente, ser de "hoy", carne de presente. Claro que cuesta mucho, muchísimo trabajo hacerse a la idea de que todo es perecedero, pero no queda más recurso, y el siglo así lo impone, con sus progresos cada día mayores en materia de análisis e investigación científica. ¿Qué puede decir el artista sobre la materia? ¿Cómo reacciona la sensibilidad del poeta, del dramaturgo, del novelista, frente a esta nueva actitud universal? No cabe duda que llegará el día en que se haga un estudio sobre el asunto y casi por milagro quedarán aclaradas muchas cuestiones que no sólo competen a los nuevos estilos literarios, sino inclusive a la moderna sicología que tanto material puede extraer de las producciones artísticas contemporáneas.

Pero por el momento basta con decir que la reacción sensible del creador frente a las doctrinas religiosas destruidas tiende por regla general a la burla, y no al regusto del sabor de una leyenda bien bordada; a la burla, esto es, a convertir en motivo de chanza, vale decir de desprecio, una idea o un símbolo caído filosóficamente, pero que allá por sus buenos tiempos fue causa de guerras, eje de trascendentales resoluciones políticas y principio de vida en la mayor parte de los hombres.

[356] *Prometeo* Año III (21) enero de 1950: 22-23.

Esto, como es natural, se puede hacer de muchas maneras, porque hay muchas clases de burlas. Hay la que tergiversa el alma, ignorando su verdad, la que apela a lo grosero, ridiculizando lo sublime, lo que toca a las puertas del contraste mal establecido, y lo que, inocentemente, no busca otra respuesta que una carcajada alegre o una mera sonrisa. Y en *El cristo*, no se pretende otra cosa. Jorge del Busto permite con toda benevolencia que la acción transcurra, sin que pase nada, sin que ningún mensaje concreto, en ningún orden centralice, ideológica o poéticamente la anécdota.

En el primer acto aparece que la maternidad de la protagonista, sublimada por sus aberraciones místicas, sufrió notables transformaciones, todas animadas por el buen sentido de los valores teatrales que indudablemente posee Jorge del Busto. Pero en el segundo, la puesta representa una finca donde se ha refugiado la locura de Mariíta, que se cree la Virgen María hasta en los menores detalles del personaje bíblico y que ha tenido la ocurrencia de reclutar a una Magdalena para que su hijo la convierta. Y surge entonces la consabida crítica contra las "gentes bien" que por boca de la prostituta, enardecida por los desaires de Jesús, nos llega en forma de diatriba hacia las personas incapaces de comprender a los caídos que pretenden levantarse. Nuevo sesgo en la intención dramática de Jorge del Busto, que también se detiene en su comienzo, para dar paso en la última jornada, donde la demencia de la pretendida madre del Señor llega a su punto culminante, al intentar que se crucifique a su hijo lo mismo que al mártir del Gólgota.

El final, sin duda alguna, lo más desacertado de la obra, detiene bruscamente la acción dramática convirtiendo la «farsita» en un ensayo, cuyo último remate termina, en términos que lindan con lo astracanesco, al impacientarse uno de los actores que sin piedad, para el infeliz del director, la emprende a martillazos con su obesa humanidad. Sin embargo, Jorge del Busto nos ha probado con su *Cristo...* que posee muy buenas cualidades como dramaturgo, sabe construir las escenas con muy buen acierto, su diálogo es ligero, sin pretensiones retóricas ni literarias... Además hay cierta delicadeza en su estilo, cierta elegancia natural que le impidió, con muy buen gusto, dejarse llevar por la burla, y por lo riesgoso de la trama, en un humor grueso que tan mal efecto habría causado tratándose de figuras de cuya existencia divina se duda, pero que por su categoría simbólica inspiran muy merecido respeto por el halo poético de que la tradición las rodea. En resumen, se puede calificar a este Cristo como una comedia simpática, bastante bien hecha, en la que, un tanto vacilante, se apunta la personalidad de un dramaturgo en ciernes que cuenta con los elementos esenciales para triunfar en su carrera, pero que todavía los tiene que desarrollar barajándolos mucho, insistiendo principalmente en la hondura de sus personajes y en la firmeza y continuidad del propósito que lo guíe, pues a lo demás, y es bastante para ser nuevo en estos quehaceres, lo ha puesto de manifiesto en su primera obra.

Capricho en rojo
Por Manuel Casal [357]

Carlos Felipe es un autor que sabe qué es lo que le gusta al público y accede a servírselo, pero a la manera de Carlos Felipe. El espectador atento sabe que en la escena no está ocurriendo nada que desborde su capacidad emocional e intelectual y se tranquiliza para toda la noche, y aún cuando advierta ciertas rarezas por aquí y por allá, él tiene un hilo en la mano que nunca le arrebatan. Cuando regresa a su casa está convencido de que no le han tomado el pelo y retiene en su memoria un argumento, que contará a quienes se lo pidan esa misma noche, al día siguiente o mucho después.

El espectador más atento a su cultura ultramoderna (éste es otro espectador) que a poner remedio a su hastío insobornable, advierte que la obra tiene argumento y se horroriza..., pero menos mal, es retrospectivo. Vaya susto. Este espectador se marcha, también contento, porque hay un enfoque de qué hablar, aunque es casi seguro que apenas recuerda el argumento.

Es que Carlos Felipe tiene una habilidad extraordinaria para velar a Dios y al Diablo. Escoge un tema para todos pero lo desarrolla desde su sensibilidad de artista y con técnica ágil de dramaturgo que sabe lo que es teatro y todo lo que puede hacerse sin salir de él. A nuestro juicio *Capricho en rojo* no es superior a *El chino*, pero sin embargo, es un paso adelante en cuanto al desarrollo de los elementos dramáticos. En *El chino* toda la obra se circunscribe a Palma y el resto, sin ser tenue, es nada más que el soporte de la protagonista. En *Capricho en rojo* hay mayor despliegue. No se trata solamente de Pablo y la representación histórica o plástica de su neurosis, sino que hay una Silvia, la madre, el hermano con personalidad propia y destacada. El ambiente, si no tan logrado como en *El chino*, es por lo menos interesante. *Capricho en rojo* se estrenó, al fin, después de tenebrosas dilaciones, no obstante veinte mil reparos que pueden hacerse a su presentación, aquella noche, es justo declarar que estuvo muy bien dirigida

---

[357] *Prometeo* Año IV (24) agosto—octubre 1950: 21.

por Francisco Morín. Que los actores se pusieran inaudibles es culpa de ellos. No hay director que pueda controlar al actor después que se abre la cortina. Basta con el tercer acto, el que mejor se oyó, para garantizar con buena fe lo demás.

Capricho en rojo

Por Mario Rodríguez Alemán [358]

En Carlos Felipe encontramos un caso excepcional en la dramática cubana. En silencio, sin alquitaradas disyuntivas que le alejen del verdadero quehacer intelectual, Carlos Felipe no ha dejado de fraguar continuamente en su escena tipos y coyunturas de aspecto local, aquel "color local" de que hablaba Unamuno. Desde *El chino* su teatro ha ido tomando fuerza en casos y cosas de la vida diaria, moldeándose al contacto de la vida social y parapetado en una zona de luz que mueve igual a la crítica que a la sorna, a la sátira que al análisis de los tipos y de las diversas condiciones ambientales. Pero a más de eso, a más de esa profundidad de tesis que vierte en su teatro, en Carlos Felipe se produce el hecho singular de un aparato dramático de sincera peripecia teatral. Para él un tipo no se puede producir sin su ambiente, sin su órbita de acción. Y busca entonces motivos – efectos– que le aíslen de los demás y le preparen el "mundo entero" de cada cual. De ahí que acabe por ser su escena de difícil realización. (Al fin y al cabo teatro es espectáculo, y como dice Goethe, espectáculo para ver.)

Capricho en rojo es algo más que una simple obra cubana. Su acción, aunque transcurre en esta "pequeña aldea que es La Habana", acaba de ser universal, traducida a cualquier ambiente, que alcanza a todos los dramas de todos los hombres, en formas y vidas, en presencias y distancias. En *Capricho en rojo* han coincidido, para lograrla, motivos firmes de acción, consistencia argumental, soltura de diálogo, profusión sicológica en los tipos y sutiles calidades climáticas. Todo esto sin la presencia interior de un dramaturgo seria fútil e inconsistente, pero Carlos Felipe complementa ese accidente: él sabe cómo estructurar las escenas, cómo advertir efectos que levanten al espectador de la butaca, como deducir un desenlace, cómo hacer teatro. Y *Capricho en rojo* está hecha a base de color, clima y análisis.

¿Moralista? ¿Escandalizador?

---

[358] Rodríguez Alemán, Mario. "Capricho en rojo". *Mañana.* 17 de agosto de 1950. No. 188. p.6

Carlos Felipe crea en *Capricho en rojo* lo uno y lo otro: la moral y el escándalo. Su obra es estrictamente patológica, de persecución de tipos de prestancia biológica singular. Lo patológico en el teatro, que al ser de forma intenta mover la acción preparada siempre al salto de la irrealidad y su fantasía, llega en *Capricho en rojo* a lograr los mejores aspectos y las más firmes trayectorias caracterológicas (El Pablo es de por sí esa forma de ser y no ser, de ser real y anhelar, y en la locura, el amor irreal de Silvia).

Con un *tempo* de sutil armonía en la obra —con excepción del dilatado primer acto— *Capricho en rojo* es un perfecto argumento cinematográfico. Tal vez el poder del cine para aislar las escenas hubiera logrado en esta comedia una magnífica estructura dramática, que los efectos del teatro impiden alcanzar, al menos los pequeños efectos teatrales con que podemos contar en nuestro incipiente tinglado.

2

Una obra tan difícil como ésta de Carlos Felipe necesitaba de antemano un aparato escénico de primer orden, a la vez que tiempo de ensayos de mayor importancia. La obra, dirigida por Francisco Morín, salió, al no contar con esto, como pudo, y por lo tanto, bastante mal. Lo que allí se presentó el sábado, para los que hemos leído *Capricho en rojo*, no fue la obra, para los que no la conocen, fue una obra ininteligible, sufriendo, como es natural las consecuencias, el capaz Carlos Felipe. Pocas veces Morín ha presentado nada de tanta festinación como esta pospuesta pieza cubana. Lo que debió requerir de una estilización fragante y de un manejo absoluto y real de su presentación, siquiera por ser teatro cubano, y del bueno, salió estropeado, magullado hasta más no poder y sin que los actores se supiesen a derecha, o al menos que entendiesen a derecha, sus personajes. El ritmo estuvo desunido, la dirección mal concebida y, como es natural, el propósito de gran espectáculo que la pieza conjunta, mal dispuesto. Faltó el color, se deslució la maquinaria accesoria de la pieza (sonidos, luces, etc.) y por lo tanto, los aspectos puramente teatrales fallaron en lo elemental de su consistencia. Si a esto unimos que la escena de la conga —la más esperada— estuvo mal movida, sin que los actores cupiesen en aquel pequeño escenario, y que no hubo un acoplamiento de gran conjunto para realizarla, comprenderemos que Morín no captó la esencia general de la comedia, mal cortada por otra parte (se le eliminaron partes de la obra de tanta importancia como el monólogo del

224

primer acto que daba la tónica caracterológica del Pablo), *Capricho en rojo* dejó caer la emoción y el punto de apoyo del estímulo dramático en casi todo el segundo acto, sin contar que el primero fue de una tensión pobrísima y sin los grados expositivos que todo primer acto exige. Mala, positivamente deficiente la dirección de Morín, que buscando lo secundario, perdió la madeja medular de la comedia.

3

El nivel general de las actuaciones estuvo más que peor. Carmen Montejo, tan capaz, estaba descuidada hasta tal extremo que fallaba en su dicción por no saberse en papel mientras el traspunte vociferaba tratando de darle un pie que pocas veces logró captar. Algunas veces logró acercarse a la tónica específica de Silvia, pero sin fuerza, desvaída, tuvo, sin embargo, gracia y soltura de movimientos. Gaspar de Santelices no articulaba, sino que murmuraba palabras que no se entendían siquiera en la quinta fila. Por otra parte, sin encontrar en Carmen Montejo auxilio en cuanto al texto al que ésta correspondía, su actuación se redujo a lo insignificante. Él, tan vigoroso y de tanta práctica escénica, envuelto en aquel callejón sin salida del escenario, acabó por destruir, en lo esencial, el Pablo. La Ana de Xenia Facenda fue afectada y sin color. Su entonación no pudo ser más falsa. María L. Castell fue la que más apuntó el tipo. René Sánchez no nos comunicó fuerza. Modesto Soret no sabe lo que es actuar. Los personajes de Alberto Machado y Héctor Tejera insinuaron el desequilibrio de sus tipos, sin calibrar la profundidad dramática de ambos. Los hermanos Camejo en la Estela y el Andrés ingenuizaron (sic) estridentemente la poesía de sus adolescentes. La escenografía de Márquez estuvo buena, sin ser mejor. Las luces fueron exageradas y usadas a destiempo. El vestuario de Andrés, exquisito.

Estreno de la farsa *7B-XC* de Matilde Muñoz, por la compañía de María Tereza Montoya

Por Armando de María y Campos [359]

La misma noche del sábado 23 de septiembre del año que corre, que subía a la escena del teatro Ideal, de México, la tragicomedia, o farsa improbable, en tres actos de Matilde Muñoz *7B-XC*, otra obra de la misma autora era representada por primera vez en el teatro-escuela Valdés Rodríguez, de la capital de Cuba, donde desde hace años, a raíz de la caída de la república española, reside esta escritora y periodista madrileña, también autora teatral de fino ingenio, como lo revela la única obra que de ella hasta ahora conocemos, gracias a la inquietud artística de nuestra ilustre actriz, que en vez de refugiarse en cómodas obras de un repertorio que nadie interpretaría mejor que ella, no cesa en un buceo, no siempre acertado, para hallar nuevos autores teatrales.

Matilde Muñoz es una veterana periodista, dicho sea con toda cortesía y apego a la verdad. Andará en los cincuenta años y de ellos más de diez los tiene vividos en La Habana. Desde sus primeros años de periodista sintió vocación por el reportaje, al que le dio vida, interés y sentido universales. Trabajó largos años en *El Imparcial*, de Madrid, y llegó a estar encargada de la página llamada "Los lunes del Imparcial", de mucho crédito en España y América. También escribió y publicó numerosas novelas cortas. Ya mayor, entró en la Facultad de Filosofía y Letras, de Madrid (Ciudad Universitaria), donde se licenció en pedagogía. Su paso por la universidad se recuerda con cariño, porque, privada de belleza física y ya de alguna edad, supo ganarse el afecto de los jóvenes por su espíritu comprensivo, cordial, y su carácter abierto, siempre dispuesto a ayudar a todos. Entonces sintió tentación por el teatro, y tradujo para Emilio Thuillier la pieza *Jazz* de Marcel Pagnol. Fue una activa colaboradora del semanario madrileño *Crónica*. Entonces la guerra intestina hizo su trágica aparición en España, Matilde Muñoz vino a Cuba.

---

[359] María y Campos, Armando de. "Estreno de la farsa 7B-XE (sic) de Matilde Muñoz, por la compañía de María Tereza Montoya" en *Novedades*, 1 octubre 1950. En el portal "Reseña histórica del teatro en México".

En La Habana, entre 1941 y 1943, estrenó su primera obra teatral, *Los cisnes*, sobre la vida de las cuatro hijas del zar Nicolás, tan bárbaramente sacrificadas por los soldados de la revolución rusa de octubre de 1917. Estrenó esta obra la también refugiada española en Cuba, Hortensia Gelabert, gran actriz por cierto. Matilde Muñoz se abre paso en La Habana, escribe en revistas y se hace un sitio definitivo como escritora de radio en la Cadena Crusellas. Cuando María Tereza Montoya pasa por Cuba, en su última gira hispanoamericana, Matilde Muñoz le habla de su comedia *7B-XC*, y María Tereza accede a escuchar su lectura; el resultado no es difícil de adivinar: María Tereza le promete a Matilde Muñoz estrenar en México su ingeniosa farsa improbable, como la hubiera calificado el autor de *Un espíritu travieso*. Mientras, Matilde Muñoz siguió escribiendo teatro, y concluyó dos comedias, una, la que fue estrenada en La Habana la misma noche, y casi a la misma hora en que lo era en México *7B-XC*, y cuyo nombre no acierto a descifrar en el papelucho que hallé a mano y lo anoté cuando un hermano de Matilde Muñoz, que vino de Cuba a México con el solo objeto de asistir al estreno, me comunicó tan sabrosa y oportuna noticia, y otra, inédita, que se titula *La risa borrada*.

Como Julio Verne, que se anticipó en su obra de imaginación a tantas maravillas que soñó y supo describir en sus inolvidables relatos, Matilde Muñoz compuso su farsa con un "anticipo" de una realidad improbable entonces. *7B-XC* fue escrita hace dos años: pues bien, un mensaje de la Agencia Reuters, fechado en Estocolmo el 11 del presente mes de septiembre, y que fue publicado por más de mil periódicos del mundo, trae la noticia de que ya es realidad la fórmula imaginada -7B-XC- por la ingeniosa Matilde Muñoz. Esta es la noticia: "Doctores, abogados y miembros del clero de Finlandia, Dinamarca, Noruega y Suecia, se reunieron hoy en esta ciudad, para redactar una ley común nórdica sobre la situación legal de los niños de "tubo de ensayo". Algunos abogados creen que, tal como lo establecen actualmente las leyes de los países escandinavos, la madre de un niño nacido mediante la fecundación artificial, podría obtener una orden de paternidad contra el donador de... la simiente, cuando éste no sea su esposo. La inseminación artificial se encuentra todavía en la etapa experimental en los cuatro países. En Suecia, setenta mujeres han sido fecundadas artificialmente, y hasta ahora dieciséis de ellas han dado a luz dieciséis niños. Cerca de treinta mujeres están esperando que se les someta al tratamiento, pero existe escasez de donadores voluntarios", etc., etcétera. Matilde Muñoz ha hecho una comedia con este problema. Dos personajes, Él y Ella, claro está, dialogan y monologan, después de que Ella se ha sometido a la operación y está a punto de dar a luz, pero el no tan anónimo donador de la simiente, se interpone entre ellos, como un fantasma, que acaba por separar a la ya desdichada pareja.

La obra, escrita con fluido diálogo muy natural, abunda en situaciones de fino ingenio, y... nada más. El público se divierte viendo a los dos sufrir las consecuencias de la terrible experiencia, con el "fantasma", visible para el público, invisible para ellos, presente ya en su presente y, de seguro, en su futuro, socarrón, travieso, como el de la deliciosa farsa de Noel Coward. Es poco elogio para María Tereza Montoya, para Ricardo Mondragón, y aun para Gustavo Rojo, decir que hicieron a la perfección sus personajes, acostumbrados a sobresalir en otros de más difícil empeño.

La máquina rota. Antonio Silvano Suárez [360]

En el Parque Central presentó Prometeo, bajo la dirección de Francisco Morín, una obra de autor cubano, joven, de nueva generación y Nueva Generación, de la una y de la otra por la unidad que ambas representan. Trátase de Antonio Silvano Suárez y *La máquina rota.*

Silvano Suárez nos indica la posición filosófica ante una tipología humana, el joven que sueña, que vive adentro y no afuera, en la poesía de la introspección superior. Su personaje, Juan Clemente, se sumerge en un mundo oscuro y poético, suyo y no de otro, pero desgraciadamente determinado por las luces de afuera. Y son estas las luces de la música, señaladoras fuertes de la conclusión. Tramando la salida supone encontrarla en el suicidio, creyendo haber tomado una resolución suya que no lo es, porque ha sido lo otro, las luces y la música, son las reales determinantes. Se subraya a su vez la poesía de cada lugar y el latir interior de unos aretes, pero el Juan Clemente, solo concibe aquel mundo inerme e inadaptable. Surge así la posición del autor, de su mirar teatral de las cosas, en el cual la realidad simple sin grandes resquebrajamientos, domina, acompañándola las situaciones y personajes necesarios a la creación escénica. El que no se adapta perece, pero el hacerlo (adaptarse) también tiene su belleza.

Quizás ésta sea su tesis.

Sobresale el sugerente empleo de ciertos detalles, poseedores de gran expresividad en la elaboración dramática. Las dos flores constituyen elementos simples que han sabido señalar momentos discretos y poéticos, una de ellas la blanca, como detalle imprescindible de una conclusión admirable.

La intervención del músico, con su pañuelo, así como los claros contrastes musicales, denotan un fino sentido de lo que quiere expresar y los medios disponibles.

---

[360] M. H. H. ¿*Nueva Generación.* Año 1. No. 3. 1950. pp. 13 -14.

Contrastando es de notar descuido en el desarrollo de varios momentos del diálogo, el empleo de chistes de intención limpia y denotado mal gusto, ausencia de intensidad dramática en ciertos momentos que lo exigían. No obstante, lo primero logra equilibrar, y hasta superar, lo segundo.

Pero si observamos la obra en el sentido total, estructural, gestalista, se percibe una falta de fuerza, de sensación plena, de creación vibrante. El todo no responde a la inteligencia y superiores cualidades de ciertas partes.

Ha sido Francisco Morín, director de Prometeo, del Teatro del Parque Central, de ese teatro para el pueblo, quien ha llevado esta obra de autor joven y de los nuestros de título preciso y clara posición.

A él se le debe el sentido lento de la primera parte, razonadamente lento y poético, contrastando con la movilidad que supo darle a la segunda, de adecuado colorido. Falló el empleo de la malla negra para dar la sensación de sueño, hecho que con el brusco cambio de luces, hubiese quedado perfectamente determinado.

René Sánchez, amante de conocer los personajes, de sentirlos y saberlos decir, no logró una de esas creaciones limpias y precisas de otras veces. María Luisa Castell nos dio unos momentos iniciales demasiados reales, ausentes de la necesaria fantasía y etereidad, moviéndose con buen acierto y brillo. Esperanza Magaz comprendió el sentido interno de sus aretes, manifestando la humanidad y falló en la separación de este aspecto y el otro, el externo cascabeleo y superficial, encubridor de su personaje. No obstante fue lo mejor de la representación. Orlando Montes de Oca acertó en el aspecto general, errando en la concreción del gesto.

Carlos García Calderón atinó en el corto papel de escasas posibilidades.

Calígula de Camus
por Walfredo Piñera [361]

Calígula es una obra difícil. Sus cuatro actos de locura y filosofía la hacen agobiadoramente tensa. Sobre todo, a partir del acto tercero en el que la pintura del protagonista se extiende a través de inmensos monólogos. Pero el conjunto tiene altura de pieza fuerte y lograda, de poderoso dramatismo escénico, que se presta a numerosos efectos formales, muchos de los cuales han sido hábilmente realizados por el director Morín con el auxilio de una iluminación de muy buen gusto y una impresionante música incidental.

Calígula, según ha expresado el propio autor Albert Camus, es una "obra intelectual", una "tragedia de la inteligencia". El tirano es pintado como un ser ansioso de libertad, que pretende subvertir todos los valores, utilizando en su empresa una aplicación mecánica y sofística de la lógica. Su objetivo es poseer la libertad total y con ella la felicidad. Pero no lo logra, porque en sus planes olvida la esencia del hombre. Y al negar al hombre se destruye a sí mismo. Cuando comprende su fracaso le invade el miedo que nunca sintió y muere acuchillado y proclamando la vigencia infinita de la vida que pierde. En los diálogos de *Calígula* hay mucha ingeniosa sustancia de pensamiento y un indiscutible valor literario. La afirmación "Los hombres mueren y no son felices" da pie al esquema dramático que se desarrolla en torno al protagonista y en la lógica de éste abundan los pensamientos lógicos y los silogismos caprichosos y agudos que Camus pone en boca de Calígula, entre otras cosas, la poca importancia que tiene la muerte de los hombres codiciosos. A Calígula no le importa la muerte de sus avariciosos enemigos porque ésta es la pérdida de la vida. Y si hay hombres para quienes lo único importante es la riqueza y no la vida, poco importante es que pierdan la existencia. Roma –léase el mundo– estaba llena de hombres así. Por ese tenor está desarrollada toda la exposición de la tragedia, que no siempre es diáfana y carece de un fácil poder de identificación con el gran público.

---

[361] Auxiliar. (Walfredo Piñera). "Calígula de Camus, un gran esfuerzo del grupo Prometeo" *Diario de la Marina* 24 de junio de 1955. 16-A y 18 A.

Grande ha sido la audacia del grupo Prometeo al llevar a escena esta tragedia de Camus. Nada más lejos de la frivolidad ambiente que nos rodea que esta pieza en que el autor ha querido hacer un estudio de la pasión por lo imposible, exponiendo su angustia, sus furores y su fracaso final. Situarla en la Roma de los césares no fue más que un pretexto que brinda al drama imponente grandiosidad, grandilocuencia escénica y una fuerza de expresión que el grupo Prometeo ha sabido aprovechar en muchos de sus aspectos. El montaje de *Calígula* en la esforzada sala Prometeo tiene una calidad muy notable. La escenografía funcional, en blanco y negro, con una línea de brazos que sostienen sendas antorchas y recuerdan los corredores de *La bella y la bestia*, de Cocteau, es sobria y eficaz. El vestuario tiene la propiedad que requiere el ambiente. Y la música de Harold Gramatges, que simboliza un clima espiritual en forma abstracta tal cual lo sugiere Camus en el libreto de la tragedia, es otro de los aciertos.

En el renglón interpretativo, es Adela Escartín como Cesonia quien se lleva la palma. Adolfo de Luis rinde una gran faena en el Calígula, papel dificilísimo que lleva con desenvoltura y gran aliento. En general puede decirse que en todo el reparto hay compenetración con los personajes y un gran deseo de hacer las cosas bien. Eso basta para que pequeños errores de gestos, de tono o de dicción queden olvidados frente a la fuerza redentora del devoto empeño. En el reparto hay veinticuatro figurantes. Analizar la labor de cada una haría interminable esta nota. Ninguno desentona. Muchos en cambio se lucen impartiendo vibración y matices a sus personajes. Con cada situación compone un cuadro de indiscutible belleza visual y hay muchos momentos en que la emoción del mero juego escénico se impone por sobre el contenido de la obra. La muerte de Cesonia es uno de esos instantes. La dirección de Francisco Morín es sin duda alguna, lo mejor del espectáculo.

Calígula es un espectáculo teatral difícil y arrestado. Entre los programas que anuncia la cartelera habanera, es uno de los que más atención merece.

"Los endemoniados" teatro de altura y sólida actuación en Prometeo" [362]

Por Walfredo Piñera

En *Los endemoniados* tiene el momento teatral habanero uno de los más altos niveles de arte desde que se inició esta boga triunfante de las pequeñas salas. La trilogía de Eugene O'Neill *Mourning becomes Electra, El luto le sienta a Electra,* está considerada por la mayoría de autores como la más grandiosa de las creaciones de su autor. O' Neill traslada el drama y los personajes de la *Orestíada* de Esquilo a la atmósfera estadounidense de la guerra de Secesión. Grecia es Nueva Inglaterra y la guerra de Troya es el conflicto entre el norte y el sur. Hasta el clásico coro griego tiene su equivalencia en el murmurante grupo de vecinos de la localidad. La representación tiene esa admirable calidad monolítica integral, que posee la magia de absorber las imperfecciones, los deslices por otra parte mínimos. En un escenario pequeño con una escenografía sobria –casi esquemática, que no permite, gran mérito– distraer la atención de la fuerza expresiva de la palabra y el gesto de los actores. Francisco Morín mueve los personajes de O' Neill con ese inspirado sentido de la plástica escénica que le caracteriza como director. A los espectadores que tienen una subconsciencia eminentemente cinematográfica les parece que en la escena se están produciendo encuadres de todas las distancias y ángulos posibles de la acción. Tal es la fuerza, el cuidado, el ritmo en la composición, en el matiz expresivo desde que en las primeras escenas Seth y sus amigos comentan el sino trágico de la familia Mannon y su fantasma mansión. De singular acierto son los desarrollos de algunos diálogos, el final del acto tercero y el poderoso desenlace en el que el ruido del martillo y la luz juegan un dramático final [...] Adela Escartín y Florencio Escudero están francamente bien. Adela Escartín posee un don inapreciable, una extraordinaria personalidad escénica. Está además hecha a ese estilo de teatro en grande. Se transforma en la escena, matiza las situaciones de la serenidad al paroxismo y traslada la emoción a una sala un poco inhóspita. Escudero domina su rol de angustias crecientes,

---

[362] 19 de octubre de 1955. *Diario de la Marina.* p. 16.

conquistador de aversiones y entabla su lucha histriónica con capacidad de balance para Adela Escartín. [...] *Los endemoniados* es, repetimos, de lo mejor y de más envergadura que anuncia la cartelera teatral capitalina. Un espectáculo como *Calígula*, de minorías cultas, pero del que no se arrepentirán nunca los espectadores ni los corajudos artistas que la animan.

Hacia una nueva técnica de la actuación
Por Severo Sarduy [363]

Habíamos hablado en Cuba de la mímica, de la técnica escénica, de la memoria de los sentidos, de Stanislavski, de Chejov; pero el actor, el dueño definitivo del hacer teatral, había seguido siendo un mero realizador de acciones, un copiador más o menos fiel de la realidad, un ser que se maquilla para decir textos dentro o fuera del tono que les corresponde y conoce el truco de cómo entrar en situación externa, física, para hacer bien el galán bello, el cómico o el matarife, la gran *vedette* de la escena o el general.

Este movimiento en cuadrilla de la farándula, esta "gente de teatro", ha tomado la situación con la experiencia del radio, del *happy end* o el dramón televisado: así el libretista escribe, el productor y los técnicos improvisan de algún modo el programa para un cuarto de hora más tarde, se mueven los primeros aparatos, –las cámaras– y el director comienza a "marcar las caras" de los segundos.

Se han convertido, pues, nuestras *prima donnas*, a fuerza de tanta improvisación, en fabulosos aparatos –grandioso invento de nuestra época automática– que con sólo un leve estímulo, sacan una elaborada "cara de angustia" o una "cara de ingenuidad" o una "cara de espanto con lágrimas de verdad y todo".

Pero los principios del folletín, los maestros de la tragedia en medio acto, los ídolos improvisados a gusto del patrocinador o la pepilla histérica, han vislumbrado el golpe de muerte, cuando un actor y director joven, sin prestar atención a la avalancha romanticoide, ni a la literatura que se hace en torno a la supuesta "crisis del teatro", reanuda sus actividades en una flamante sala y estrena una obra difícil y vigorosa de Marcel Aymé.

Adolfo de Luis, que es un actor que conoce de verdad el oficio tan difícil, el juego tan serio del teatro y ha estudiado en sus fuentes originales las

---

[363] Notas. Programa de *Los pájaros de la luna*, de Marcel Aymé en la colección de programas de Patronato del Teatro en Cuban Heritage Collection.

principales escuelas contemporáneas de actuación, experimentando, vivenciando desde muy temprana edad todos los géneros teatrales, ha logrado, no por improvisación, sino por sucesivos ejercicios y estudios, un estilo personal, propio.

Alumno de Ben Ari en la academia de Piscator, y más tarde de Muriel Boudin; estudioso de las técnicas más modernas, trabó contacto posterior con el eminente Seki Sano, profesor japonés radicado en México, ampliando estudios mediante ensayos y traducciones de los maestros actuales del arte teatral, publicados en la prensa nacional y extranjera. Actuó en Nueva York en Theatre Rock y a su regreso fue seleccionado el mejor actor teatral del año por su actuación en *Calígula* de Camus. *Juana de Lorena* y *Mundo de cristal* han sido dos de sus grandes éxitos.

Y ahora Adolfo de Luis, ha seleccionado para el estreno de su nuevo Atelier la obra *Los pájaros de la luna*, de Aymé, donde desempeña el papel de Valentín, difícil personaje de extraño mundo sicológico, profesor avezado en ciencias ocultas, que posee el don del encantamiento.

Por su talento, por su honradez en el ejercicio del teatro, Adolfo de Luis es ya una certera, implacable amenaza para el aguado folletín cubano.

¿Los críticos contra Electra Garrigó?

La polémica sobre la puesta de *Electra Garrigó*, de Virgilio Piñera, no es un capítulo cerrado, sino un hecho vivo cuyos matices todavía nos sorprenden. Cuando la noche del 23 de octubre de 1948 se empieza a estudiar, la versión más conocida y aceptada es la promovida por Virgilio, quien sostuvo que los críticos indignados hicieron comentarios de pasillo y no se atrevieron a escribir. Otros han afirmado que aquéllos que asistieron no corrigieron después su valoración y se mantuvieron rencorosos, con los ojos y la boca cerrados. La opinión más generalizada es que la crítica cubana del momento fue miope ante los méritos de *Electra...*

Se sabe que Piñera reacciona violentamente a la crítica de Luis Amado-Blanco, publicada en el periódico *Información* y responde en "¡Ojo con el crítico!" con un texto chispeante, cáustico y excesivo, que publicado en la revista *Prometeo* provoca otra respuesta airada y también desmedida del aludido, "Los intocables". La ARTYC solicita una retractación a *Prometeo*, se publica que Morín cree que la crítica es consustancial al hecho artístico y los periodistas silencian al Virgilio de la lengua suelta. Según Lezama, fue su "sabroso escandalito." En las ofensas entre unos y otros y las cartas con motivo del incidente se gastó más papel y tinta que en reseñar la puesta. Sin embargo, mi relectura de la revista *Prometeo* y la revisión de la prensa, contradicen esa única versión. Si bien los grandes nombres se abstuvieron de escribir, perplejos y ofendidos por lo que se ha conocido como un "escupitajo al Olimpo", otros desmienten la versión esquemática.

En 1958, en un mes de teatro cubano, *Electra...* se repone y Luis Amado Blanco rectifica su valoración. Sin embargo, un crítico de Nuestro Tiempo vuelve a las andadas contra la Garrigó. He tratado de reunir un expediente con las críticas de la puesta en escena y algunos textos –las notas al programa o el texto de María Zambrano– que colaboran a entender el hecho en su complejidad.

Notas al programa
Por Virgilio Piñera

Electra Garrigó sale, claro está, del drama de Sófocles. Ahora bien, no es, en modo alguno, "una versión más" de dicho drama, como por ejemplo ocurre con la tragedia de O'Neill, *Mourning Becomes Electra*. Lo que se ha utilizado en *Electra Garrigó* de la citada tragedia es "personajes" y "atmósfera"; caricaturizados los primeros, parodiada la segunda. Es decir que *Electra Garrigó* no es un intento más de hacer neoclasicismo o poner en época actual los conflictos de una familia griega del siglo V antes de Cristo..., sino la exposición y desarrollo de un típico drama de la familia cubana de ayer y de hoy.

En *Electra Garrigó* asistimos a tal dictadura sentimental: Agamenón Garrigó, padre de "honor honorable" y señor de caudales, ama con exceso a su hija Electra; con tanto avasallamiento que anula en ésta la propia determinación. Electra no puede casarse. Electra no puede amar nada que no sea la persona de Agamenón, la paternidad de Agamenón. Al mismo tiempo –y a manera de síquica descarga– Agamenón odia cordialmente todo lo que no sea Electra, es decir, odia, por contraposición, a Orestes, su hijo; a Clitemnestra, su mujer. El esquema es el mismo para Clitemnestra Pla, mujer bella, erotizada e histérica. Orestes es suyo; quien intente arrebatárselo perecerá. He ahí una de las razones del duelo a muerte empeñado entre madre e hija, y en el que Electra, más dueña de sus medios, más reflexiva, más "fría", acaba por convertir el hogar en un "fluido Electra".

Electra, que a más de estas "luces" recibe la luz refleja de esa estrella de astucia y apatía que es el Pedagogo, descubre algo que muy pocos hijos, puestos en conflicto tal, descubren a tiempo. Electra hace el gran descubrimiento de que ni Agamenón ama a Electra, ni Clitemnestra a Orestes; sino que Agamenón se ama a sí mismo; que Clitemnestra no quiere más que a su propia persona Clitemnestra. Y todavía descubre algo más: descubre que todo el celo de sus padres es nada más que una suerte de encubrir una realidad más secreta: la de la propia seguridad. Por eso, cuando Agamenón, en una escena del Acto I dice a Electra: "Quiero tu felicidad, Electra Garrigó", ésta le riposta rápida: "No, Agamenón Garrigó, tú quieres tu seguridad".

Y comienza la gran batalla de Electra, esto es, convertirlo todo en Electra... Porque a ella no se le escapa que Agamenón tiene el propósito de que todo en el hogar devenga Agamenón y Clitemnestra que todo devenga Clitemnestra... No así en lo que respecta a Orestes, éste para decirlo *grosso modo*, "ni pincha ni corta". No es ni siquiera un catalizador... Pero Electra lo envuelve en su órbita y lo lanza lejos de "los rosados dedos y las rosadas uñas" de Clitemnestra.

Con mortífera apatía Electra borra a sus padres. Para eliminar a Agamenón pone en juego dos recursos supremos de la oscura vida síquica de su madre: el odio y la voluptuosidad. Excita a Clitemnestra con estos "filtros"; a tal punto, que ésta, excitada hasta la demencia, excita a su vez, a Egisto Don, su amante. La excitación se hace ecuménica y el honorable Agamenón es estrangulado durante su sueño.

Queda la madre y a Electra le sería fácil acabar con ella. Pero Electra no se precipita, tal muerte va a carecer de todo sentido si no va a producirse como una reacción de la pasiva naturaleza orestiana. Clitemnestra tiene que ser suprimida por Orestes y no por nadie más. He ahí la suprema preocupación de Electra. Ella tiene que estar muy segura de que Orestes es digno hermano suyo, y no simplemente el hijo mimado y reblandecido de Clitemnestra Pla. Todo se prepara durante la pieza para ir robusteciendo el ánimo de Orestes. En el Acto III la tan ansiada "anagnórisis" se produce, y Electra escucha, de boca de Orestes, que arde en deseos de asesinar a su madre. ¡Por fin reconoce ella a Orestes y escucha de sus propios labios que es digno hermano de su hermana!

Hasta aquí la problemática de mi pieza. De otra parte, Electra plantea un mundo de puros hechos, que no va a depender de *ananké* alguna, y, por tanto, no existirá en ningún momento el "torcedor de la conciencia". Por todo ello, Electra, en el Monólogo con que abre el Acto II, anuncia la muerte de los no-dioses: "¿Adonde estáis, vosotros, los no-dioses? ¿Adónde estáis, repito, redondas negaciones de toda divinidad, de toda mitología, de toda reverencia muerta para siempre?" Y concluye el Monólogo, a manera de lo divino: "Es a vosotros, no-dioses, que os digo: ¡Yo soy la indivinidad; abridme paso!"

La pieza se da en un ambiente nuestro. De ahí el Coro personificado en nuestra popular cantadora de puntos guajiros, el patio de estilo colonial, la fruta bomba con que se alude al erotismo desenfrenado de Clitemnestra, la indumentaria de Egisto –que no es otra cosa que nuestro chulo, un tanto refinado por Clitemnestra–, los actores negros que realizan la pantomima, el uso del nombre y del apellido reunidos –viejo uso de algunas provincias de Cuba– etc., etc. Finalmente, y ampliando lo que dije más arriba sobre lo parodístico del lenguaje, los personajes oscilan perpetuamente entre un lenguaje altisonante, de "forma" trágica, y un humorismo y banalidad que, entre otras razones, se han utilizado para equilibrar y limitar tanto lo doloroso como lo placentero, según ese saludable principio de que no existe nada verdaderamente doloroso o absolutamente placentero.

Electra Garrigó

Por María Zambrano [364]

La Tragedia griega tiene la virtud de ser algo así como el eje cristalino, en torno al cual, los occidentales seguimos haciendo girar nuestros últimos conflictos. Su íntima unidad se refleja en cada época de modo adecuado a la contextura de ese espejo cambiante que es la conciencia humana. Y es de notar que en los días que atravesamos, más que en ningunos otros, se recurre a la Tragedia griega como a un asidero último para expresar lo que parece ser más contrario a ella: los conflictos de la conciencia moderna.

Pues ningún momento más alejado históricamente de aquél en que la tragedia cobra forma, que éste del cual somos tan pasivos protagonistas. ¿Cómo explicar la recurrencia insistente? Tal vez por esa misma condición de pasividad ante nuestros propios conflictos. A la tragedia de los tiempos actuales parece faltarle el sujeto, el "quien" o el "alguien" que la vive y padece; tragedia desasida, abstracta y que por ello, no conduce a la libertad.

Y así, la *Electra Garrigó* del poeta Virgilio Piñera presenta en su centro mismo, en la protagonista que le da nombre, más que un personaje, un vacío: el vacío de la conciencia "apática". Electra no es nadie, es la blanca luz concentrada que en el último momento se disipa en pura atmósfera, en gas incontenible que se adhiere a todos los objetos. No sé si el poeta habrá presentado este desenlace con plena intención. Pero ahí creemos encontrar el suceso esencial de la pieza: la hueca personificación de una conciencia sin piedad que, como no pertenece a nadie, termina por disiparse como un gas, como el antiguo éter, tocándolo todo, contaminándolo todo, sin iluminarlo. Personaje el de Electra Garrigó que es una pura metáfora de la conciencia, pálida luz indiferente que no nace de un foco reflejo, de una luz originaria, ni de un fuego íntimo, hogar de la piedad.

---

[364] *Prometeo* Año II (10) octubre 1948: 10-11.

Conciencia indiferente para la cual el crimen es una simple "cuestión sanitaria": la eliminación de un obstáculo por un impulso que ni tan siquiera puede llamarse "vital". Más que vida, hay en esta tragedia actual, el desnudo choque de los átomos; mas, de unos átomos opacos impenetrables, que se mueven linealmente en el vacío...

En la Tragedia clásica el crimen venía a ser la última explicación, el desentrañarse del conflicto entrañable que sólo por la sangre hallaba su salida. El poeta trágico recogía el "crimen" y lo transformaba en tragedia extrayéndole su sentido. En esta Electra encontramos el crimen sin más, convertido para apurar su falta de sentido, en un "hecho", "un simple hecho". Mas, entonces, ¿dónde reside la tragedia? Si el crimen es nada más que un simple hecho, nada hay que decir, y aún la palabra misma suena un tanto a vacío; los "simples hechos" son realmente inexpresables y se desprenden de toda palabra que pretenda expresarlos o apresarlos, como una ganga oscura, como un opaco peso. Los simples hechos no tienen voz. Pues sólo canta el corazón, ese oscuro recinto hermético de donde nace la música constante del ritmo. Y más todavía; sólo puede ser dicho lo que es visto en la luz viviente de una conciencia personal que pertenece a alguien que la padece y la soporta. El "decir", todo "el decir" supone la persona.

Tragedia sin persona donde los personajes giran en torno a la blanca, pálida doncella Electra, símbolo de la dejación infinita, del cumplimiento de la apatía que llega a hacer de una persona una simple radiación, un minúsculo mundo a imagen del mundo de los electrones ciegos. Pero... ¿y si los electrones no fueran ciegos, poeta? ¿Si en su vibración se generara ya eso que se llamara conciencia? ¿Si en ellos estuviese esa aspiración a la luz o la sede de la luz misma? ¿Por qué no sentir en los electrones una aspiración a la vida íntima y personal, a la vida que pasando por su oscura cárcel humana llega a hacerse luminosa, en vez de ver en la persona una conciencia que se deshace en pura y ciega vibración? Electra, "doncella sacrificada a la luz", no puede ser indiferente, no puede ser sino una figura de la conciencia y de la piedad al par. Y entonces, al rebosar de sí misma, como toda criatura trágica, no sería la vibración alucinatoria que persigue a Clitemnestra, sino la espada implacablemente luminosa que pone al descubierto el secreto de las entrañas humanas; la que transforma el crimen en proceso purificador.

Todo personaje trágico rebasa de sí mismo, trasciende. Y el hacerlo sentir así, constituye el gran acierto de esta Tragedia actual del poeta cubano Virgilio Piñera. Pero ese trascender del personaje protagonista se hace mero rebasar físico, ya que no hay persona; es el simple trascender aterrorizante de un elemento. Mas, en un lugar de la obra, en el Monólogo con que se inicia el segundo acto –de lograda belleza poética– se denuncia la inexistencia o la no-divinidad de los Dioses. Y algo hay que acerca a este Monólogo a ser una imprecación. En este Monólogo la temperatura se eleva y un cierto fuego trasparece... La pálida conciencia de la "doncella sacrificada a la luz" descubre la no-divinidad de los Dioses. Y entonces ¿por qué no prosigue; por qué no llega a insinuar siquiera la existencia del Dios único, del Dios inconfundible? La Tragedia de Virgilio Piñera ha quedado fijada así en ese instante terrible de pura negatividad, de eclipse de Dios, ya expresado por Lucrecio, el poeta de los átomos ciegos, cuando dice: "En el caso de que haya Dioses no se ocupan para nada de los hombres". Y la consecuencia de *Electra Garrigó* es perfectamente coherente: pues si los Dioses no se ocupan para nada de los hombres, quiere decir que no existen, que no son Dioses.

La negatividad, el eclipse de Dios, cubre con su sombra el aire todo de esta tragedia actual, pero bastaría al poeta caer en la cuenta de que ni siquiera la tragedia existe, cuando Dios no existe.

Toda la tragedia griega es un canto o un lamento, una llamada al Dios desconocido, al Dios único cuya luz delata la inexistencia de los Dioses-formas. La conciencia trágica es una de las luminosas profecías del Dios verdadero. Y he aquí esta tragedia actual realizada con toda coherencia y justicia, con esa terrible honestidad suicida. Suicidio de la conciencia personal que renuncia a su grito, a su clamor; suicidio de la luz misma y aún de la poesía que no puede elevar su canto. Y de esta honestidad del poeta cabe esperar y aún exigir, que agotado el suicidio, traspasado el eclipse, resuelto en la esperanza, en el clamor por el Dios de la luz y del fuego, de la vida misma, bajo el cual los "simples hechos" alcanzan su sentido, y hasta un crimen puede ser una forma, a más atroz, de imperar su justicia.

Estrenó la revista teatral drama *Electra Garrigó*.
Por Selma Barberi. Seudónimo de Matilde Muñoz [365]

Ficha del estreno. Dirección: Francisco Morín. Escenografía: Osvaldo. Luminotecnia: Jorge Dumas. Principales intérpretes. Electra Garrigó: Violeta Casal. Clitemnestra: Marisabel Sáenz. Agamenón Garrigó: Carlos Castro. Orestes Garrigó: Gaspar de Santelices. Egisto Don: Modesto Soret. Pedagogo. Filiberto Machado. Coro: Radeúnda Lima. Teatro: Escuela Municipal Valdés Rodríguez. Fecha del estreno: sábado 23 de octubre de 1948.

Prometeo, linda revista teatral, ha celebrado su primer aniversario de la mejor manera que pudiera celebrarlo, con el estreno de una obra de autor cubano, en un escenario habanero. Y esta obra ha sido elegida entre una producción joven que aspira –y con grandes muestras de poder conseguirlo– a proyectar el teatro cubano a alturas de consideración y de respetabilidad.

El asunto de *Electra Garrigó* había despertado cierta expectación por lo arduo del tema, por la personalidad del autor, muy estimado anteriormente en la poesía y en el libro y por ser Virgilio Piñera uno de los escritores premiados en el último concurso de la ADAD. Así pues la sala del Valdés Rodríguez se hallaba llena de público, entre el cual se veían las primeras figuras de la crítica teatral habanera. Este público se hallaba preparado a las dificultades de la empresa acometida por Piñera porque ya la índole del espectáculo que se nos ofrecía, había sido anunciado por una página de María Zambrano, en la que con luminosa y profunda perspicacia se desentrañaba en cuanto eso es posible, el propósito del autor. El propio Virgilio Piñera nos había hablado de ese

---

[365] *El Siglo*, noviembre 3 de 1948: 6.

mismo propósito desde el programa, pero en términos que, con excesiva modestia, dejaban sólo ver la parte menos interesante de su obra ya que en *Electra Garrigó*, la acción que se ve, es precisamente lo menos importante y los resortes que la mueven, lo verdaderamente esencial de ella.

Virgilio Piñera ha procedido con la tragedia griega en *Electra Garrigó*, como los monjes de la Edad Media procedían con los palimpsestos: tornaban las leyendas amorosas o heroicas y miniaban en su lugar agiologías. El Renacimiento después los borró y restauró las leyendas amorosas y heroicas. En el palimpsesto de Virgilio Piñera quedan más restos de lo que él cree de la escritura primitiva. Desde Homero hasta Eurípides, Electra, esta criatura de frenesí inmóvil, asumió la encarnación de la no-conciencia, del "hecho" escueto, sin secuencias, sin premio y sin castigo, tesis principal del autor cubano. Ella sabe desde el principio que las Erinias, si por acaso existen, sólo castigarán a Orestes. Electra, ella misma, es intangible, porque es sólo una fuerza fluídica, el "fluido" Electra, exaltado en el drama de Piñera. Los antiguos habían ya adivinado esa fuerza fluídica de Electra y pusieron frente a ella una resistencia inevitable, si el fluido había de operar sus relaciones: Clitemnestra. Y estos dos elementos antagónicos, usando la palabra antagónico en su amplio sentido cósmico, son tan exclusivos, que tanto en el transcurso de los dramas griegos como en la obra de Piñera nos damos cuenta de que, poco a poco, todas las demás entidades que les rodean, se van desmenuzando, volatilizando, desapareciendo para dejarlos solos frente a frente. Uno ha de aniquilar al otro. Y naturalmente vence aquel de los dos que está dotado de una insensibilidad más perfecta. La insensibilidad imposible, que es la esencia de lo divino. Que es al mismo tiempo, la afirmación y la negación de lo divino.

Según la filosofía expuesta por Virgilio Piñera en su *Electra*, todos vivimos en el ámbito de una moral forzada, balanceada entre los términos convencionales del "premio" o el "castigo" de determinados hechos, carentes en sí de todo peso específico y determinante en las decisiones del destino. Cada uno, en su subconsciente, acaricia con secreto terror, o con secreta esperanza estos términos y los cubiletes sobre el azar ciego de "los hechos".

Evadirse de esta moral caduca parece ser la aspiración de Virgilio Piñera, o mejor, la de los no-seres de su *Electra*: llegar así a una afirmación, a fuerza de negaciones: la afirmación pura del instinto, desnudo de todos sus ropajes, el instinto que preside en la realidad la Vida, lo mismo en los palacios racinenianos de Electra, hija del Átrida Agamenón, que en el del patio cubano de Electra, hija de Agamenón Garrigó.

El fluido Electra, Electra la no-consciencia, el impasible demente cósmico, proclama la in-divinidad que dentro de la nueva consciencia sustituye a la divinidad. ¿Será ésta la futura base moral del mundo? Si es así ¿se conformará el hombre del futuro con manejar simples "hechos" fluídicos, flotantes, peregrinos, como nubes, portadores de la sombra y caminando, inexorablemente hacia la luz? A su vez ¿estos "hechos" impasibles, llegarán a no afectar el corazón del hombre impregnado únicamente de un impulso hacia la libertad absoluta? ¿Esta "libertad absoluta" ¿no es identificable con la "muerte absoluta"? La Vida, sujeta a formas y a leyes, no puede representar el concepto de libertad. De este modo, como los hechos sólo se producen en La Vida, llegarían a convertirse en "no-hechos", en cantidades negativas, captables solamente en una álgebra trascendental. Pero al fin y al cabo, "captables", es decir, privados de la libertad absoluta, que es desmedida, como la muerte, si pudiera concebirse el término de "muerte absoluta" que todos sabemos no existe. Una criatura absolutamente libre se hace inhumano. No produce el delito, pero es ella misma su propio delito, perdiendo así, automáticamente el poder discriminador de la conciencia.

Este es el caso de todas las Electras y, especialmente, el de Electra Garrigó, la heroína de Virgilio Piñera.

Ya se comprende lo difícil que ha de resultar vestir de ropaje escénico a un personaje extraído de tan alambicadas esencias filosóficas. Y, sin embargo —y este es el principal y más raro mérito de su obra— Virgilio Piñera lo ha conseguido y lo ha hecho comprensible. Lo ha adentrado en un conflicto, lo ha rodeado de otros personajes y a estos personajes y a ella misma los ha hecho hablar en un lenguaje a veces hermosamente duro y frío, como el mármol —así, en el monólogo de la propia Electra en el acto segundo, acabada pieza teatral y literaria – a veces en una forma sarcástica y cáustica como en los diálogos finales del Pedagogo y en fin, de manera puramente dramática, como en los parlamentos de Clitemnestra, reveladores de las relaciones de su consciencia y del brote subconsciente de sus deseos.

Electra Garrigó es por tanto, teatro, específicamente teatro, y es también espectáculo, como en los dos momentos, tan acertados, de la expresión mímica de los conflictos interiores de Clitemnestra y Agamenón.

Podría preguntarse todavía por qué Virgilio Piñera encierra sus abstracciones en un patio habanero –las rodea de mimos, de frases bufonescas, de símbolos escatológicos– como la fruta bomba o la palangana. Pero Aristófanes, al que se parece, traía las nubes para arrastrarlas entre la polvareda de un teatro, igual que nosotros encerramos el infinito en un Catecismo y la Eternidad en un reloj. Es una obra humana hacer los dioses a nuestra imagen y semejanza para luego poder decir que estamos hechos a imagen y semejanza de los dioses.

La obra de Virgilio Piñera, o a lo menos, lo visible de ella, fue seguida con interesada atención y aplaudida con sincero entusiasmo, al final de todos los actos, especialmente al terminar el drama.

La interpretación

Violeta Casal estaba indicada como intérprete ideal de esta Electra sarcástica, implacable, arrebatada y a veces –como en el final– altamente poética. Una de las actuaciones más acertadas de la joven e inteligente actriz, la hemos visto esta noche. Actuación sobria y penetrante, anunciadora de una carrera que ha de proyectarse hacia horizontes más universales que los que hasta ahora presenta el teatro cubano.

Su antagonista Clitemnestra encontró encarnación adecuada en Marisabel Sáenz, a la que dio raigambre perfectamente humana, llegando a la expresión patética del final donde merece que todo el esplendor erótico de esta hembra atormentada por la voz exigente de sus entrañas – exigente en la maternidad y en el amor– se deshace en lamentables cenizas. La expresión, la voz y la plástica de ese momento fueron en Marisabel Sáenz perfectamente artísticas, como una resolución armonizante de toda su actuación anterior.

Mencionemos con especial encomio a Alberto Machado, en el cínico Pedagogo, a Gaspar de Santelices, en el indeciso Orestes, a Carlos Castro que actuó con una sobriedad y discreción ejemplares en los más difíciles y desbordables momentos de su Agamenón, a Modesto Soret en su Egisto "chuchero".

La cantante popular Radeúnda Lima, comentarista obligada de los sucesos, incorporada a los sentimientos y al lenguaje del pueblo, nombrada "Coro" en la tragedia y en este caso, su "posteridad," tuvo una actuación acertada, pues, hasta el detalle de no saberse los versos que había de cantar, le daba naturalidad y prestigio de rapsoda.

La dirección

Empeño no fácil dirigir *Electra Garrigó* con todos los elementos aportados por el autor para la expresión de sus escenas. Acertó plenamente esta dirección, encomendada a Francisco Morín, en la plástica del acto primero y extremadamente en la disposición de la primera de las dos escenas mímicas a que hemos aludido y en la que fue perfectamente secundado por los jóvenes actores que en ellas tomaron parte y que sincronizaron con gestos a veces magníficos –como en el caso de Clara Luz Noriega, la doble de Clitemnestra– las palabras de los protagonistas.

El decorado, evocación en el medio cubano de la línea griega –tan frecuente en la arquitectura local– encuadró perfectamente el drama. En resumen, hemos visto una obra considerable, que revela un autor de personalidad aguda e interesante.

Electra Garrigó
Por Manuel Casal [366]

Sólo falta precisar lo que ha de entenderse por tragedia cubana, con pleno sentido artístico, para que no nos asuste la sospecha de que pueda tratarse de un esmalte *sui generis*, adherible a voluntad. ¿Qué es lo cubano? ¿Otro complejo? Tenemos que confesar que no sabemos de qué se trata, cuando se habla de tragedia cubana, como tampoco sabemos de tragedia italiana, sueca o inglesa, si no hay más connotación que su ubicación gentilicia. La tragedia es la expresión más intensa que puede alcanzar el autor de cualquier punto de la tierra, sobre cualquier tema, sin más limitaciones que las que le indiquen dos o tres reglas de buen gusto, que también puede ignorarlas si hace escuela con las que se invente. El suizo Guillermo Tell pasó a formar parte de la trágica alemana, por obra y gracia de que Schiller lo tomó por su cuenta; y no sabemos de ningún intento serio de los suizos para rescatarlo. Parece que el viejo filósofo tenía razón y "el hombre es la medida de todo"; ya que lo importante no es la percepción cabal de los elementos trágicos, sino la reacción del perceptor frente a ellos y su ulterior exposición desesperada. Objetivamente, no es más inglés, pongamos por caso, el soliloquio de Gloucester en la tercera parte del Enrique VI, de Shakespeare, que la relación que hace un periódico londinense acerca de los hechos macabros de un estrangulador neblinero, de capa negra y pupila inmóvil. No padece Hamlet de locura dinamarquesa, ni muere Romeo de amores veroneses, o Hedda Gabler de hastío noruego. Lo real es siempre Shakespeare o Ibsen, echados sobre todo lo que les tolere en su exacta estatura colosal. Lo puramente ornamental, la carne de fotografía o *baedecker* debe mantener su subalternancia a los elementos esenciales de la tragedia. [367]

Electra Garrigó, tragedia a secas, porque sus personajes, por ellos mismos y por interrelación, son trágicos hasta más allá de donde el tono elevado, clásico en la tragedia, pueda expresarlos, y acuden a la distorsión y el

[366] *Prometeo* Año II (11) 1948 : 24, 26, 21.
[367] En alemán en el original.

sarcasmo enloquecido para desarrollarlos hasta sus últimas consecuencias, no es tragedia cubana, ni tenía por qué, ni cómo serlo (a menos que se considere como tal un terremoto en Santiago o una tormenta tropical) aunque se utilicen elementos folklóricos y simbolismo frutal barriotero. Lo importante es que el poeta amargo de *La isla en peso* descubra su Electra. En los buenos autores Electra es siempre un pretexto –y un vehículo que se abandona cuando ya no es cómodo. En *Electra Garrigó* el tema y el tono oscilan a voluntad, o mejor dicho, a impulsos. Ninguno de los personajes están hechos de una sola pieza sino expuestos a sus propias contingencias síquicas. Su característica es divagar desde una verdad probada para ellos, y probable para los demás. Esta verdad, la desarrolla Piñera, temperamentalmente, sin compromisos con escuela filosófica alguna que lo sujeten a ideaciones programáticas polemizantes o meramente expositivas. La Electra nihilista del primer acto, es también sacerdotisa del quietismo durante el segundo acto y puritana histérica en el tercero. Este desorden es lícito, porque es humano y sincero. Lo es siempre Electra, buscando una realidad cómoda a su apatía linfática, que le permita subsistir integralmente, aunque esta realidad choque con la de Clitemnestra, y por refracción con la de Agamenón, Orestes y Egisto. De ahí que Electra se sienta como la "necesidad", "la necesidad del destino". Clitemnestra sabe "la extraña verdad de Electra": una mujer-objeto, "un personaje de tragedia", una tumefacción en la realidad fácil de Clitemnestra que lo tiene todo "en la punta de los senos", el punto más septentrional de la mujer, el punto de partida más cercano a una meta visible. Agamenón, Egisto y Orestes pueden ser tres direcciones o tres obstáculos, sin embargo, en la concepción de Virgilio Piñera, la solución no está en ninguno de los tres. La relación es solamente Electra-Clitemnestra. La lucha es entre ellas porque se sienten seguras en sus puestos. Cada una es para la otra "el desorden". Históricamente el triunfo debe ser de Electra y en esto no puede haber objeción, porque Clitemnestra necesita la muerte orgánica a la vista de todos, como cosa humana resuelta. Electra es un fluido, nada más, algo vago, inapreciable, una indivinidad, también sagrada, que exige un culto ecuestre que la persiga eternamente sin poder, ni querer alcanzarla.

En lo externo, vale decir en lo anecdótico, *Electra Garrigó* se ciñe bastante al patrón Sófocles y sus sucesores, tanto en el desarrollo en «oratorio» como en la distribución oportuna de los «calderones». [368] En el primer acto se advierte un valiente juego escénico, novedoso y bien resuelto, que consistió en conjugar, con la acción tradicional, una réplica expresionista de las derivaciones delirantes del monólogo interior de Agamenón Garrigó y Clitemnestra Pla. El viejo coro griego, severo e implacable, está sustituido por una voz ingenua que comenta a la manera fácil de nuestros campesinos, los momentos culminantes de la acción. Este acierto de Virgilio Piñera es de fondo, no un mero adorno cubano de forma que, donde quiera que se representase la obra puede sustituirse por la tonadilla equivalente, sin perder intención. El diálogo: muy poético y rico en imágenes novedosas y sugerentes. El tono humorístico, preciso y fino. El juego escénico, con excepción de dos o tres caídas, por excesivo cerebralismo y alargamiento estéril de parlamentos, se desarrolla con efectividad dramática creciente. Con estas virtudes y aquellos vicios de diletantismo, es *Electra Garrigó* la obra más hermosa, valiente y capaz de autor cubano estrenada en La Habana.

Francisco Morín comprendió el valor de la obra y realizó una magnífico primer acto, el más difícil para el director, por la doble escena de mimos, que exigía absoluta precisión, para no hacerle paréntesis al desarrollo de la acción dramática. En el segundo y tercer acto hubo también problemas de movimiento, agravados por el poco fondo del escenario, sorteados por Morín algunos y otros disimulados hasta donde fue posible. La escenografía de Osvaldo, un gran acierto en línea y color con vista a la proyección artística de valores ornamentales de la arquitectura colonial.

Violeta Casal en Electra, mantuvo una línea plástica apropiada y dijo con intención. En el *aria di bravura* del segundo acto resolvió expresivamente las dificultades técnicas de ese extenso monólogo, más bello y profundo que positivamente dramático. Marisabel Sáenz logró una real Clitemnestra, con nuevo «metier» y su excelente dominio escénico de siempre. Muy bien en los dos monólogos e insuperable en la escena final.

Gaspar de Santelices, discreto en los segundos planos de su papel, y excelente en el monólogo, dicho a la manera tradicional shakesperiana, y

---

² Calderón o corona es un símbolo musical que indica un punto de reposo. Se puede aplicar a una nota o a un silencio.

en la inefable anagnórisis del tercer acto. En la escena final no contaba con gran apoyo en la obra y lo resolvió con plástica acertada. Carlos Castro, un tanto indefinible en el tercer acto, hizo con gracia y gravedad, sucesivamente, los dos aspectos de su escena final, lograda totalmente. Modesto Soret se abandonó con exceso a matices demasiado fáciles de obtener con el Egisto de Piñera, pero que tenía que pulirlos artísticamente para que no chocasen con la atildada actuación de los demás. Alberto Machado logró con el pedagogo su más brillante actuación desde *El chino*, de Carlos Felipe. Se puede advertir ya, que solamente en estos papeles de carácter es donde Machado se mueve con más holgura. Su Pedagogo estuvo siempre a tono. Clara Luz Noriega, en el mimo-doble de Clitemnestra demostró en su breve actuación, seriedad artística y buen gusto. Eduardo Acuña, bien en el doble de Agamenón. Los mimos Margot Hidalgo, Digna María Horta, Cristina Gay, Reinaldo G. Peralta y Leovigildo Borges, actuaron discretamente, a pesar de la improvisación, gracias a la vigilancia del director.

.

Electra Garrigó
Por Mirta Aguirre [369]

Independientemente de lo que sobre la obra pueda pensarse, es indiscutible que, con *Electra Garrigó,* Virgilio Piñera consiguió interesar al público. Mientras duró la obra, todo el mundo estuvo pendiente de lo que sucedía en la escena y del final que aquello iba a tener. Después, nadie dejó de preguntar a los dueños y señores de la crítica dramática del patio cuándo vería la luz su muy responsable opinión. *Electra Garrigó,* pues, no cayó en el aburrimiento ni en la indiferencia. Lo que deja sentado que Virgilio Piñera, al menos, es un autor con buena dosis de malicia constructiva.

Según se dice, Margarita Xirgu tiene en estudio *Electra Garrigó.* Y el estreno de la obra ha venido calzado con un artículo en el que María Zambrano le toma muy en serio, filosóficamente, para desentrañar mensajes, aplaudir hallazgos y apuntar algunas objeciones. Todo lo cual tuvo durante la noche del sábado a mucha gente –y ha de tenerla todavía a estas horas– en el trance padecido por los espectadores del maravilloso retablo construido por el sabio Tontonelo. Esto es: sin atreverse a decir que nada veían, por miedo a confesar semitismo o bastardía.

A nosotros nos importa poco cualquiera de los dos sambenitos. *Electra Garrigó* –por cierto, incidentalmente, alguien nos ha asegurado que existe un ser de carne y hueso que ostenta ese nombre– nos divirtió muchísimo durante los dos primeros actos; pero nada más. Nos divirtió mucho como parodia, como rica muestra de disparatada inventiva, como bromista planteamiento de Sófocles –"Electra" y "Edipo" y más el segundo que la primera–, como desahogada caricatura de lo que nadie osa vapulear, como trascendente humorada criolla. Pero no logramos advertir otra cosa, aunque buen aviso teníamos sobre "la conciencia apática", los "simples hechos", las "cuestiones sanitarias", los "no-dioses", el "fluido-Electra", el "afán de seguridad" y todo lo restante. Sin

[369] *Noticias de Hoy.* La Habana, año 11, número 255 26 de noviembre de 1948. p. 10.

dudas, o no somos fruto de legítimo matrimonio o tenemos un abuelo judío.

Si Virgilio Piñera quería hacer pieza filosófica debió dejar a un lado lo paródico, la risa fácil venida de las cachetadas entre las alturas simbólicas y el prosaísmo. Lo filosófico puede venir de la sátira profunda, conceptual, pero no de la ridiculización formalista. *Don Quijote de la Mancha*, por ejemplo, no es una parodia barata y ni siquiera una parodia y una sátira de Miguel de Cervantes.

Según el autor, la pieza "no es un intento más de hacer neoclasicismo o poner en época actual los conflictos de una familia griega del siglo V antes de Cristo sino la exposición y desarrollo de un típico drama de la familia cubana de ayer y de hoy. "Me refiero —agrega— al conflicto producido por la dictadura sentimental de los padres sobre los hijos".

En esta línea *Electra Garrigó* falla. Por varios motivos. En primer lugar, la dictadura sentimental de los padres sobre los hijos no es un "típico drama de la familia de ayer y de hoy", sino un drama típico de la familia de ayer [...] y un tema actual que en todas partes fascina a los enamorados de Freud. En segundo lugar, mucho más absurdo que poner en época actual los conflictos de una familia griega del siglo V, es tratar de vestir los conflictos de una familia cubana de hoy con el ropaje formal del teatro griego de hace tres mil años: movimiento escénico primario, visualidad estatuaria, engolamiento de palabra y grandilocuencia de gesto. Cáscara que a nada conduce, como no sea a eludir, ingeniosamente, muchas dificultades técnicas del teatro actual. En tercer lugar, ya con vista al perfilamiento de esa dramática nacional por la que se anda luchando, hay que decir que el "ambiente nuestro" no se consigue arañando por la superficie de lo cubano, escenografiando —muy bien, dicho sea de paso, la escenografía de Osvaldo— patios coloniales, utilizando muda comparsería de artistas negros, llamando a la gente por nombre y apellido ni, sobre todo, concediendo categorías trascendentales a los sentimientos populacheros que tienen entre nosotros los nombres de algunas frutas, trátese de la fruta bomba o de la guanábana. Porque el "ambiente nuestro" es algo mucho más hondo. Y Virgilio Piñera, poeta, debía saberlo aunque no fuera más que por la instructiva evolución que en ese sentido ha tenido lugar en los predios de la llamada poesía negra o afro-cubana, que ayer onomatopeya maraquera, jitanjáfora de bongó y hoy es ya tuétano temático y fina depuración rítmica.

Sin embargo, Piñera tiene en su obra un hallazgo de enorme importancia, de muy grandes posibilidades, de real calidad: la personificación del coro griego en la cantadora de "puntos guajiros". Fondo nacional colectivo apresado en golpe de síntesis verdaderamente poético y teatral; el cual ha de ser un gran aporte de *Electra Garrigó* a futuros empeños dramáticos nacionales. No importa que las décimas que en la obra se colocaron sean pésimas como material literario, ripios de punta a cabo. Lo que importa es la idea, porque dentro de ella pueden colocarse, en otra ocasión, décimas mejores.

Piñera, según dice, hace oscilar intencionalmente sus personajes entre el lenguaje altisonante y el humorismo y la banalidad. Lo hace con objeto de "equilibrar y limitar tanto lo doloroso como lo placentero". En los dos primeros actos lo cómico se produce, justamente, porque ese equilibrio no sobreviene, sino porque los dos aspectos chocan y se contraponen. Esto da a la pieza una hibridez que se acentúa en aspectos de mayor calado. Así, no hay una posible relación estética entre el monólogo de Electra en el inicio del segundo acto y el monólogo de Orestes en el tercero, cuando el personaje cae en reflexiones un tanto hamletianas de fondo y trabalenguas de forma. El monólogo de Electra, aunque encuadrado en territorios poéticos un tanto pasado de moda, posee calidad. También en el último de la madre. El de Orestes, no. Y nada hay que decir de las caídas de construcción gramatical que a veces sobrevienen en los lugares más inoportunos.

En general, además, el tercer acto se separa del tono de los dos anteriores para sumergirse totalmente en la tragedia, desarticulando su atmósfera de los precedentes.

La dirección de Francisco Morín nos pareció muy bien, exceptuando la selección de Modesto Soret. Soret, en su trabajo, no satisfizo. Pero, a nuestro juicio, su tipo no daba el bárbaro gallo joven que Clitemnestra veía en él.

Marisabel Sáenz y Violeta Casal estuvieron muy bien. Violeta supo aprovechar, con buenos aciertos plásticos, todo el personaje y, claro está, el monólogo del segundo acto. Marisabel acertó igualmente en sus largos parlamentos y en la difícil coyuntura de la muerte. Fue especialmente flexible para las transiciones finales. En Orestes, a pesar de algunas vacilaciones de dicción, Gaspar de Santelices hizo un trabajo más seguro, aplomado y espontáneo que los realizados en las últimas actuaciones, a excepción de *Medea*. Alberto Machado, en el Pedagogo, acaso más externamente mefistofélico de lo que convenía. Los Mimos –todos– muy bien. La intervención de Radeúnda, la cancionera guajira, fragante, cándida, simplemente primaveral.

Electra Garrigó

Por Luis Amado-Blanco [370]

Noticia: En el teatro de la Escuela Municipal Valdés Rodríguez y para celebrar su primer aniversario, la revista *Prometeo* ha estrenado la tragedia en tres actos, *Electra Garrigó*, del poeta cubano Virgilio Piñera, uno de los diez, justamente elegidos, por Cintio Vitier, para figurar en su Antología. Dirigió Francisco Morín y actuaron en los principales papeles: Violeta Casal, Marisabel Sáenz, Gaspar de Santelices, Alberto Machado, Modesto Soret y Carlos Castro. En algunos instantes propicios, y en función de coro, cantó unas alusivas décimas criollas, Radeúnda Lima, acompañada por un retirado eco de guitarras.

La obra:

Es natural, y hasta lógico, que los poetas nuevos, los poetas de su tiempo, del turbio tiempo que corremos, se vuelvan hacia la tragedia clásica en busca de inspiración, de punto de partida para expresar sus congojas. Y es natural y lógico, porque nuestra época, como aquella lejana del período ático, se puede definir, por una total coincidencia de desvalorizaciones, terriblemente patente entre nosotros, y terriblemente escondida por aquel entonces. Los poetas griegos se sabían prisioneros del destino a pesar de los dioses o a merced de ellos, y los poetas de ahora saben que la bruma que nos atenaza y que nos cierra el paso, ha sido levantada a pesar de Dios, o mejor aún, por el olvido total de Dios. Unos y otros van y vienen, se acuestan y se levantan, se agitan o perecen, hostigados por esos mensajes cortados e imprecisos, que sólo ellos perciben, merced a su sentido mágico de las cosas. No importa, no pueden importar, filosóficamente hablando los detalles circunstanciales, totalmente distintos. Lo esencial es el velo que nos tapa los ojos; y la seguridad y ceguera de ese velo es ahora, tan patente, como lo era antes, en aquella

---

[370] *Información*. "Escenario y Taller", 26 de octubre de 1948.

lejana edad decorada de estatuas y de ademanes grandilocuentes. Acaso, acaso, la diferencia única, la diferencia esencial no discurra sino por lo extremo, por lo de fuera, mientras que allá, en lo interno, en lo íntimo, hoy como ayer, nos hallemos sin salida, encerrados en ese punto negro del *ananké*, prisioneros de unas causas y unas motivaciones que desconocemos.

¿Qué importa, qué puede importar que antes, en aquella divina juventud cultural, el hombre pretenda luchar contra lo inexorable, al sentirlo, tan sólo, causa de su propia, personal desgracia, y, ahora, se sienta abatido, en cuclillas, a la puerta de su tienda, a esperar, en compañía de sus semejantes, que vayan pasando sus propios cadáveres, en una destrucción encadenada de la especie? ¿Qué puede importar esto? Nada ¿verdad? Ya que el grillo que aprisiona conduce a la misma, idéntica desesperación, a la misma entrañable angustia. Lo otro, la diferencia de la reacción, es casi únicamente situación biológica, producto de los siglos que han ido ahondando en nuestro cerebro, los surcos de las entendederas humanas. Porque, si antes, el griego se paraba ante sí mismo, para razonar su situación limitada, nosotros nos vemos impedidos a hacer razonar a nuestro instinto, limitación, también, vuelta a nuestro caso individual, dentro del caso genérico.

Claro que lo malo de *Electra Garrigó* –que sale, según su autor, de la tragedia de Sófocles, como esta parte de *Las coéforas* de Esquilo– es que no nos plantea ni una problemática de nuestro tiempo, ni mucho menos un problema cubano, por mucho que trate de engañarnos con decires criollos en función de coro, una terminología vagamente cubana y la aparición de unos mimos y mimas de oscura tez. El caso de *Electra Garrigó*, como la de Eurípides, está tomado de perfil, sin atreverse a virarlo del todo, para verlo en su total morfología espiritual, ni mucho menos a acercarlo a nosotros, por la vía del hecho internacional que nos cierra el paso, ni por el hecho nacional, que nos clausura nuestro avance. Electra Garrigó, es una falsa mujer que traiciona el complejo de Edipo, para salvarse a sí misma, y que, luego, quiere redimirse de esa traición, convirtiéndose en una terrible máscara de la libertad de su hermano, al ver que su liberación ha llegado para ella, demasiado tarde. No le importa el incesto de su madre, como feroz insulto a la figura del hombre que le dio el ser y, por lo tanto, está incapacitada para retornar al amor fraterno, que no puede implicar mas que una prolongación del amor paternal, que siempre sintió como una cadena. Es tan sólo, y eso sí, bien claramente, una mujer absorbente, enamorada de sí misma y, por lo tanto, en la dramática del ladrón que a todos supone, por lo menos rateros de su personalidad. Es en el terreno vulgar, la niña mal educada, que quiere pasarse con la suya y que, antes de transigir, está dispuesta a quemar su casa, con todos sus habitantes dentro. Lo otro –perdóneseme la sinceridad– es literatura, aunque de la buena, agitaciones intelectuales, filosofía recortada, ya que el poeta debe trabajar sobre premoniciones, y el pensador por razonamientos, aunque sean poéticos o disfrazados de tales.

Queremos decir con esto que, *Electra Garrigó*, no posee una trayectoria segura, un pensamiento directriz y que, por esta causa, se desarrolla dando tumbos de ingenio, de acá para allá, sin decidirse a coger el toro de la verdad por los enfurecidos cuernos. Y de cubana, de cubanísima obra, ni hablar, como diría el castizo, ya que la pereza y la hipertrofia del ego son tan comunes allá, por tierras de Noruega, pongamos de ejemplo, como por estas tierras del Caribe que nos sostienen. Ya que Virgilio Piñera, tan tajante crítico, no va a pretender confundirnos con estampas, o mejor aún, con añadiduras turísticas, como las ya nombradas décimas, en las que debió poner un poco más cuidado poético para decir un mensaje de manera absoluta. Su trabajo, su premio, es darnos ese ligero soplo que a veces los conmueve; su palabra llena de recóndita intención, pero coja de pensamiento; su pensamiento labrado en profundidad, pero desarticulado de otros pensamientos consecuentes. En esto radica su gloria, y nada más ni nada menos que en esto. Y esto, todo esto, absolutamente todo, es anti teatral hasta el máximo, incapaz de saltar las candilejas y de abrazar, temblante, al público atento. Querer sustituir la flecha, el disparo certero de la flecha, por desplantes de arco o por movimientos inusitados, es acudir al juego y al rejuego de lo novedoso, y eso estaba bien allá por los heroicos años del novecientos veinte, y no por este del cuarenta y ocho, abrumado de negras certezas. Los dos primeros actos, bajo ningún concepto son teatro, por mucho que se amplíe, que se retrotraiga o que se flexibilice la teoría. Y el tercero, sólo alcanza a serlo, si olvidamos los anteriores, si nos proponemos partir hacia dentro, con la mente en blanco, del que nada previo ha visto, aunque sí, sabe muchas cosas. Por ejemplo, aquella lamentación de la Electra de Sófocles: "¡Oh luz pura! ¡Aire celeste, difundido por igual sobre la tierra!"

Al final, entre los ensordecedores aplausos de un público que, en ocasiones, reía, por no llorar, totalmente despistado y atónito de tanto malabarismo, pero que de todas maneras quería premiar el noble esfuerzo de una noche, nosotros recordábamos, con tristeza, aquel verso del propio autor en *Rudo mantel*: "...y el olor de la calle, donde un caballo no llevaba a nadie". Quizás por querer llevar demasiado.

Electra Garrigó. La representación.
Por Luis Amado-Blanco [371]

Pudiera parecer, al ingenuo espectador de *Electra Garrigó*, que la dirección de la obra, a cargo de Francisco Morín, fue acertada, y hasta consecuente, dentro de aquel maremágnum ideológico, de aquella pluralidad de vagas intenciones, que la obra revelaba. Y lo fue, sin duda alguna, si descontamos que la pieza estaba, tan acotada y "vista" por el autor, que poca libertad de movimientos le quedaba al encargado de subirla a escena. No hemos visto ningún ejemplar de la pieza, pero la circunstancia se hacía patente a cada momento, sin escape posible. Lo grave, tal vez, esté en la comunidad de opiniones, en la hermandad de pareceres, y eso ya sería pecado mortal, para quien, por encima de sugestiones o pretensiones omnímodas, está obligado, por prestigio del oficio, a poner un poco de orden en la casa; sobre todo cuando la casa luce tan desordenada y revuelta como lucía la de *Electra Garrigó*, insuflada de pretensiones. El teatro clásico, el verdadero teatro clásico, adquiere en las tablas su más tremenda dimensión, cuando se representa de una manera simbólica, con un simbolismo acorde con la cultura helénica, en el que ocupa, buena parte, la declamación, sobria declamación de los parlamentos, sin olvidar, jamás, los demás resortes del teatro. Aquí, por obra y gracia del autor, y sin transición lógica alguna, lo natural se

---

[371] *Información*. "Escenario y Taller", 27 de octubre de 1948.

mezclaba con lo declamatorio, como se mezclaba el realismo de los personajes, con aquel centauro profesoral, de poca ciencia y menos gramática parda. Tan pronto los actores se subían a los cortinones de la lírica o de la tragedia, como se departía o se quería departir criollamente, en busca de las cuatro patas del gato de la cubanidad. Y así no hay manera de entenderse ni de encontrar lo que se busca, en habitación tan azotada por el caos.

Además, y por si esto fuera poco, esos otros elementos teatrales, el movimiento de las figuras entre ellos estaba planeado tan al tuntún como el diálogo, vengan genialidades por acá y por acullá. Y como nosotros no conocemos ni poéticamente ni pictóricamente ni etcétera, una obra artística que no esté concebida y realizada, siguiendo una férrea directriz, tenemos que abundar en aquella opinión de ayer, es decir, del exceso de cosas, siguiendo una inspiración ondulante e imprecisa. El movimiento escénico, de tendencia simbólica –para seguir una pauta global– debe inspirarse en estos casos, en las estatuas, y sobre todo en los frisos de la época, pero hacerlo a ratos perdidos, olvidándolo, después, por un naturalismo pasajero, mezclado con una teoría plástica cubista – recordemos el final del primer acto– es meter al espectador en un tal lío, es pincharlo con tan diversos instrumentos que al final, sólo podrá emitir gritos de desconsuelo, por no decir de indignación. Es indudable que, en Cuba, estamos acostumbrados a los rollos políticos más fantásticos y que, por lo tanto, la imaginación pública está bien entrenada para percibir la verdad de cualquier barullo, pero lo de *Electra Garrigó* sobrepasaba nuestra preparación, acaso por hallarnos artísticamente, cada día más lejos de la falsedad disfrazada de intelectualismo.

Violeta Casal, en medio de este maremoto, hizo lo que pudo por salir airosa del enredo. Puso a contribución, su costumbre de representar teatro clásico, su voz magnífica, batallando, en lo anímico, por encontrarle arribo al personaje. Hizo lo mejor que se podía hacer, dadas las circunstancias, y hasta, el tercer acto, no pudo encontrar el único resquicio posible por donde escaparse hacia la nobleza. Marisabel Sáenz, en el papel de Clitemnestra Pla, menos dominadora de las formas y hábitos clásicos, lució más falsa, más en el papel de la obra, que en este caso había que superar, por mandato de arte. Fue, siempre, la buena actriz, incapaz de dejarse arrebatar a términos inconvenientes, pero cerrados todos los caminos, se quedó en la encrucijada de las dubitaciones. Gaspar de Santelices, en un Orestes Garrigó, es decir, en un Orestes sin Orestes, cumplió como tal Garrigó, acertando sin acertar, extraviado en el recoveco del tipo, como buscando una tabla salvadora donde asirse. A Santelices, le convienen tipos insólitos, pero enteros, que no se le doblen en el alma, y aquel hijo de su mamá, que no sentía celos del amante, no podía ubicarlo ni el actor ni mucho menos el público. Alberto Machado, compuso el personaje más extravagante de la tragedia, con una sobriedad, y buen tino, verdaderamente admirables. Consiguió esa dimensión absurda del caballo triste, que ha rumiado muchas cosas; esa ironía que se sabe, de antemano, ingenuamente amarga, lo que sólo un muy responsable actor puede hacer, además de salvar al pedagogo de su dimensión de centauro. Modesto Soret, de espléndida voz, inseguro; Carlos Castro, francamente flojo. Radeúnda Lima –¿qué decir de Radeúnda en función de coro?– cantó, con su conocido buen estilo, unas décimas que no entendía, y en mucho descuidadas por el autor, sin duda en busca de una fragancia popular, que no brotó por ninguna parte.

La escenografía del pintor Osvaldo, demasiado simple, sin atreverse a resolver la única incógnita –terrible incógnita– que el mismo autor no logró encontrar: Nada menos que unir nuestro estilo colonial, con la sombra del Partenón. Lo demás, bien; muchas gracias.

¡Ojo con el crítico!

Por Virgilio Piñera [372]

No, por supuesto, jamás escribiría un ensayo sobre la crítica... Sí, estoy enterado que constituye suprema elegancia, prueba de alta cultura ocuparse de la Crítica... ¡Hasta sé que existen especialistas! Evanescentes especialistas, ayos y ayas de la Crítica.

No, yo me ocuparé del Crítico; me siento en un terreno más seguro, piso en firme si lo que examino es el Crítico y no sus consecuencias; esto es, la Crítica. Se sabe que todos los que, dejando a un lado al Crítico, se enfrentan con la Crítica, les ocurre lo mismo que a niños haciendo pompas de jabón.. Al final, un levísimo estallido y, ¡nada en las manos! En cambio, si echamos a un lado la Crítica y nos reducimos estrictamente al Crítico, advertiremos que nos enfrentamos con algo palpable; con algo que tiene historia, que se nos mueve, que nos va a dar la pauta y la cifra de sus críticas...

Pues la Crítica en general y a las Críticas en particular se puede referir ese viejo latiguillo del derecho francés: *«Cherchez la femme...* » En efecto, cada vez que una crítica caiga bajo nuestros ojos, apartémosla enérgicamente y busquemos al crítico que la escribió. Será él, y nada más, lo que nos proporcionará la clave de ella... Crítica.

Y a tal punto es ello exacto que podemos decir que ya poseemos una infalible «brújula de marear críticos». Sí, son ya tantos los «casos» estudiados, estudiados minuciosamente, que se cuenta por decirlo así, con un paradigma del crítico, como se cuenta por ejemplo, con un paradigma del verbo. Porque (y ruego no olvidarlo) la Crítica no es sino una excrecencia del crítico y no, como erróneamente se asumiría, el Crítico una excrecencia de la Crítica.

Así, auscultando al Crítico, sabremos el porqué de sus críticas; sabremos que tal o más cual de ellas es verde o amarilla, porque su crítico es verde

[372] *Prometeo* Año *II* (11) 1948: 2-4.

o amarillo; las sorpresas, las interrogaciones, los movimientos de terror, de cólera, los accesos de risa o de llanto que la Crítica nos depare encontrarán explicación pertinente mediante un vigoroso buceo en la persona del Crítico.

Conocí un crítico musical que tenía la manía de repetir a través de todas sus críticas que el «color» de las trompas estaba mal concebido. Pues bien, rastreando en su vida pasada me enteré de algunos extremos muy reveladores. En primer lugar, dicho critico era un músico fracasado; en segundo lugar, su talón de Aquiles éranlo precisamente los instrumentos de viento; en tercer lugar, de tales instrumentos eran las dichas trompas su terror. ¡Nunca pudo hacer nada con las trompas! Resulta bien lógico entonces que atacara sin piedad en lo que respecta a trompas y a su colorido... Esto se llama, en términos de sicología elemental, una «descarga».

Fundamentalmente existen tres clases de críticos sobre las cuales es preciso asestar un ojo vigilante. El crítico bien intencionado pero inculto (parece absurdo que la incultura case con la crítica, pero es una de tantas realidades a aceptar); en segundo lugar, el critico filisteo; por último, el crítico que es artista fracasado. De estos tres tipos resulta el más nocivo el del artista fracasado. La palabra «resentimiento» es su *motto*, y de ella parten todos los radios de ese monumento de impiedad que es el "resentimiento".

Pero procedamos según un orden. Antes digamos que la diferencia que los determina es sólo de grado y no de sustancia... como diría un no-escolástico; se distinguen por la intensidad, en cuanto a la materia, son idénticos, es decir, son críticas concebidas por críticos desorientados.

El crítico inculto opera, por lo común, a adjetivo seguido de nombre. En este rasgo lo reconoceréis. Y si habla es la misma cosa. Dirijámosle la palabra. ¡Ya está! ¿Qué hemos escuchado? Adjetivos seguidos de nombres... En segundo término, lo veremos usar fatalmente una palabra que resulta elegante y de moda en el *milieu* cultural. Por ejemplo, «formidable», o «encantador», o «fantástico». Él sabe que «está bien» usarlas, que sus críticas «ganarán» derrochando esas voces de actualidad. Además, no importa si la tal palabra resulta un absurdo o contrasentido dentro de sus críticas. Se sabe de uno de estos críticos cuarto-analfabetos que usaba, porque estaba en moda, la palabra «anaerobio». Así sembraba sus escritos de anaerobios, y leímos frases como ésta: «Muy poco anaerobio el movimiento de masas en el pintor X...»

Es como para morir de risa. Sin embargo, no lo despreciemos porque es dañino con todo y conviene no perderlo de vista. Representa una casta y es el «protege» de otra casta no menos dañina: la de los escritores que no son escritores... ¡Se conllevan formidablemente! Finalmente, constituyen un peligro nacional cuando el país sólo cuenta con unos y con otros...

Y el grado de peligrosidad aumenta con el crítico filisteo. Este es el más duro de pelar. Ha arrojado toda honestidad intelectual por la borda y se vende al mejor postor. Representa en las letras el papel de mercenario: si funge de crítico en la revista A atacando a B, le veremos pasado mañana vendido a la revista C que ampara ese mismo B objeto de sus diatribas. Pero –y ésta es su *marca*– elogia más que ataca; su objetivo es confundir, confunde desde el elogio, y así elude enojosas cuestiones. A poco que se examinen los textos del filisteo se caerá en la cuenta que el tipo es culto y que se maneja con fluidez y elegancia; que constantemente perifrasea; que retoriza y jamás «entra» profundamente en la crítica. Es el método del mariposeo. ¡Qué definición, entonces, más exacta que él mismo es una mariposa!

Y arribamos enseguida al caso más monstruoso y patético de estos críticos: el del artista fracasado. Podría ejemplificar con todas las artes, pues en todas se nos ofrecen ejemplos arquetípicos, pero en la imposibilidad de entregar todos los casos y atendiendo que escribo estas líneas en una revista dedicada a la divulgación teatral voy, en consecuencia, a ocuparme del autor teatral fracasado que ha devenido, por fuerza de sus fracasos dramáticos, crítico teatral.

Su «constante» (perdonad el término) –como expresara más arriba– es el resentimiento; un profundo resentimiento que lo lleva, sistemáticamente, a negarlo todo en materia de teatro; desde la simple colocación de una bambalina hasta la obra misma que se estrena. Su fracaso le cabalga psíquicamente y se ve constreñido al tipo de descarga más onerosa, es decir, a la «descarga incoercible». Nada puede contra ella; en momentos de la representación, cuando, en cierto momento de la misma está gozando con un acierto, con una situación dramática bien concebida, salta la liebre del resentimiento; le vemos agitarse en la butaca, un rictus le aflora en los labios; constata que el acierto visto es el mismo que él no pudo acertar en la pieza X, y entonces, ¡oh señores!, entonces la razón se pierde, el ánimo se doblega y contemplamos a una fierecilla, que forma *in mente* los más sombríos proyectos de venganza. En efecto, al día siguiente, o al otro, ¡que más da!, aparece, en tinta negrísima, una catilinaria contra el autor, contra los actores, contra las luces, contra el director, contra las diablas y bambalinas, contra el traspunte, contra... ¡Por favor!

Así, cada obra a la que asiste se presenta a sus ojos como una terrible Némesis de sus fracasos como dramaturgo; ella es implacable y le va señalando con su fría mirada todos sus errores y sus insulseces en materia teatral. ¡Eso sí!, si la obra a enjuiciar es de un *raté* como él o una "postalita" bonachona de un adolescente sin nada en la cabeza, entonces bate palmas y afirma que la dramática nacional está salvada. Su objeto es impedir que surja nada que pueda poner en evidencia su propio fracaso; si él no logró expresarse dramáticamente, que tampoco nadie logre hacerlo. Al menos, conseguirá con ello no ser confrontado con nada. Piensa, con típico resentimiento, que la producción dramática está bien muerta y que nadie podría resucitarla.

¿Qué salida le queda a dicho crítico? Si me viera compelido a usar una figura para poner de manifiesto la violencia de sus procedimientos, echaría mano a la forma «suicidio». No otra cosa nos ofrece ese autor dramático que por fuerza de sus fracasos, ha devenido crítico teatral. Como lo niega todo sistemáticamente, va, al propio tiempo, fundamentando en sus lectores un escepticismo que, al fin y a la postre, acaba por volverse contra sí mismo. Las andanadas se hacen tan frecuentes, las jeremiadas tan inoportunas que leyendo la crítica 268, creemos que estamos leyendo la número I; vemos entonces que sus propias andanadas, sus terribles bombas, sus estruendosos varapalos se vuelven contra él y le contemplamos, como a Acteón, devorado por los perros de una Diana que son sus propias palabras. Pero, como en el interregno entre su resentimiento y su suicidio, puede causar grande daños, conviene vigilarlo con ojos de Argos y poner sobre su mesa de trabajo el servicial cartelito: ¡Ojo con el crítico!

Electra Garrigó 1958

Por Luis Amado-Blanco [373]

La segunda pieza que aparece en este mes del Teatro cubano, es un reestreno: *Electra Garrigó* de Virgilio Piñera. Fue estrenada allá en el mes de octubre de 1948, en la Escuela Municipal Valdés Rodríguez, para celebrar el primer aniversario de la revista *Prometeo*, altavoz literario de este mismo grupo, hoy como ayer bajo la batuta de Francisco Morín. Virgilio Piñera estrena también en la Sala Atelier su nueva obra *La boda*, lo que significa una clara preferencia por este autor cubano de recia raigambre poética, de muy aguda y sutil cuentística. El hecho en sí debe anotarse, aunque no podamos entretenernos a estudiarlo debidamente. Por lo pronto cabe apuntar que ciertos grupos de nuestro hoy escénico, prefieren el que pudiéramos llamar teatro de arte, al teatro comercial, que de seguro —aquí como en todas partes— procura una mayor afluencia de público, aunque sea municipal y espeso. Actitud exactamente heroica, en tanto y cuanto andamos aún por los inicios de una pública atención por el quehacer de nuestros artistas del tablado de la antigua farsa. Quizás el "todo o nada" de raíz netamente hispánica. O el jugarse el destino —nada menos que el destino— a un solo color, en la peligrosa ruleta de nuestra existencia. Cualquiera sabe.

El reestreno de *Electra Garrigó* plantea al crítico una revisión de su criterio de hace diez años. No es que temamos esta revisión ni ninguna otra. Cuando la lealtad —admitida o no admitida— va por delante, estas encrucijadas nunca resultan peligrosas, sino todo lo contrario. "De sabios es cambiar de opinión", dice el viejo refrán castellano. Pero aunque no presumimos de sabios, ni mucho menos, el decir hoy sí, a lo que dijimos ayer no, ha de producir algunos ingenuos despistes en el lector que ignora esta dolorosa provisionalidad de la profesión crítica, a lomos del caballo veloz del último estreno. Y no es que tengamos que negarnos, ni los reparos de entonces no puedan ser reparos ahora. Por suerte, o por desgracia, estamos en las mismas. Pero de otra manera. Hace diez años

---

[373] *Información.* "Retablo", 19 de febrero de 1958.

Electra Garrigó nos lució una pieza interesante, de muy dura contextura literaria, pero de muy dispersa contextura dramática. Hoy, nos luce una obra metálica en una y otra dimensión, contra la que se puede golpear para sacarle las bellas estrellas del forjador de luces. Ignoro totalmente si han sido los años –mis años– transcurridos. Si se ha hecho alguna sabia poda en el texto original, o si los años de Morín y su constante aprendizaje han obrado este milagro de transformar los panes en peces, y los peces en panes, aunque la cantidad y calidad de unos y otros sean exactamente iguales.

Por lo pronto, la cubanidad de la obra nos resulta tan postiza, ausente y distante como una estrella cualquiera. Estamos en Cuba como podríamos estar en otro lugar de la cambiante geografía de nuestro humilde globo. No es que la tragedia disminuya por esto. Está en su sitio, y eso basta. Pero ni las décimas, ni el delicioso cambio de humores, ni la arquitectura del hermoso decorado ni el vestuario tan maravillosamente conjugado por Andrés, añaden ni un ápice a su esencia, a su hondura local, aunque sí a su plástica sugerente. No es que el cubano no pueda ser capaz de la dimensión trágica de *Electra Garrigó* y su familia. Todo lo contrario. Más bien diríamos que nuestra latitud espiritual es una latitud trágica, a pesar de la falsa alegría multicolor que se pasea por las calles. No es eso. Es que la problemática de *Electra Garrigó* y su gente, no está condicionada por la esencia criolla, por sus características primordiales y básicas, tan pronto en el choteo como en la exaltación suprema. No hay que olvidar el profundo acierto de aquel otro gran poeta nuestro, Nicolás Guillén, cuando cortaba su gran poema para introducir por cansancio espiritual, la letra de un doloroso son estremecido: "Cinco minutos de interrupción. La charanga de Juan el Barbero toca un son." En *Electra Garrigó* no acontece nada de esto. Nada. Ni aún el desenvolvimiento de la trama espiritual que se teje por dentro. Tan sólo el simbolismo feroz de los gallos pone una justa pincelada en la intimidad de los personajes. Tan sólo. Pero una pincelada maestra no hace la totalidad de un cuadro.

Sin embargo, a pesar de todo lo dicho, a pesar de la concordancia de lo dicho ayer con lo dicho ahora, *Electra Garrigó*, parece distinta, nos llega a zonas del pensamiento y la emoción a las que antes no había podido llegar ni con mucho. Y aunque, como afirmamos antes, no sabemos a cara descubierta a quién achacar este milagro, esta renovación, esta potencia, no cabe duda de que Morín ha encuadrado esta vez la obra dentro de sus justos límites, con una sobriedad esclarecedora de la que hace años estaba aún muy distante. Diez años de trabajo esforzado, luchando contra el misterio expresivo de uno mismo, son muchos años. Antes todo era delectación parcial de algunos instantes, barullo de algunas escenas, mientras que ahora se ha conseguido una unidad férrea, una apretazón formidable de la tragedia entera. Ni un instante los actores hacen lo que no deben hacer. Encerrados en el rígido marco de la gran tragedia, madre de la escena, los gritos, los suspiros, las intenciones, brotan al primer plano en busca de la expectación del respetable, sin distracción ni coloridos populares absurdos. La tragedia luce como es: Escueta, rectilínea, complicadamente primitiva. El monstruo griego surge a pesar de la serenidad de las estatuas. Y como lo helénico es, en resumen, el hombre, la terrible trama nos hiere en lo hondo, nos subyuga, nos penetra. Aunque hoy como ayer no estemos conformes con las deducciones y planteamientos psicológicos de muchos de los personajes de *Electra Garrigó* esto ahora nos importa menos. El mundo está lleno de absurdas contradicciones. Todo es posible. Pero el puñal siempre saca el mismo surtidor de sangre.

Un gran triunfo de Morín y de Andrés, mano a mano. Ese Partenón criollo de la fachada de la casa, es todo un acierto. Y la luz, y la cálida, lenta traslación de las figuras. Y ese tino apreciable –muy apreciado– en el paso del humor a lo trágico, del grito al murmullo, de lo sutil a lo hiperbólico. Todo. Guste o no guste al público, un acierto. Y una obra: digámoslo sin que nos quede nada por dentro.

En cuanto a interpretación, la pieza podría titularse, Clitemnestra Pla en vez de *Electra Garrigó*, ya que Elena Huerta sobrepasó con mucho a Lilian Llerena en la incorporación de su papel. De dentro a fuera, como hacen, las grandes actrices. Ni un solo movimiento en falso. Ni un grito sin el grito del alma. Sin una sola falsedad de los pies a la cabeza. El rostro, las manos, la actitud total. El público, que sabe mucho más de lo que suponen algunos "entendidos" la saludó al final con sus más cálidos aplausos. Sin que esto quiera decir que la señorita Llerena estuviese desacertada ni mucho menos. Todo lo contrario. Pero en el monólogo –por ejemplo– con que comienza el segundo acto, se vio la composición directriz de su hacer escénico. Algo fallaba para la conquista de la partitura. Se estaba tocando como había sido ensayado. Hasta el límite máximo. Pero sin poner nada de sinceridad, de terror, y de trágico humorismo personal en su recitado. Una gran actuación, pero no tan de ella como es debido.

Muy bien, admirable en sus cortas intervenciones, Roberto Blanco en Egisto, de un barato populacherismo delicioso, sin perder el perfil de la moneda griega. Bien, el Pedagogo –Omar Valdés– sobre todo de estampa. Discreto, Fausto Montero en Agamenón Garrigó. Y como siempre bien, sobrio, misterioso y ceñido, Helmo Hernández en Orestes, con ese hálito de acierto que constantemente envuelve sus actuaciones. Perfectos, los Gallos Domingo Palomo y Rafael Machín. Los Dobles, Camaristas y Criado, más bien flojos. Correctos de estampa, pero débiles en la acción.

En un mes de Teatro cubano, no podía ni debía faltar una obra como ésta. Ahí está. Aplaudamos la ocasión de volver sus valores y sus flaquezas. Que de todo se llena la viña del Señor.

Electra Garrigó
Por Héctor García [374]

Electra Garrigó es una obra para público de "selección". Para un público culto, de un desarrollado sentido teatral y, en particular, avezado en la mitología griega. De no cumplirse cabalmente estos requisitos, no es posible que la obra pueda ser bien aquilatada, ni mucho menos comprendida. Y como nuestro público de "selección" es muy limitado, muy limitado es su alcance. El argumento, muy estrechamente relacionado al de las homónimas tragedias de Sófocles y Eurípides, basada a su vez en *Las coéforas*, de Esquilo, data de casi cinco siglos antes de nuestra era. Tiempo suficiente para que cambien los ríos y los hombres. Época aquella urgida, por sus peculiares razones históricas, de otro modo peculiar de concebir y expresar la realidad; modo que, además de ser divino, porque aquel dorado pueblo pendía del Olimpo, era exaltadamente fatalista, como ya no somos.

Ese carácter ha sido traducido con suficiente acierto por el autor de esta nueva Electra seudocriolla en formas aceptablemente cubanas. Lo que no se ha adaptado a nuestro medio es su contenido, porque esto es absolutamente imposible, ya que nuestra realidad no es la de los helenos ni por asomo, pues los problemas que nos ocupan no son los mismos que ellos pudieron tener, que el mundo evoluciona... Ni siquiera se ha querido conferir a esta transcripción una concepción contemporánea del asunto, ya que todo en ella se plantea, y se resuelve, en los mismos términos de absoluto, casi canónicos, en que aquellos clásicos se miraban a sí mismos. Por eso la cuestión planteada, aunque haya sido reproducida por un autor del país, no puede ser cubana, porque no atiende a nuestra esencia social, por más que pueda parecerlo externamente.

El coro, sin embargo, es un logro grande. Las décimas están muy bien concebidas y constituyen el elemento de mayor cubanidad. Su relato, dentro de los límites que le impone su estilo subjetivista, es bastante preciso y de ingenuo colorido guajiro. Ello bastó para que nos

---

[374] *Nuestro Tiempo* número 22, marzo-abril, 1958. p. 10.

emocionásemos, de entrada, al experimentar el contacto en una sala de teatro con una de nuestras más entrañables manifestaciones folklóricas y lo agradecemos. El trovador Francisco Tejuca posee un timbre de voz y una sonoridad apropiadísima para nuestro "punto" y su interpretación nos convenció, pese a la deficiente coordinación con el acompañamiento.

Lilian Llerena se superó considerablemente esta vez, asistida de una hábil dirección y la felicitamos por ello. De todos modos, como Electra, la esperábamos más dueña de sí y de las situaciones, más categórica, más aguda. Debió ahondar más en la gravedad de su personaje y también debe vigilarse más la voz. La concepción del Pedagogo, nos resultó más que satírica, ridícula, por la doble afectación, innecesaria del atavío y del gesto. Roberto Blanco, como Egisto, debió relajarse menos. Hizo una caricatura de un personaje «cubiche» en franco contraste con la universal expresividad de las demás actuaciones. Fausto Montero dio un Agamenón vencido, gris, que añadió lógica a su desaparición fortuita.

Helmo Hernández, en su Orestes poco conflictivo, estuvo demasiado sobrio; sobre todo en las escenas en que la tragedia, ya desatada, debía desorbitar la pulsación de la trama. A la comparsa de la camarista y los criados le reconocemos toda su espectacularidad, atributo éste en que abunda la obra, pero es precisamente por ello que, considerando la limitada perspectiva que ofrece esta sala, creemos que la dirección de las escenas en que éstos intervienen debió realizarse de una manera más cautelosa. Su efecto se extravió mucho. La pelea de gallos sucedió de un modo abrupto, carente de plasticidad o significación artística.

La culminación de la noche fue Elena Huerta. Esta magnífica actriz sabe concebir un personaje de modo que juegue con la línea general que lo enmarca. Descontando la ventaja de que su papel, de por sí, es el vórtice real de la tragedia, su actuación fue sobresaliente, de una como "teatral sinceridad" que informa la pieza.

Pero las bondades resultantes de la representación, hay que acreditarlas, en amplia medida, a la dirección dignificadora de Morín. Su experimentada tutela pudo conducir a esta *Electra*... por caminos sobrios, salvo en los temerarios momentos antes apuntados, creando así un clima compensatorio para la atención del espectador.

Electra Garrigó, en última instancia, es un espectáculo interesante; un experimento bastante feliz, como tal, de un escritor de elaborado oficio, pese a las limitaciones que se ha querido imponer —y con las que disentimos irreconciliablemente como lo es la evasión voluntaria de la realidad— que lo obliga al empleo de tratamientos alambicados y subjetivos, y a la elección de temas alegóricos o vencidos a expensas de la verdad de nuestro momento que nos reclama, con lo poco que se añade a nuestra palpitante tradición cultural, y que lejos de contribuir puede que distraiga la verdadera función de la cultura que es la de iluminar la vida del hombre.

Colofón. Las imágenes han sido tomadas de la revista *Prometeo*, el Archivo de Morín, la colección de Lili Rentería, la revista *Tablas* y los programas de Patronato del Teatro en Cuban Heritage Collection. Las ilustraciones de Andrés y los anuncios, del *Diario de la Marina*.

www.ingramcontent.com/pod-product-compliance
Lightning Source LLC
Chambersburg PA
CBHW020658270326
41928CB00005B/182